침묵의 천사

월성 1호기 망령이 '멸치1g, 바나나 6개'로 대통령을 만든 이유

침묵의 천사

초판 1쇄	인쇄일 2024년 3월 10일
초판 1쇄	발행일 2024년 3월 14일

지은이	정현
펴낸이	장성순
책임편집	장세화
디자인	코스모스
인쇄	한솔미디어
펴낸 곳	해피스토리

주 소	서울특별시 마포구 월드컵북로 207, 근녕빌딩 302호
전화	02-730-8337 팩스 02-730-8332 이메일 happistory12@naver.com
출판등록	2006년 12월 6일(제300-2006-174호)
홈페이지	http://www.happistory.com

당신의 이야기가 곧 역사입니다.

ISBN   979-11-93580-11-0 (03300)

• 값은 뒤표지에 있습니다
• 잘못된 책은 바꾸어 드립니다.

침묵의 천사

원자력
수레바퀴

정현 지음

해피스토리
Happistory

작가의 말

소설보다 더 소설 같은 현실을 우화소설(寓話小說)로 담을 수밖에 없는 이 현실이 정말 아이러니하다. 이 소설은 팩션(Fact+Fiction)이다. 하지만 소설의 현장감과 생동감을 살리기 위해 실재인물들의 이름을 빌려 가공한 후 상상력을 덧붙여 재창조했다. 그러다 보니 이 소설에서의 사건, 사고는 대부분 실제 사실이다. 다만 인물들의 이야기는 불가피하게 실제에 허구를 가미했다. 어차피 실존 인물들에게 일어난 세세한 일들이나 행동, 내면 심리까지 작가가 속속들이 알 수 없고, 혹시라도 명예훼손 등의 성가신 고소·고발에 시달릴까 저어되기 때문에 '팩션소설'임을 강변한다. 더구나 우리나라 최고 권력층과 그 주변 인물들, 그리고 내로라하는 각계각층의 인사들이 불가결하게 이 소설의 스토리 전개에 직·간접적으로 엮이므로 변변찮은 글쟁이는 더더욱 위축될 수밖에 없다.

팩션이다 보니 당연히 실제 사실을 그대로 다루었고, 부득이 인터넷상의 기사나 자료를 많이 인용 또는 활용했다. 치밀하지 못한 소치로 일일이 출처를 표시하지 못한 것에 대해 양해를 구한다.

어쨌든 인간의 피조물로서 수십 년간 활용되며 영욕이 교차하는 삶(?)을 살다 죽음조차도 기구하게 맞은 '월성1호기[1]'라는 애물[2]의 이야기를, 이 애물로 인한 알력으로 정권의 향방도 바뀌어버린, 인물들이 얽히고설키다가 운명이 복잡다단하게 갈려버린 기막힌 이야기를 시작하려 한다. 운명 간에도 미묘한 역학관계가 존재한다는 현실을 작가도 겸허히 수긍할 수밖에 없다.

'핵(核)발전, 핵무기 개발'이란 원죄로 부득이하게 태어난 월성1호기가 양 진영[3]으로부터 버림당하고 몰매를 맞은 것처럼 어쩌면 작가도 비슷한 처지가 될지도 모른다. 설령 그렇더라도 진실과 양심을 좇는 작가로서, 오직 글쓰기로 세상과 맞서는 작가로서 어떠한 비난이나 삿대질도 기꺼이 감수하려 한다.

요즘 우리 사회는 더욱더 양극단의 정치적 논리와 진영논리가 횡행하고 있다. 그래서 겉으로는 어느 한 진영에 속하면서 속으로는 특정 진영에 속하길 거부하는 자발적 무당층과 중도층이 늘어나고 있다. 나도 이들처럼 어느 진영에도 속하지 않고 어느 진영도 편들지 않는 작가로, 진영을 초월[4]해 진실을 전하는 작가로 거듭나고 싶다.

이 소설에 등장하는 인물들의 운명을 과연 누가(또는 무엇이) 휘두르고 누가 휘둘림을 당했는지 그 판단은 온전히 독자의 몫이다.

---

1 정식 명칭은 '월성원자력발전소 1호기'이다. 국내 최초 가압중수로형 원전으로 1983년에 상업운전을 개시했다.
2 원자력발전소를 두고 혹자는 애물단지 다른 혹자는 보물단지라고 칭한다. 작가는 '독이 든 보물항아리' 또는 행복과 불행 둘 다 담은 항아리를 엎어놓았다는 의미로 '판도라의 항아리'라고 칭하고 싶다. 하지만, 소설 전개의 편의상 월성1호기를 '애를 태우는 물건'이란 의미의 '애물'로 명명하고자 한다.
3 찬(贊)원전과 반(反)원전 또는 친(親)원전과 탈(脫)원전.
4 이 소설이 출간돼 진영 논란에 휩싸인다면, 작가는 감히 장담할 수 있다. 단언컨대 환갑을 넘긴 나이임에도 아직 어떤 정당에도 소속돼 본 적 없고, 정치활동도 전혀 해본 적 순수 재야인사이고, 문학을 필생의 본업으로 삼는 소설가이다.

마리 퀴리는 보이지 않는 무엇인가가 사진건판을 검게 만들었다고 생각하고, 이 보이지 않는 무엇인가가 방출되는 성질을 '방사능(Radioactivity)'이라고 이름 붙였다.

이렇게 보이지 않을 뿐만 아니라, 다른 오감으로도 전혀 느낄 수 없는 것이 방사능이다. 즉 방사능은 만질 수도, 냄새도, 맛도, 색깔도, 소리도 없다. 그래서 '침묵의 천사'이면서 '침묵의 살인자'이다. 흔히 방사능을 '양날의 칼'이라고 한다. 방사능이 사람을 살리기도, 죽이기도 하기 때문이다. 의학, 과학, 공학 등 온갖 분야에서 '꿈의 의료 진단·치료장치'로, '첨단 과학·공학기기'로 활용되고 있다. 하지만 '침묵의 살인 병기'이기도 하다. 한꺼번에 수십, 수천만 명을 살상할 수 있는 '원자폭탄'으로 둔갑하기도 한다.

원자력(原子力)과 핵(核)은 동의어지만 현실에서는 대립, 대비되는 말로 쓰인다. '원자력'은 핵에너지의 가공스러운 힘을 산업적으로, 평화적으로 이용한다는 측면에 초점이 맞춰져 있고, '핵'은 방사능 피폭 같은 부정적인, 핵무기와 같은 파괴적인 속성을 강조하고 있기 때문이다. 인류에게 유용한 천사 같은 겉모습이지만 악마성이 내포돼 있다고 보는 게 적확하다. 다시 말해. 진영에 따라 구별해서 사용한다.

아무튼 '원자력은 필요악(必要惡)'이다.

나는 신의 피조물이 아닌 사람의 피조물인 통칭 '월성1호기'다. 한때는 보물단지였다가 나중에는 애물단지였다. 한쪽 진영에서는 만병의 근원이자 '천하의 몹쓸 놈!'으로 취급하고, 다른 진영에서는 수십 년간 실컷 써먹고는 나 몰라라 했다. 일개 미물이었다가 인간에 의해 죽임을 당하고 망령(亡靈)이 되었다.

가뜩이나 문제민 정부의 탈(脫)원전 정책으로 '바람 앞에 등불' 신세로 전락해 있는 와중에 2016년 한반도에서 발생한 역대 최대인 규모 5.8의 경주 지진과 2017년 포항에서의 규모 5.4의 지진 발생 이후, 노후 원전에 대한 불안감이 확산하면서 나에 대한 조기 폐쇄 압력은 더욱 거세졌다.

월성원자력본부 제1발전소 직원들은 월성1호기의 폐쇄 결정이 언제 내려질지 몰라 좌불안석이었지만, 그래도 절차에 따라 수백억 원의 예산을 들여 계획예방정비를 수행했다. '안 되는 놈은 뒤로 넘어져도 코가 깨진다'더니 딱 내가 그랬다. '제25차 계획예방정비'에 착수하는 과정에서 예기치 못한 사태가 발생한 것이다. 2017년 5월 28일 오후 3시 20분경, '오후 4시 발전기 정지'를 목표로 발전기 출력 20% 때 전원 전환을 수행하는 과정에서 '원자로 냉각재 펌프 2대가 정지'되고, 이에 따라 원자로가 '자동 정지'됐다.

월성원자력본부는 정지 원인을 분석하고 재발 방지를 위한 '단기·중기·장기 대책'까지 마련했지만, 그로부터 6개월이 더 지났는데도 재가동이 되지 못했다. 통상적으로 재발 방지대책만 마련되면 재가동 승인을 해주던 '원자력안전위원회'(이하 원안위)는 어쩐 일인지 산하 기관인 '원자력안전연구원'을 통해 안전성 강화 요구사항을 계속 제시하며 애를 먹였다. 규제기관의 요구사항이 많다 보니 그 조건을 모두 충족시키려면 시간과 싸움해야 했다.

그러다가 2018년 6월 13일, 제7회 전국동시지방선거 결과 여당인 함께민주당이 전국 광역자치단체 17곳 중 14곳, 기초단체장 226곳 중 151곳에서 승리하며 압승하자, 문제민 정부는 그 여세를 몰아 탈원전 정책을 더욱 밀어붙였다. 지방선거 이틀 뒤인 6월 15일, 한국원자력㈜은 긴급이사회를 열어 '고장, 설비 결함 등으로 가동률이 떨어지면서 경제성이 부족하다'는 이유를 들어 월성1호기의 폐쇄를 결정했다.

그로부터 1년여가 흐른 2019년 12월, 원안위가 '영구 정지' 결정을 내리면서 나는 공식적으로 '사망 선고'를 받았다. 그래서 나는 '죽은 상태에서 영원히 죽고 마는' 기구한 운명을 맞았다.

망령이 된 지금, 세상사와 인간사가 한눈에 보여 이제야 비로소 말할 수 있다. 내가 대용물이라는 처지로 태어나게 된 비화(祕話)와 어처구니없는 죽음을 맞게 된 비화(悲話)까지도.

내가 '월성1호기'였을 때는 감정도 영혼도 없는, 그저 인간의 필요에 의해 만들어진 물체였다. 그런데 사람들이 나에게 사망 판정을 내리고 내 몸체의 핵심인 핵연료를 빼버리니까 되려 나는 '혼'을 지니게 되었다.

이렇게 되니 신은 공평하다는 생각이 든다. 인간에게 혹사당하며 때론 재앙 덩어리로 구박받다가 결국 내팽개쳐졌지만, 그래도 이제 망령이 돼 지구를, 나를 태어나게 해준 대한민국을 바라볼 수 있게 됐으니 말이다.

여전히 나는 애물이고, 정쟁과 진영싸움의 볼모다. 나를 둘러싸고 벌어졌던 일들이 매듭되지 않고 재판이 진행 중이고, 나의 뒤처리도 현재진행형이다.

인간 세상은 참으로 천태만상이고, 사람 속은 알쏭달쏭하고 복잡미묘해 마치 '요지경(瑤池鏡) 속' 같다.

| 차례 |

제1부

월성1호기 망령,
대선판을 뒤흔들다

...

　일부 호사가들은 20대 대선과 국회의원 보궐선거 결과를 두고 '월성1호기 망령의 저주' 탓이라고 입방아를 찧고 있다. 작가의 지나친 비약일지 몰라도, '월성1호기'를 둘러싼 공방은 '검찰총장과 감사원장' 두 개인의 운명까지 바꾼 셈이고, 나아가 우리나라의 대선 국면에도, 대선 결과에도 큰 영향을 미쳤다. 윤성열 대통령 당선인 자신도 검찰총장 중도 사퇴와 정치 참여 주요 계기로 "문제민 정부 탈원전 정책의 산물인 '월성1호기 경제성 조작 의혹' 수사에 따른 정권 차원의 외압 때문이었다."고 공공연하게 밝혀왔다. 윤 당선인은 주한교 서울대 핵공학과 교수와 만난 자리에서도 "검찰총장직을 그만둔 것은 월성원전 사건과 직접적인 관련이 있다. 사건 처리에 대해 굉장한 압력이 들어왔다. 저는 검수완박(검찰 수사권 완전 박탈) 시도가 백 전 장관에 대한 구속영장 청구를 계기로 이뤄진 것으로 본다."고 직접 언급한 바 있다.

　문학의 영원한 테마는 '인물 자신의 운명으로 인한 내적 갈등과, 운명 간의 충돌'이다. 고전 서사문학은 대체로 운명을 숙명으로 여기고 순응하는 인물, 가혹한 운명에 맞서 이겨내려는 인물, 운명을 스스로 개척하려는 인물을 주요 인물로 등장시켜 '그 인물의 내적 갈등과 외적 갈등, 인물끼리의 갈등과 운명 간의 충돌' 등을 이야기로 꾸며낸다.

작가는 20대 대통령 선거를 지켜보면서 '운명 간의 미묘한 역학관계'에 대해 주목하게 됐다. 정치적, 사회적으로 엄청난 논란들을 초래하다 결국 조기 폐쇄라는 운명을 맞은 '월성1호기'가 문 대통령과 대통령 후보들의 운명을, 나아가 대선 결과까지 좌우했다는 생각이 들어 '운명과 삶의 불가해성(不可解性)'을 새삼 실감한다.

　아무튼 월성1호기 관련 사건·사고들이 직간접적으로 영향을 미쳤을까. 결과적으로 문 대통령은 '정권교체 10년 주기설'에도 불구하고 5년 만에 정권을 내주는 수모를 당했고, 20년 집권을 큰소리치던 함께민주당은 대선에서 패배했다. 반면에 제대로 된 대선 후보조차 없던 국민의맥은 문 대통령이 임명한 검찰총장과 감사원장임에도 청와대와 여당의 핍박(?)을 받던 '윤성열과 최재영'을 입당시켜 '대선 승리와 국회의원 보궐선거 승리'를 동시에 거머쥐는 행운을 누렸다.

20대 대통령 선거

　2022년 3월 9일, 나는 20대 대통령 선거 개표 상황을 밤새도록 숨죽인 채 초조하게 지켜봤다. 일개 미물에 불과했던 나는 망령(亡靈)이 돼서야 비로소 혼을 지녀 이승을 향해 자그마한 소원이나마 빌 수 있게 됐다. 애초 투표권이 있을 수 없는 미물이었고, 인간의 이기(利器)였던 내가 정치적 신념이나 선호하는 정책이 있을 리 만무하다. 그런 내가 굳이 윤성열 후보가 당선되길 바란 이유는 정치적 유불리로 한쪽 진영에 편승하려는 게 아니라, 윤 후보의 대선 공약을 보면 그가 집권 여당의 이주명 후보에 비해 나에게 우호적이어서 대선 결과에 따라 내가 극적으로 회생할 수도 있고, 여차하더라도 억울함을 풀고 최소한의 명예 회복이라도 할 수 있지 않을까, 하는 가느다란 희망 때문이다.

굳이 욕심을 부린다면, 나도 캐나다의 '포인트레프루 원전[5]'처럼 30년 더 가동이 이뤄진다면 정말 더할 나위 없지만, 현실적으론 '고리1호기 영구 정지 기념행사'처럼 거창하지는 않더라도 그동안의 공로라도 인정받는 죽음을 맞이하고 싶다. 문제민 대통령은 '기념사'에서 고리1호기의 그간의 노고를 위로했었다. 나는 그런 고리1호기가 몹시 부러웠다. 하다못해 조촐하게 기념식이라도 해줬으면 덜 억울할 텐데 '천하의 몹쓸 놈' 취급당하며 진영싸움의 볼모가 돼 이리 휘둘리고 저리 휘둘리는 애물이 된 게 치욕스럽고 억울했다.

어찌 된 일인지 문 대통령은 '월성1호기 폐쇄'가 자신의 업적임에도 고리1호기처럼 기념행사를 해주지 않았다. 뭔가 켕기는 게 있어서 그런 게 아닐까 하는 생각을 나는 떨쳐버릴 수가 없었는데 그 의구심이 꼭 맞아떨어졌다.

아무튼 20대 대선 결과에 내 운명이 걸려 있어 나는 개표 방송을 보며 줄곧 좌불안석, 전전긍긍이었다.

---

5 월성1호기와 동일 노형의 원전이다. 설계수명 만료로 비슷한 시기에 가동을 중지하고 월성1호기보다 먼저 설비 개선하여 총 60년 가동을 목표로 운영 중이다.

어떤 선거든 투표가 끝나자마자 발표하는 방송사의 출구조사 결과에 따라 각 후보의 희비가 엇갈린다. 20대 대선의 출구조사는 희비를 안겨주는 대신, 대선 후보도 관계자들도 국민도 피가 마르고 애간장이 탈 만큼 아슬아슬함을 안겨줬다.

제20대 대선의 출구조사 결과는 2022년 3월 9일 오후 7시 30분, 투표종료 직후 발표되었다. 지상파 방송 3사가 발표한 출구조사 결과는 윤성열 후보 48.4%, 이주명 후보 47.8%로 0.6%포인트 차로 초박빙 접전으로 나타났고, JTBS 조사 결과에서는 반대로 이 후보 48.4%, 윤 후보 47.7%로 0.7%포인트 차로 초박빙 접전을 벌이는 것으로 나타났다.

함께민주당 지도부는 개표상황실에서 출구조사 결과를 지켜보며 환호했다. '여론조사 공표 금지 기간' 이전에 내부적으로 '박빙 열세'로 분석했던 당 관계자들은 긴장 속에서도 고무된 분위기였다. 선거대책위원장의 얼굴에 화색이 돌았다.

"그러면 그렇지. 저쪽의 후보 단일화에 정권을 뺏길지도 모른다는 위기의식을 느낀 숨은 지지자들이 대거 투표장으로 몰린 거야."

과거 선거로 비춰 볼 때도 사전투표에서 진보층의 참여도가 높았고, 이번에도 전통적으로 민주당계 정당 지지 성향이 강한 호남권에서 사전투표율이 높았으며, 보수정당 지지 성향이 강한 영남권에서 사전투표율이 대체로 낮게 나온 편이어서 약간 불리했던 판세를 뒤집을 수 있다는 낙관론이 튀어나왔다.

반면 국민의맥 지도부는 당혹스러운 표정을 감추지 못했다. 각종 여론조사에서 윤 후보가 앞서는 경우가 더 많았던 데다 깜깜이 기간[6]에 돌입한 후 사전투표 전날 윤 후보와 노철수 국민의당 후보가 단일화를 이루며 노 후보가 사퇴를 선언해 더 유리한 상황이 조성됐고, 당자체 조사도 윤 후보가 10% 포인트 안팎의 격차로 압승을 거둘 것으로 분석됐는데 방송사 출구조사 결과가 예상을 너무 많이 벗어나 당황할 수밖에 없었다. 선거 관계자들의 표정이 어두워졌다.

드디어 개표가 시작됐다. 사전투표함을 먼저 개봉했고 개표 초반부터 밤 11시 넘어까지 여당인 함께민주당의 이 후보가 '국민의맥'의 윤 후보를 줄곧 큰 득표율 차로 앞섰고, 이 후보가 한때 50% 넘게 앞서기도 했다. 자정이 넘어가면서 두 후보의 격차는 1%포인트 이내로 줄었고, 3월 10일 오전 0시 31분, 개표 50.6% 기점 때 윤 후보가 첫 역전을 한 후, 다시 50.7%~50.8% 동안 이 후보에게 재역전 당했다. 그리고 밤 12시 32분, 개표 50.9% 기점으로 윤 후보가 재역전하였다. 이후 윤 후보가 0.6~1.0%포인트의 격차를 유지하며 조금씩 표 차이를 벌려가는 양상이었다.

지상파 방송 3사가 발표한 출구조사와 JTBS 조사 결과가 반대로 나온 상황이라 개표 방송을 하는 방송사 어디도 섣불리 당선인을 예측하지 못했다. 개표율 95%를 넘어설 때까지도 당선인을 확정 짓지 못하는 초접전 양상이 이어졌다.

그런데 문제는 분명 개표 추세나 흐름은 윤 후보의 당선이 유력한

---

6 선거 6일 전부터 시작되는 기간을 말하는데 이 기간에 조사된 여론조사 결과는 공표할 수 없다.

데도 변수가 너무 많아서 내가 섣불리 환호할 수 없다는 것이었다. 더구나 오전 1시쯤의 전국 개표율이 64.45%임에도 이 후보에게 유리한 선거구이고 투표인 수도 많은 경기 부천의 개표율이 3.76%에 머물고 있다는 것은 재역전의 조짐일 수도 있어 나는 안절부절 어쩔 줄 몰랐다.

낙관과 비관이 수시로 교차하고, 반전에 반전을 거듭하다 새벽 2시가 넘어서야 윤 후보 쪽으로 당선의 윤곽이 잡히는 듯했지만 어쩐 일인지 예전 대선 때처럼 지상파 방송의 선거 결과 예측시스템에서 '당선 유력'이나 '당선 확정' 같은 자막이 뜨지 않아 나의 초조감은 최고조에 이르렀다.

이 후보가 0.7%포인트 앞선다는 출구조사 결과를 내놓은 JTBS는 자체 예측시스템을 통해 되려 이 후보의 당선 예측을 계속 내냈다. 여당 후보의 당선 확률이 훨씬 높게 나온 것이다. '똥줄이 탄다'는 표현을 이럴 때 쓰라고 지은 모양이었다.

일희일비를 거듭하다 오전 3시가 넘어서자 당선자 윤곽이 뚜렷하게 드러나기 시작했다. 윤 후보의 '당선 유력' '당선 확실' 판정이 차례로 떴고, 오전 4시 38분에 마침내 '당선' 판정이 떴다.[7] 윤 후보가 천신만고 끝에 가까스로 대통령에 당선된 것이다.[8] 최종 개표 결과, 윤 후보가 48.56%, 1천639만 표를 얻어 당선을 확정 지었다. 0.73%포

---

7   실제로 KBS 기준으로 '당선 유력'은 개표 85.1% 시점에서야 판정이 났고, 그 후로도 표 차가 20만 표 정도에서 늘기와 줄기를 반복하다 '당선 확실' 판정은 개표 끝자락인 94.6% 시점에서 났다. '당선' 판정은 개표가 거의 다 끝난 99.2%, 오전 4시 38분에 나왔다.

인트, 247,077표 차로 간신히 이 후보를 제쳤다. '윤 후보 48.4%, 이 후보 47.8%로 0.6% 포인트 차'라는 출구조사 결과를 내놓은 지상파 방송 3사[9]가 그나마 체면치레를 했다.

역대 최소 득표 차 당선이었다. 제15대 선거가 가지고 있던 역대 최소 득표율 차, 제6공화국 이래 최소 득표 차 갱신이었다. 그리고 헌정(憲政) 사상 가장 늦게 당선인이 결정된 선거였다. 그리고 여당으로 변신하는 '국민의맥' 이준성 당 대표[10]와 대통령 당선인이 모두 국회의원 0선이라는 진기록도 세웠다.

나는 애초에 '스페어'여서 나의 태어남은 축복보다는 홀대였다. 그러다 일약 필수품이 돼 보물단지로 여겨질 때도 있긴 했다. 그런데 내가 죽음에 이르게 된 과정이 온통 석연치 않다. 내 몸체는 경주 월성 원자력본부에 방치돼 있고, 나에 대한 해체 인허가 신청을 위해 한창 '해체 계획서' 작성 작업을 벌이고 있다. 원안위의 해체 승인이 나기 전에 윤 당선인처럼 나도 극적으로 회생(回生)해야 한다.

---

8   개표가 진행되는 내내 1, 2위 후보의 표 차가 30만 표를 넘기는 일이 없었을 정도로 초박빙 접전이 7시간 동안 펼쳐졌는데 이는 2010년의 제5회 지방선거의 서울특별시장 개표 과정 및 결과와 거의 판박이였다. 그러다 보니 피 말리는 개표 과정으로 정치 고관여층이 대부분인 시청자들은 혹시나 하는 마음으로 새벽 3시 개표가 90%를 넘어설 때까지 잠자지 않고 개표 방송을 지켜봤다. 20대 대선 개표 과정은 일종의 '희망고문'이었다.

9   20대 대선 본투표 출구조사 결과만으로는 윤 대통령 51.9%, 이 후보 44.1%였으며 사전투표자 여론조사로는 이 후보 51.7%, 윤 대통령 44.7%로 나타났다. 법적으로 사전투표는 출구조사를 직접 실시하지 못하게 되어 있어 보정 작업만을 거쳐 발표해야 하는데 이 보정 작업의 결과가 완벽에 가까웠다. 사전투표율은 역대 최고인 36.9%를 기록하며 전체 투표율(77.08%)의 절반에 육박했다.

10 일각에서는 국회의원 선거에 3번 출마해 모두 떨어졌다며 '마이너스 3선' 중진이라고 비아냥댄다.

나의 바람대로 윤 후보가 천우신조로 아슬아슬하게 당선됐지만 그렇다고 나는 그를 믿지 않는다. 군이 축하해 줄 마음도 없고, 뛸 듯이 기쁘지도 않고 되레 기분이 씁쓰레하다. 왜냐하면 3~4십 년간 사람들에게 부대끼면서 속된 말로 '사람한테 디이[11] 빠졌기' 때문이다.

이렇게 외치고 싶다.

"당신들한테 디이고 디이어 엉기난다[12], 엉기나!"

윤 당선인이 나에 대해 호의적이라고 하나 자리가 사람을 만들고, 위치가 사람을 변하게 하는 게 만고의 진리 아닌가. 이제 나를 적절히 활용해 대권 도전에 성공한 만큼 정치꾼의 전유물인 '토사구팽'을 내가 당하지 말라는 법이 없지 않은가.

윤 당선인이 나를 어떻게 처리할지 몹시 궁금하지만, 미리부터 나의 미래를 추측할 필요는 없다. 돌고 도는 게 인생사고, 물고 물리는 게 인간관계다. 나는 문제민 정부의 탈(脫)원전 정책 상징성 때문에 죽음을 맞았지만, 줄곧 정쟁의 중심에 있었고, 수년째 정국의 뇌관이었다. 정권을 내준 문 대통령도, 검찰총장직을 그만둔 지 3개월여밖에 안 된 초짜 정치인으로 대권에 도전하여 일약 대통령이 된 윤성열도, 감사원장에서 금세 대권 후보 반열에 올라 윤 후보와 대선 후보 경선을 벌이다 인지도에서 밀리자 중도 사퇴하고 국회의원 보궐선거로 선회해 금배지를 단 최재영도 나와 떼려야 뗄 수 없는 관계를 맺고 있으

---

11 디이다: '데다'의 경상도 사투리
12 경상도 말로 '몸서리난다, 진절머리 난다.'는 의미로 쓰인다.

니 이런 걸 '운명의 호작질'이라고 하는가 보다.

윤 당선인이 전인미답의 관운으로 대통했다면, 나는 부관참시(剖棺斬屍)보다 더 참혹한 비운(悲運)으로 횡액(橫厄)[13]했다. 윤 대통령이 과연 나의 바람대로 나를 회생시켜 줄지, 아니면 이대로 내팽개칠지 나는 대선 개표 방송을 숨죽이며 지켜봤듯이 또다시 정국 전개를 피 말리며 지켜봐야 한다.

망령의 저주

결과적으로 문제민 정부는 제6공화국 수립 이래 처음으로 단 5년 만에 정권을 내준 정부라는 불명예를 안았고, 박근애 전 대통령의 탄핵이라는 엄청난 이점을 안으며 국민의 압도적인 지지를 받고 출범한 정부가 '정권 심판론'에 포위돼 정치 경험이 1년도 되지 않는 검찰 출신에게, 그것도 아군이라고 철석같이 믿었던 윤성열에게 패한 것이라 집권당인 함께민주당(공식 약칭: 민주당)으로서는 통한의 대선이었다.

혹자는 사실상 '조국 사태'가 이러한 흐름의 시발점이었고, 궤멸의 위기에 몰려있던 보수정당 부활의 씨앗이었다고 말하면서 나조국·추미혜가 윤성열 대통령을 만들었다고 말한다. 다른 혹자는 '월성1호기 수사'가 더 결정적이었다며 두 사건 모두 떼려야 뗄 수 없는 관계라고 말한다.

---

13 뜻밖에 닥쳐오는 재액. '횡래지액(橫來之厄)'의 준말

어쨌든 일련의 과정 내내 '월성1호기'가 직·간접적으로 관여돼 있다 보니 호사가들은 이렇게 입방아를 찧었다.

"월성1호기 망령의 저주로 대선 국면이 바뀌었고, 그 덕으로 윤성열이가 대권을 잡았다."

나의 저주 때문에? 과연 그럴까. 요즘 말로 '어이 상실'이다. 태어남부터 죽음까지 내 의지 같은 건 전혀 개입할 수 없음에도 무슨 억하심정으로 이런 말을 하는지 되묻고 싶다. 일개 미물에 불과한 내가 누구를, 어느 당을 저주한들 과연 그게 먹혀들까. 그리고 나는 저주를 퍼부은 적이 전혀 없고, 단지 소망을 빌었을 뿐이다.

'네박자'라는 노래에 '돌고 도는 세상사 / 울고 웃는 인생사/ 연극 같은 세상사……'라는 구절이 있다. 정치판과 선거판을 보면 이 가사가 딱 들어맞는다는 생각을 떨쳐버릴 수가 없다. 예기치 못한 5년 만의 정권교체는 몇 가지 교훈과 함께 주요한 시사점을 던져주고 있다.

인간은 대개 문제점은 적확하게 지적하고 정확하게 진단하는데, 문제는 실천이 잘 안된다는 데 있다. 달리 말하면, 선거 패인 분석은 잘 하지만, 그 패인을 반면교사로 승리를 위한 실천은 잘 못 한다.

설화(舌禍)까지는 아니어도 윤 후보가 잦은 말실수로 엄청난 구설에 휘말렸음에도 그가 당선된 이유는 박 전 대통령의 탄핵에 따른 보수 궤멸이라는 절체절명의 위기의식에 사로잡힌 보수층의 맹목적인 지지에 힘입은 바도 있지만, 더 큰 이유는 집권당의 오만과 독선 때문이다.

함께민주당은 선거마다 승승장구하면서 그것도 압도적으로 이기면서 자만이 넘쳐흘러 '숫자의 함정'에 빠져 국민 정서를 오판했다. 민주당이 명분과 정당성을 잃은 결정적 계기는 이른바 '조국 사태'였지만, 21대 총선 승리로 면죄부를 받았다고 여겨 자만이 절정에 다다랐다. 나의 저주 때문이 아니라 민주당의 치명적인 오판으로 대선에서 패배했다는 걸 나는 증명할 수 있다.

'21대 국회의원 선거'로 거슬러 올라가 보자.

함께민주당은 20대 총선을 시작으로 19대 대선, 제7회 지방선거, 21대 총선까지 전국 단위 선거에서 4연승을 거두었다. 특히 21대 총선에서는 민주당 이름만으로도 재적의원의 5분의 3에 해당하는 180석을 얻는 압도적인 승리를 이뤘다.

그간의 경과는 이렇다. 2016년 4월 13일에 치러진 20대 총선 결과의 특이점은, 보수 여당의 참패, 함께민주당의 역전승, 호남을 바탕으로 한 국민의당의 약진으로 여소야대가 이뤄졌다는 것이다. 더구나 함께민주당은 서울, 경기, 인천의 지역구 총 122석 중 82석을 얻어 수도권을 석권하는 기염을 토했다.

2017년 5월 9일 치러진 제19대 대선의 요점은, 박근애 대통령의 파면으로 궐위가 발생함에 따라 치러진 선거이고, 문제민 함께민주당 후보가 41.1%의 득표율로 대통령에 당선됐다는 것이다. 특이점은 역대 대선 사상 최다 득표 차로 당선된 것과, 10년 만의 정권교체 성공이다.

2018년 6월 13일 치러진 제7회 지방선거, 선거 결과 함께민주당이 전국 광역자치단체 17곳 중 14곳, 기초단체장 226곳 중 151곳, 동시에 진행된 국회의원 재보궐선거에서는 12석 중 11석을 얻는 압승을 거뒀다.

이렇게 3년 연속으로 열린 굵직굵직한 선거에서 연승한 함께민주당은 드디어 21대 총선을 맞이하게 됐다. 선거의 가장 큰 변수는, 미증유의 감염병인 코로나바이러스감염증-19(약칭. 코로나19 / COVID-19)[14]의 세계적 대유행(팬데믹)이었다.

총선 결과, 함께민주당은 지역구 의석수 163석에 비례대표를 더해 180석을 얻는 쾌승을 거뒀다. 1표라도 더 이기면 당선되는 소선거구제의 폐단이자 특장점으로 수도권에서의 압승이 전체 선거 압승이라는 결과를 가져왔다. 수도권에서 민주당은 103석을 획득했고, 반면에 자유통합당은 겨우 16석을 얻었다. 자유통합당은 전체 의석수도 간신히 103석을 건지는 참패를 당했다. '코로나 사태' 탓에 국민이 '국정 안정'에 무게를 실어준 것이다.

그런데 이때부터 총선 압승에 취한 민주당은 오만방자하게 국민정서를 건드리기 시작했다. 총선 결과를 보고 '숫자의 함정'에 홀려 자만에 빠진 것도 모자라 이른바 '조국 사태'를 겪었으면서도 검수완박[15]까지 저지르며 '내로남불'의 전형을 보여주는, 정말 돌이킬 수 없

---

14 2019년 12월 중국 우한에서 처음 발생한 이후 중국 전역과 전 세계로 확산한, 새로운 유형의 코로나바이러스(SARS-CoV-2)에 의한 호흡기 감염질환이다. 이 유행병으로 전 세계에서 수백만 명이 사망했고, 우리나라도 누적 사망자 수가 3만 명이 넘었다. WHO는 2023년 5월 5일 코로나19에 대한 PHEIC(국제적 공중보건 비상사태)를 해제했으며, 우리 정부는 5월 11일 사실상 코로나19 비상사태 종식을 선언했다.

는 길을 걷고 만다. 이런 결정적 패착들이 21대 대선에서 패배를 불러왔다.

그간의 선거를 되짚어 보면 '오만과 착각'이 얼마나 무서운 결과를 낳는지 알 수 있다.

먼저 20대 총선 시사점을 보자. 함께민주당이 새누리당을 누르고 원내 1당의 지위에 올랐지만, 마냥 기뻐할 처지는 아니었다. 박근혜 정부 심판론에 따른 '차악 선택'으로 민주당이 최종 승자가 되었지만, 호남의 심판 역시 받았다. 지역구 선거는 텃밭인 호남권에서 '국민의당'에 밀려 참패했다. 호남이 더 이상 깃발만 꽂아도 당선되는 곳이 아님을 보여주었다. 게다가 비례대표에서도 전국 득표율이 '국민의당'보다 조금 낮아 3위를 차지했고, 호남권 득표율은 국민의당보다 매우 낮았다.

제19대 대선이 시사하는 바는 뭘까. 박근혜 대통령 탄핵 이후 치러진 대선, 이른바 '촛불 대선'이므로 야권의 당선은 당연지사로 여겨졌다. '박근혜–최순실 게이트'에 대한 국민적 분노로 무늬만 여당인 자유한국당의 지지는 폭락했고, 반대급부로 제1야당의 지지도는 급상승하면서 "함께민주당 경선은 여자양궁 국가대표 선발전이다", 한술 더 떠 "어대문(어차피 대통령은 문제민)"이라는 말마저 돌 정도였다. 18

---

15 '검찰 수사권 완전 박탈'의 줄임말. 검찰개혁 완성을 위해 검사의 직접 수사권을 없애고 검찰의 무소불위 권한을 분산해 공소기관으로 거듭나게 하자는 취지였지만, 실제로 추진한 '검수완박'은 국민의 뜻과는 거리가 멀었다. 새 정부 출범을 한 달 남짓 남겨둔 시점에 해당 법안을 서둘러 추진한 것을 두고 '방탄용'이라고 여기는 국민이 많았다.

대 대선에도 출마했고 민주당 대표를 지낸 문제민 후보에게 유리한 판세였다. 다시 말해 촛불집회[16] 촛불항쟁으로 보수 정권을 끌어내리고 치러지는 조기 대선이라 제1야당 후보의 당선은 기정사실로 굳어진 선거였다. 달리 말해, 하나 마나 한 대선이었고, 거저 줍다시피 한 대권이었다.

제7회 지방선거에서 광역자치단체장, 기초단체장의 석권에다 동시에 진행된 국회의원 재보궐선거에서의 압승으로 청와대와 민주당은 더욱 기세등등해졌다. 여세를 몰아 선거 이틀 뒤에 곧바로 '월성1호기의 조기 폐쇄'를 밀어붙여 탈원전 공약을 실행에 옮겼다. 하지만 '나를 죽게 만들려던' 청와대와 정부의 무리수[17]가 결과적으로 정권을 내주는 빌미가 됐다.[18]

마지막으로 21대 총선이 시사하는 바를 살펴보자. 민주당으로 하여금 '오만의 극치'에 빠지게 만드는 결과를 낳았다.

경제적인 위기와 '감염병의 세계적 대유행'이라는 국난 상황에서 국민이 마지못해 '국정 안정'에 무게를 실어줬을 뿐인데 '숫자의 함정'에 빠져 오판했다. 세계보건기구가, 코로나19는 여전히 억제할 수

---

16 2016년에서 2017년 사이의 촛불집회. 2016년 10월, '최순실의 국정농단 사태'로 박 대통령의 하야를 요구하는 '박 대통령 퇴진 범국민행동'의 집회가 청계천에서 시작돼 참여자들은 광화문광장까지 행진하며 대통령의 퇴진을 요구했다. 또한 전국 각 지역에서도 촛불집회가 시작됐다. 진보, 보수 할 것 없이 많은 국민이 집회에 참여하는 바람에 정부, 국회, 헌법재판소는 대통령의 탄핵소추와 가결 후 파면에 이어 새로운 대통령을 선출했다. 게다가 비폭력 시위 역사상 최대 규모의 촛불시위이면서 성공하기까지 한 시위라는 점에서 정치사적 의미가 크다는 평가를 받았다.

17 처음에는 '월성1호기 경제성 조작 의혹'이었다가 감사원의 감사 결과 발표 후에는 '월성원전 경제성 축소 및 감사 방해'로 명명됐고, 검찰 수사를 통해 '월성원전 경제성 조작 사건'이 됐다.

18 이 부분은 '제5부 제2장 문통본기'에서 자세히 다룬다.

있다고 강조하며 한국 등이 취한 적극적인 조처를 모범 사례로 꼽으며 코로나 전염병 관리가 다른 국가보다 우수하다고 평가하자, 국민이 '국정 안정'을 조금 더 지지했을 뿐인데 의석수의 압도적 획득으로 착각에 빠져버렸다.

지역구 의석수 163석 대 84석, 전체 의석수 180석 대 103석. 의석수로만 보면 압도적인 승리가 맞지만, 중요한 시사점을 놓치고 있다. 아니, 놓치지 않았겠지만, 자아도취로 핵심을 간과하고 무시했는지도 모른다. 오죽했으면 20년 집권에 이어 50년 집권론까지 불거졌을까.

비례대표 선거에서 민주당계가 패배했다는 점을 유의하지 않았다. 민주당이 사실상 거느린 2개의 위성정당인 함께시민당과 열린시민당이 적서(嫡庶) 논쟁을 일으켰는데 민주당은 분산 투표 효과를 기대했겠지만 실제로 그렇게 되지 않았다. 투표 결과, 자유통합당의 위성정당인 자유한국당은 19석을 얻었고, 함께시민당은 17석 그리고 정의실현당(약칭 정의당)이 5석, 열린시민당이 3석, 국민의당이 3석을 각각 얻어 비례대표 선거에선 득표율(33.84% 대 33.35%)로도, 의석 비율(40.4% 대 36.2%)로도 자유한국당이 이겼다.

보수당계와 민주당계의 의석수와 득표율을 각각 단순 합산해도 마찬가지 결과다. 정의당은 '민주당 2중대'라는 꼬리표를 떼지 못하고 있지만, 진보를 표방하는 이질적인 세력인 데다 대선 후보를 내는 정당이므로 일단 제쳐두고 살펴보자. 자유한국당과 국민의당(2022년 5월, 자유통합당의 후신인 '국민의맥'과 합당)의 득표율과 의석수를 합치고, 민주당의 위성정당인 함께시민당과 독자노선을 표방한 열린시민당

(2022년 1월, 민주당과 합당)의 득표율과 의석수를 합쳐서 비교해봐도 보수 쪽이 이겼다. 40.63% 대 38.77%, 22석 대 20석이다.

더구나 한 가지 더 유념할 게 있다. 정당 득표율을 보면, 보수 정권의 몰락에도 불구하고 보수당이 꽤 선전했다는 점이다. 본진인 자유통합당의 참패와는 달리 자유한국당이 함께시민당을 0.5%의 근소한 격차로 제치고 정당 득표율 1위를 한 결과에 대해서는 평가가 엇갈리지만, 그래도 1위를 했고 득표율로만 따져도 33.84%로 19대 대선(24.03%)이나 7회 지방선거(27.8%) 때에 비해 많이 증가해 20대 총선의 새누리당 득표율(33.5%)만큼 얻었으니 이 부분을 간과해서는 안 된다.

사실 대선이든 총선이든 자신이 잘나서, 잘해서가 아니라 상대가 못나서, 잘못해서 이기는 경우가 대부분이다. 21대 총선에서 민주당이 압승한 가장 큰 이유는, 전 정권 국정농단의 책임을 벗어날 수 없는 자유통합당에 대한 국민의 불신이 여전했기 때문이다. 과거에 대한 진정한 반성 없이 막말 퍼레이드나 벌이는, 오합지졸처럼 지리멸렬하고 구태의연한 자유통합당을 국민이 도저히 국정의 대체 세력으로 인정할 수 없다 보니 궤멸적 참패를 당하고 만 것이다.

어차피 정치 분석이 나온 김에 '영원한 진보세력이자 이질 집단'인 정의실현당에 대해서도 살펴보자. '준연동형 비례대표제'[19]라는 기형적인 제도를 이끌어내 최대 수혜자가 되려다 위성정당의 출현으로 연동형 비례대표제가 사실상 무력화되면서 도리어 최대 피해자가 된, 비운의 당이다. 게다가 '양당 체제로의 회귀'에도 크게 일조했다.

민주당이 위성정당의 출현 가능성과 위험성을 여러 차례 거론했지만, 정의당은 위성정당을 만들면 국민이 용서하지 않을 것이라는 낙관론에 사로잡혀 합의안을 밀어붙였다. 정의당의 주장으로 준연동형 캡 적용 의석이 30석이 되어버린 것도 위성정당 등장의 실마리가 되었다. 결국 초반의 예상과 달리 가장 큰 수혜자가 되기는커녕 위성 정당들 틈에 끼어 비례대표 5석만 얻어걸리는 수모를 당했다.

이렇게 되자, 위성정당에 대해 비판적이던 국민조차도 정의당의 모습에 자업자득이라는 의견을 쏟아냈다. 민주당의 함께시민당은 그렇다 치더라도 또 다른 위성정당으로 자리매김한 열린시민당의 등장으로 '준연동형 비례대표제'의 혜택을 독차지하려던 정의당의 계획이 큰 차질을 빚고 만 것이다.

'눈치당, 밥그릇당'이라는 오명에다 '밥그릇당이 역겨워 가실 때에는 말없이 고이 보내드리오리다.'라는 비아냥마저 돌아다녔다. 당 지지율도 바닥을 헤매고 있는 데다 당의 정체성조차도 불분명해 명분도 실리도 잃고 마는 결과를 초래했다. '정의당 데스노트'로 정국의 캐스팅보트를 쥐고 위세등등했던 정의당이 초라한 신세로, 미미한 존재로 전락하고 만 것이다. 한동안 정의당의 반대는 민주·진보세력 유권자들의 바로미터로 여겨질 만큼 '정의당 데스노트'가 위세를 떨쳤다. 공

---

19 자유통합당을 제외한 여야 4당의 최종 협상안 주요 내용은 ▶전체 의석수 '지역구 253석-비례대표 47석' 유지 ▶석패율제 미도입 ▶21대 총선에 한해 비례대표 의석수 30석에 대한 연동률 50% 캡(상한선) 설정 ▶비례대표 의석 배분 최소 정당 득표율(봉쇄조항) 3% 설정으로 이루어져 있다. 반쪽짜리 비례대표제인 데다 전 세계에서 유례를 찾을 수 없는 아주 독특하고 괴이한 선거제도가 탄생했다. ('나무위키'자료 일부 인용)

직자들은 정의당이 찍으면 죽는다, 낙마한다는 자조 섞인 볼멘소리를 내뱉을 정도로 정의당은 나름의 정체성이 확고했는데 자리 욕심에 당이 결딴나버린 것이다.

아무튼 21대 총선의 시사점을 요약하면 이렇다. 민주당이 문 대통령의 높은 지지율 덕을 톡톡히 본 선거였다. 2020년 1분기의 문 대통령 지지율은 코로나19 대응 호평 등에 힘입어 60% 정도를 기록했다. 또한 수도권에서의 압승이 전체 선거 압승이라는 결과를 가져왔다. 수도권에서 거대양당이 얻은 의석수는 103 대 16이다. 85.8% 대 13.3%(전체 120석 중 정의당 1석 획득) 그런데 의석수 비율이 압도적인 차이인 것과 달리 득표율은 53% 대 41%로 그다지 크지 않다. 종합하면 수도권의 1, 2위의 간의 득표율 격차가 크지 않았고, 자유통합당이 20대 총선보다 득표율이 8%가량 올라가 나름 선전한 셈인데도 획득 의석수로 보면 엄청난 차이가 났다. 수도권 지역구에서는 박빙의 대결을 벌이다 민주당 후보가 근소한 차이로 신승(辛勝)하는 일이 여기저기서 속출했다. 폐단이라고 없애야 한다던 '소선거구제의 승자독식 체제'라는 행운이 따랐다.

이러한 총선 결과에 중도층의 입에서 "이렇게까지 될 줄은 꿈에도 몰랐다."고 통탄해하며 "정말 후회막급이다."라는 말들을 쏟아냈다는 것을 민주당은 간과했다. 그 지역구의 득표수로 당락을 결정하는 총선과 전체 득표수로 대통령을 뽑는 대선은 엄연히 다르다. 21대 총선의 양당 지역구 득표율을 보면 대선 때는 중도층의 표심 향방에 따라 얼마든지 뒤집힐 수도 있는데도 겉으로 나타난 숫자만 보고 민주당은 희희낙락한 셈이다.

　더 치명적인 것은 문 대통령이 검찰총장과 감사원장을 중용했다가 내치려 했고, 그 와중에 이른바 '조국 사태'가 터진 게 정권교체의 결정적 계기였다.

선연善緣과 악연惡緣

　사람은 마음먹기에 따라서 악연을 선연으로 만들 수 있다. 악을 선으로 갚는다면 모든 관계가 선연이 될 수 있을 것이다. 반면에 선연이 악연이 되는 건 다반사고, 순식간에 일어난다. 이럴 때 사람들은 '살(煞)이 끼었다'고들 한다.

　문제민 대통령과, 그가 요직에 중용한 윤성열 검찰총장, 최재영 감사원장과의 관계는 좋은 인연이었는데 결과적으로 앙숙 관계가 됐다. 아군이었다가 적대적 관계가 된 것이다. 그래서 이들의 관계를 곧잘 숙명적이라든가 악연이란 말로 표현한다.

　나를 사이에 두고, 다시 말해 '월성1호기 경제성 조작 의혹'과 관련한 감사원 감사와 검찰 수사를 둘러싸고 삐걱거리기 시작한 이들의 관계가 외부의 여러 변수로 점점 걷잡을 수 없는 상황으로 속절없이 굴러가 끝내 돌이킬 수 없는 악연이 됐다.

　애초에 문 대통령은 윤성열 대전고검 검사를 검찰총장으로 파격 임명하려 했으나 측근들이 강하게 만류하자 잠시 뜻을 접었다. 대신 윤성열을 서울중앙지검장에 깜짝 기용했다. 그러면서 나조국을 청와대 민정수석에 기용해 노무현 전 대통령이 못다 이룬 꿈인 검찰개혁을 강도 높게 재추진하려 했다.

문 대통령의 윤성열에 대한 애정은 각별했다. 절대적 신임이었다

2019년 7월, BH 대통령 집무실.

"대통령님, 윤성열 서울중앙지검장을 차기 검찰총장으로 내정하시는 건 무리수로 보입니다. 국정농단의 핵심들을 모두 구속 수감해 자유통합당에서 치를 떨고 있어 반발할 게 뻔하고, 인사청문회부터 시끄러울 겁니다. 더구나 물러나는 검찰총장보다 무려 다섯 기수를 뛰어넘은 파격 인사라 검찰 내부에서 벌써부터 불만의 목소리가 나옵니다. 더더구나 '5당 대표와의 회동'을 앞둔 상황에서 야권 전체가 반발하게 되면 회동 자체가 무산될 가능성이 큽니다."

"그러니까 더욱 윤성열이가 총장이 돼야 하지 않겠나? 총장 임명과 대표들과의 회동은 별개의 문제일세. 나는 윤 지검장이 검찰의 정치적 중립을 지키고 근본적인 검찰 개혁을 이룰 최적임자라고 여기네. 살아있는 권력에 대해서도 수사를 할 사람이야. 더 이상 이 임명 건으로 왈가왈부하지 말게."

문 대통령은 단호하게 말했다. 그의 의지는 완강했다.

그랬다. 문 대통령과 윤성열 검찰총장 내정자는 선연이었다. 윤성열이 그동안 보여온 행보가 그의 마음에 쏙 든 데다 자신을 대통령으로 만드는 데 크게 일조했기 때문이다.

2013년 박근애 정부 첫해, 윤성열은 '국가정보원 여론 조작 사건'의 특별수사팀장을 맡아 일하던 중 직속상관인 서울중앙지검장의 재가 없이 국정원 직원들의 체포영장을 청구해 발부받은 데 그치지 않고, 공직선거법 위반 혐의를 적용해 원세춘 전 국가정보원장을 구속해야 한다며 청와대와 맞서다 검찰 수뇌부를 비롯해 황교한 당시 법무부 장관과 마찰을 빚었다. 결국 수사팀에서 배제돼 수원지검 여주지청장으로 발령 났다.

2013년 10월 21일, 윤 지청장은 국회 법제사법위원회 국정감사 증인으로 출석해 '국정원 댓글 사건' 수사에 정권과 검찰 상부의 외압이 있었다고 폭로했다.

"서울중앙지검장이 '야당 도와줄 일 있나, 야당이 이걸 가지고 정치적으로 얼마나 이용하겠냐?'라고 말했습니다. 저는 검찰 조직을 대단히 사랑합니다. 저는 사람에게 충성하지 않습니다."

국정감사장에서 윤성열 검사가 내뱉은 이 몇 마디로 그는 '스타 검사'가 됐다. 정치권에 환멸을 느끼던 국민에게 큰 울림을 선사한 것이다.

하지만 대중적 인기에도 불구하고 그는 여주지청장에서 대구고검 평검사로 좌천됐다. 그가 한직으로 맴돌던 중 대한민국을 발칵 뒤집은, 국정농단 사태인 '박근애 – 최순자 게이트'가 터졌다.

국민 누구 할 것 없이 한목소리로 외쳤다.

"특검으로 수사하라!"

여론의 압박이 거세지자 여권은 마지못해 특검을 수용했고, 여야 합의에 따라 '박근애 정부의 최순자 등 민간인에 의한 국정농단 의혹 사건 규명을 위한 특별검사 임명법(약칭 특검법)'이 국회를 통과해 공포됐다. 마침내 '박영수 특검'이 시작됐고 윤성열은 수사팀장으로 합류했다. 주류에서 소외된 지 3년이 채 되지 않아 화려하게 복귀했다.

윤 팀장은 삼정그룹 수사를 맡아 이재영 삼정전자 부회장을 뇌물죄로 구속기소 했다. 박근애·최순자·이재영 모두 구속되어 갇히면서 그는 적폐 청산의 상징이 돼 '국민 검사'라는 호칭까지 얻고 진보세력의 우상으로 떠올랐다.

"피청구인 대통령 박근애를 파면한다."

2017년 3월 10일, 헌법재판소는 재판관 8명 전원일치로 대통령 탄핵을 인용했다. 대통령 탄핵으로 치르진 조기 대선에서 문제민은 민주당의 대통령 후보로 출마했다.

문제민 대통령 후보는 국정농단 사태로 인한 자유통합당에 대한 반감으로 대거 확장된 진보층 대부분의 표심과 정권교체를 위한 중도층의 지지를 얻어 압도적인 표 차로 당선되는 기염을 토했다.

대통령에 취임한 지 열흘도 지나지 않은 2017년 5월 19일, 문 대통령은 이른바 '돈봉투 만찬'으로 감찰받는 검찰 고위 간부 후속 인사로 새 서울중앙지검장에 윤성열 대전고검 검사를 깜짝 기용하는 파격 인사를 단행했다.

"이번 인사는 최근 '돈봉투 만찬' 논란으로 서울중앙지검장 및 검찰국장에 대한 감찰이 실시되고, 당사자들이 사의를 표명함에 따라 업무 공백을 최소화하기 위해 우선하여 실시하는 것입니다. 서울중앙지검 최대 현안인 최순자 게이트 추가 수사 및 관련 사건 공소 유지를 원활히 할 적임자를 승진 인사한 것입니다."

윤영천 국민소통수석비서관의 해명성 설명에도 이를 곧이곧대로 믿는 국민은 별로 없었다. 대다수 국민은 문 대통령이 윤 검사를 정말로 애지중지한다고 여겼다. 문 대통령은 고검장급이었던 서울중앙지검장을 검사장급으로 환원시켰다. 이에 대해 윤 비서관은 "서울중앙지검장은 2005년에 고검장급으로 격상된 이후에 정치적 사건 수사에서 총장 임명권자의 눈치를 본다는 비판이 제기되고 있어 이런 폐해를 바로잡기 위한 조처로 이해해 주시길 바란다."라는 설명을 덧붙였다.

윤 검사를 검사장으로 승진시키면서 바로 '검찰의 꽃'인 서울중앙지검장으로 발탁한 데다 '최순자 사건 공소 유지'라는 명분까지 줌으로써 윤 지검장은 날개를 단 셈이었다. 그는 고검 검사에서 서울중앙지검장에 발탁된 유일한 사례로 꼽힌다. 은혜 입은 걸 갚을 줄 아는, 동지애가 유달리 강한 문 대통령의 인성을 엿볼 수 있는 대목이다.

윤 지검장은 서울중앙지검장에 임명된 즉시 과거 자신을 좌천시킨 '국정원 댓글 사건'을 파헤쳤다. 전 정권에서 수사를 방해했던 검사들과 김관준 전 국방부 장관을 구속기소 했다. 이명박 전 대통령의 최측근 비서관까지 수사한 끝에 이명박 전 대통령도 구속기소 했다.

법무부는 윤성열 지검장 임명 이후, 이른바 '우병후 라인'으로 분류되던 고검장, 검사장급 인물들은 무보직으로 좌천시키며 그에게 힘을 실어주었다. 국정원 댓글 사건 수사도 재개했다. 그 결과 이명박 정부의 최측근인 김진모, 김백준 전 비서관이 구속됐고, 이명박 전 대통령의 구속영장 발부로 이어졌다.

문 대통령의 구애는 그치지 않았다. 그의 구애가 적폐 청산을 통한 '정권의 공고화'였던 다른 꿍꿍이가 있던 문 대통령의 윤 지검장에 대한 믿음은 철석같았다. 어쩌면 문 대통령도 윤 지검장이 아무리 '저는 사람에 충성하지 않습니다.'라고 말했어도 자신에게는 충성하리라고 믿었는지도 모른다.

윤성열은 2018년 6월, 검찰 고위 간부 인사에서 서울중앙지검장에 유임됐다. 그의 유임은 문 정부의 적폐 청산 의지를 다시 한번 드러낸 것으로 해석됐다. 이어서 7월에 시행한 중간 간부 인사에서도 윤성열과 호흡을 맞춰온 박찬오 2차장검사와 한동운 3차장검사를 유임하며 윤 지검장 체제를 견고하게 해주었다.

윤 지검장에 대한 문 대통령의 아낌없는 사랑은 마침내 절정에 다다른다. 두 사람 사이의 마지막 사랑이었기에 그만큼 애틋했고 강렬했는지도 모른다. 선연이 처절한 악연으로 바뀔 줄은 이때까지 두 사람 모두 알지 못했다.

검찰총장 파격 임명

문 대통령은 윤성열 서울중앙지검장을 차기 검찰총장으로 전격적으로 내정한다. 그런데 당시에 임명을 가장 강하게 반대한 인물이 최광욱[20] 공직기강비서관과 나조국 민정수석이었다. 나 수석의 아들을 위해 힘써 준

최광욱과 나조국, 윤성열 세 인물은 얽히고설킨 악연으로 인해 충돌과 원한이 아직도 이어지고 있다.

최광욱 전 의원은 최근 윤 대통령을 '윤성열 씨!'로 부르면서까지 억울하게 핍박(?)받은 데 대해 화풀이하려고 애쓰고 있고, 나조국 전 장관은 자신의 페이스북을 통해 "윤성열은 총칼 대신에 수사권과 기소권을 휘둘러 '검찰 쿠데타'에 성공해 대한민국 대통령에 당선됐다."라면서 윤통을 악마화하며 절치부심의 한을 품고 있다.

아무튼 문 대통령은 그 당시 정부의 과제인 '적폐 수사'를 마무리하기 위해 실질적으로 진행되는 일은 윤 총장을 통해서, 제도 개선이나 미래 지향적인 일은 나조국 장관을 통해서 구현하겠다는 구상을 했다.

2019년 6월 17일, 문 대통령이 윤성열 서울중앙지검장을 차기 검찰총장으로 전격적으로 내정했다. 청와대 참모들은 한결같이 반대했다.

검찰총장 후보군에 대한 보고서 작성과 보고를 맡은 최광욱 공직기강비서관은 '중대 흠결'이라고 적힌 '윤성열 검찰총장 후보자' 보고서를 대통령에게 내밀며 재고를 요청했다.

"대통령님! 깨끗한 후보자로 판단될 시 '흠결 없음'이라 쓰고 '일부 흠결' '상당 흠결' '중대 흠결' 등 총 4등급으로 나누는데, 검사로서 지

---

20 그는 청와대 민정수석과 법무부 장관을 지냈던 나조국의 아들에게 허위 인턴증명서를 발급해 준 혐의로 기소됐는데 대법원이 징역 8개월에 집행유예 2년을 선고한 원심을 확정해 국회의원직을 상실했다.

내왔던 상황이나 행적을 보면 중대 흠결에 해당합니다. 문제민 정부의 국정철학 수행 인물로 부적합하다는 게 저희의 최종 판단입니다. 다시 심사숙고해 주십시오."

나조국 민정수석도 최광욱 비서관을 거들며 반대했지만, 문 대통령은 막무가내였다. 이런 우여곡절을 겪고 윤성열은 검찰총장에 지명됐다. 윤 지검장의 총장 발탁은 현 정부에서 중점을 두고 추진한 적폐 청산 수사에 대한 공로를 인정함과 동시에 검경 수사권 조정을 핵심으로 하는 검찰개혁을 지속해서 밀어붙이겠다는 문 대통령의 의중이었다.

윤 후보자가 국회 인사청문회를 거쳐 총장으로 임명되면, 검찰총장 임기제가 도입된 1988년 이후 31년 만에 고검장을 안 거치고 총장으로 직행하는 첫 사례여서 그 귀추가 주목됐다.

훗날 청와대 참모 출신이 임명 배경에 대해 한 언론에 밝힌 내용은 자못 의미심장하다.

"대통령이 워낙 윤성열에게 꽂혀 있어 사실 제대로 된 논의도 못 했다."

여당 국회의원 중 조웅찬 의원만 유일하게 윤성열의 검찰총장 임명을 공개적으로 반대한 상황에서 윤 검찰총장 후보자에 대한 국회 인사청문회가 2019년 7월 8일에 열렸다. 자정을 넘겨 9일 새벽까지 청문회가 진행됐지만 야당이 판을 뒤집을 만한 강력한 '한 방'을 날리지 못했다.

으레 그렇듯 야당이 청문보고서 채택을 거부하자, 문 대통령은 7월 15일까지 청문보고서를 송부해 달라고 다시 요청했다. 끝내 국회에

서 윤 검찰총장 내정자의 청문보고서를 채택하지 않자 문 대통령은
야 3당의 반발을 무시하고 7월 16일, 윤성열의 검찰총장 임명안을 결
재했다. 절대적 신임이었고, 끝없는 외사랑이었다.

2019년 7월 25일, 문 대통령이 청와대에서 윤성열 검찰총장에게
임명장을 수여하는 장면은 '인간만사 오리무중(伍里霧中), 정치만사 새
옹지마(塞翁之馬)'임을 증명하는 역사적인 장면이다. 두고두고 인구에
회자될 의미심장한 대목이기도 하다.

문 대통령은 윤 신임 검찰총장에게 임명장을 수여한 뒤 부인 김경
희 씨에게 축하 꽃다발을 전달했다. 문통의 표정에는 애정이 담겼고,
특별한 기대감을 나타냈다. 언론에 공개된 꽃다발 전달 장면 사진을
보면, 윤 총장 임명을 가장 강하게 반대했던 최광욱[21] 공직기강비서관
이 손뼉을 치며 환하게 웃고 있다. 참 아이러니한 상황이 아닐 수 없
다. 총장 임명을 역시 강하게 반대했던 나조국 민정수석도 수여식에
동석해 환하게 웃으며 윤 총장 부부에게 축하를 보내고 있다. 대통령
때문에 가식적인 장면을 연출한 걸까. 각자 속마음은 달랐는지 몰라
도 겉보기에는 일단 화기애애했다.

---

21 나조국은 이른바 '조국 사태'로 만신창이가 됐고 훗날 본인 입으로 윤 총장을 위시한 검찰의 작당으
로 '멸문지화'를 당했다고 억울한 심정을 표명하며 복수의 칼을 갈고 있듯이 최광욱도 '조국 사태'에
연루돼 재판에 넘겨져 결국 국회의원직을 상실했는데 여전히 윤 총장과 검찰을 원망하며 여러 사회
적·정치적 물의를 빚고 있다. 동료 의원 및 보좌진들과의 화상회의 도중 '○○이'라는 성희롱 발언 의
혹으로 엄청난 비난을 받았고, 윤성열 정부에 대해 '암컷이 나와서 설친다'고 발언해 당원 자격 6개월
정지라는 징계를 받을 정도로 윤 대통령에 대한 적대감이 강하다.

인연이란 정말 묘했다. 환담장에서의 장면은 시나리오 대본을 그대로 연출하듯 임명식장보다 더욱더 극적이다. 환담 자리의 분위기도 화목했고, 환영과 찬사 일색이었다. 문 대통령 맞은편에 윤 신임 총장, 나조국 민정수석, 최광욱 비서관, 윤 총장의 부인인 김경희 여사가 나란히 배석했다. 머지않아 3대 2로 적대적 관계가 되는, 다섯 사람의 기묘한 만남이었다.

문 대통령은 마이크를 잡고 신임 검찰총장에게 당부했다.

"권력에 휘둘리지 않고 눈치도 보지 않고 사람에 충성하지 않는 자세를 끝까지 지켜주길 바랍니다. 피아를 가리지 말고 청와대든 정부든 집권 여당이든 만에 하나 권력형 비리가 있다면 엄정하게 대처해 주세요. 검찰개혁을 조직의 논리보다 국민의 눈높이에서 생각해야 합니다."

그러고는 거듭 강조했다.

"그동안 보여왔던 정치검사 행태를 청산하고 무소불위의 권력이 아닌 민주 검찰이 되길 바랍니다. 검찰총장 인사에 이렇게 국민 관심이 모인 것은 역사상 없지 않았을까 싶어요. 어깨가 무거울 거로 생각하지만 그만큼 검찰 변화에 대한 국민 요구가 크고 윤 총장에 대한 기대가 높다는 겁니다. 국민은 검찰이 근본적으로 변화하기를 바라고 있습니다. 공수처 설치라든지 또는 수사권 조정 등을 통해서 검찰의 근본적인 개혁이 이루어지기를 희망합니다. 우리 사회를 공정하게 만드는 일을 검찰의 시대적 사명으로 여겨 주길 바랍니다."

일종의 대외용 덕담인 셈이고, 발언의 핵심은 '검찰 개혁'이었다. 검찰 개혁을 염원하는 문 대통령의 소신을 당부한 셈이었다.

윤성열 신임 검찰총장이 화답했다.

"원칙에 입각해 한 발 한 발 걸어 나가겠습니다. ……검찰권도 다른 모든 국가권력과 마찬가지로 국민에게서 나온 권력인 만큼 국민을 잘 받들고 국민의 입장에서 어떻게 고쳐나가고, 어떤 방식으로 이 권한을 행사해야 하는지 헌법 정신에 비춰서 깊이 고민하겠습니다."

의례적인 당부였든, 정권에 대한 과도한 자신감이었든, 앞날을 예견한 멘트였든 간에 훗날 문 대통령의 이날 당부 그대로 '살아있는 권력에 대한 수사'가 진행돼 청와대를 정조준해 화살을 겨누는 상황이 오고 만다.

이런 걸 '운명의 장난'이라고 하는가. 덕담과 찬사가 섞인 당부와 화답을 주고받으며 화기애애한 분위기를 보이던 아니 그런 장면을 연기(演技)하던 대통령과 검찰총장, 민정수석을 비롯한 비서관 등이 채 몇 주도 지나지 않아 적대적 관계로 돌변할 줄이야. 나조국 민정수석의 법무부 장관 임명 강행으로 정국이 급랭하고 급기야 메가톤급 '조국 사태'로 발전해 개혁의 동반자에서 정적으로 돌아서게 된 순간이 다가올 줄이야.

윤 총장은 문 대통령에게 충복이자 충신이었을까.

민주·진보 진영에선 '역적'이라며 은혜도 모르는 파렴치한으로 몰았지만, 편견 없이 보면 윤 총장은 문 대통령의 당부와 지시를 가장 충실히 이행한, 몸소 실천한 '충신'이었다. 어쩌면 '살아있는 권력을 수사하라, 사람에게 충성하지 마라.'라는 말은 일종의 대외적 덕담이었고 '총대를 메고 검찰개혁에 매진하라.'가 대통령으로서의 지시이자 간절한 당부였는데 너무 아둔해서, 너무 순진해서 이걸 구별하지 못했는지도 모른다. '공수처 설치라든지 또는 수사권 조정 등을 통한 검찰의 근본적인 개혁이 이루어지길 바란다.'가 문 대통령 발언의 요지였는데 생색내기용 덕담에만 희희낙락해 정작 핵심을 꿰뚫지 못했는지도 모른다.

결과적으로 말귀를 잘 못 알아듣는 아둔한 사람 행세를 한 윤 총장이, 의뭉스럽다는 평을 듣는 문 대통령보다 더 의뭉스러운 사람이다. 어찌 보면, 인간은 아무리 힘센 척, 잘난 척, 똑똑한 척해도 결국에는 '운명의 수레바퀴'에 갇혀 서로에게 부대끼며 속절없이 굴러가는 가엾은 신세인지도 모른다.

미담의 주인공

최재영 감사원장도 문 대통령의 사랑을 듬뿍 받으며 대통령이 임명한 사람이다. 윤성열 검찰총장 임명보다 훨씬 앞선 2017년 12월 7일, 문 대통령은 새 정부 첫 감사원장 후보자로 최재영 사법연수원장을 지명했다. 훈훈한 에피소드가 알려지며 국민에게 '미담의 주인공'으로 친숙하게 다가갔다.

한 정치평론가는 문 대통령을 두고 '아주 의뭉스러운 사람'이라고 단정한다. 딱 어울리는 정의(定義)이다. 이를 달리 표현하면, '순진무구한 척하는 영악스러운 사람'이란 뜻이다. 그런데 윤 총장과 최 감사원장 두 사람에게 한정해보면 문 대통령은 의뭉스러운 사람이 아니라 '순진무구한 사람'이다. 두 사람에 대한 '맹목적인 신뢰와 무한한 기대'를 숨기지 않았음에도 끝내 정적이 됐고 결과적으로 정치적 파국과 패배를 자초했기 때문이다. '순진무구하다'란 '바보스럽다'의 다른 표현이다.

여기서 주목할 대목은 최재영 감사원장의 활약(?)이다. '월성1호기 경제성 조작 의혹'에 대한 감사원 감사에서 여권 측 감사위원들의 방해와 공무원들, 한국원자력 직원들의 저항을 무릅쓰고 고군분투, 좌충우돌하며 나름 가시적인 성과를 이끌어냈고, 이로 인해 야당의 대권 후보 반열에 올라 한때 대선 정국의 '태풍의 눈'으로 떠올랐다.

2017년 12월 7일, 청와대 국민소통수석비서관은 춘추관 브리핑에서 최재영 감사원장 인선 배경을 설명하며 후보자에 대해 호평했다.

"최재영 감사원장 후보자는 민사·형사·형법 등 다양한 영역에서 법관으로서 소신에 따라 사회적 약자와 소수자의 권익 보호, 국민의 기본권 보장을 위해 노력해온 법조인입니다. 대통령께서는 감사원의 독립성과 정치적 중립성을 수호하면서 헌법상 부여된 회계감사와 직무감찰을 엄정히 수행해 감사 운영의 독립성, 투명성, 공정성을 강화하고 공공부문 내 불합리한 부분을 걷어내 깨끗하고 바른 공직사회, 신뢰받는 정부를 실현해나갈 적임자로 기대하고 있습니다."

최재영은 평소 조용하지만 강직한 스타일로 알려진 데다가 특유의 유연함과 친화력으로 법원 내외부로부터 신망과 존경이 두텁다는 평가를 받아왔는데 청와대의 인선 배경 브리핑 이후 언론을 통해 금세 '미담의 주인공'이 됐다.

최 후보자가 독실한 기독교 신자로 두 딸을 낳은 뒤 두 아들을 입양했다는 것이 밝혀지며 화제가 됐고, 사법연수원 시절에는 다리를 쓰지 못하는 동료를 2년간 업어서 출퇴근시킨 일화가 알려지며 국민에게 훈훈한 감동을 안겨줬다. 또한 집안 내력도 최 원장 후보자의 강점이 됐다. 조부가 독립운동가였고, 부친 최형섭 예비역 대령이 6·25 당시 대한해협해전 참전용사이자 전쟁영웅이었다는 사실도 호감도에 플러스 요인이 됐다.

한 언론은 사법연수원 13기 동기생인 강금희 전 법무부 장관이 SNS에 올린 평가도 소개했다. 노무현 정부 시절 청와대 민정수석이던 문제민 대통령과 함께 일했던 강 전 장관은 "그분과 저는 연수원 한 반이었다. 인격과 삶이 정말 일치하는 분이다."라고 평했다.

미담의 주인공에다 호평 일색이다 보니 최 후보자는 자연스레 국회 인사청문회를 무난하게 통과했다.

감사원장 임명

국회 인사청문회 당시 '미담 제조기'로까지 불리며 여야 당파를 초월해 칭찬받은 최 감사원장은 훗날 자신을 추천하고 임명한 여권에 의해 '공적 (公敵)'으로 지목된다. 윤성열 검찰총장 못지않게 문제민 정권에 눈엣가시

같은 존재가 된 것이다.

어쨌든 '월성1호기 경제성 감사, 김호수 감사위원 선임' 등을 놓고 문제민 정부와 불화를 겪던 최 감사원장은 2021년 6월 28일, 사퇴 의사를 표명했다. 문 대통령은 9시간 만에 최 감사원장의 사의를 수용하고 "바람직하지 못한 선례를 만들었다."며 불편한 속내를 드러냈다.

최 전 감사원장이 정치평론가들의 예상대로 바로 대권에 도전할 경우 현직에서 중도 사퇴하고 정치로 직행하는 첫 감사원장이 된다.

2018년 1월 2일, 문 대통령은 국회 인사청문 절차를 통과한 최재영 신임 감사원장에게 임명장을 수여했다. 앞서 국회는 지난달 29일, 본회의를 열어 찬성 231표, 반대 12표, 기권 3표로 최 감사원장 후보자의 임명동의안을 가결했다. 그만큼 국민의 신임이 두텁다는 방증이었다.

"스스로 자신을 엄격히 관리해오셨기 때문에 감사원장으로 아주 적격인 분입니다. 잘 부탁드립니다. 공익을 위한 윤리 실천을 한결같이 해내며 곧은길을 걸어가시는 분이니 소신껏 감사원을 이끌어주시기 바랍니다."

문 대통령은 최 감사원장에게 임명장을 수여하면서 덕담과 찬사를 늘어놓았다.

제2부

박통과 '핵무기'[22]
─ 核, 이제야 말한다 ─

22 '박정희 대통령의 핵무기 개발 추진'과 관련한 이야기들이 한때 징사니, 야사니, 비화니 하며 업적을 과장하기 위한, 흥미를 돋우기 위한 추측성 이야기가 난무했지만, 미국의 비밀자료(외교문서 등)가 2017년 3월에 공개되고, 관련자들의 회고록과 기고문 등이 공개되면서 소설적 상상력에 기반한 허무맹랑한 이야기에서 역사적 사료를 바탕으로 한 실제 사실에 가까운 이야기로 구체화하고 있다.

. . .

2022년 3월 24일, 북한이 4년 4개월 만에 대륙간탄도미사일(ICBM)을 동해상으로 발사해 국제사회를 놀라게 했다. 이로써 2018년 4월 북한이 자발적으로 핵실험장 폐기와 함께 핵실험 및 ICBM 시험발사를 중단하겠다고 한 모라토리엄(유예) 선언도 4년 만에 깨졌다.

이른바 '레드라인'[23]을 넘은 북한의 이러한 도발은 여러 상징적 의미를 함축하고 있다. 먼저 북한은 윤성열 정부가 들어서는 게 못마땅하다는 표시이고, 핵과 미사일을 고도화하며 도발을 상시화하겠다는 의지를 표명한 것이다. 그 후로도 북한은 수시로 도발을 감행했다.

그러자 2023년 1월 11일, 윤 대통령은 외교부·국방부 연두 업무보고 자리에서 "확고한 KMPR (대량응징보복)은 한미 양국이 미 핵자산 운용에서 공동 기획, 실행하는 긴밀한 협력"이라며 "문제가 심각해지면 대한민국이 전술핵을 배치한다든지 우리가 자체 핵을 보유할 수도 있다."며 핵무장 가능성을 언급했다.

핵확산금지조약[24]에 가입해 있는 한국 대통령의 발언은 국내외적으로

---

23 red line(금지선) 대북 정책에서 포용 정책을 봉쇄 정책으로 바꾸는 기준선. 제네바 합의를 위반하는 핵 개발 혐의가 있을 경우, 남한에 대한 대규모 무력 도발을 반복적으로 실시할 경우 등을 포함하여 북한의 행동에 대한 리스트를 마련하였다.

엄청난 파장을 몰고 왔다. 야당은 공격했고, 미국도 발칵 뒤집어졌다. 대통령실은 수습에 나섰다. 대통령실 관계자는 "보충 설명을 해드리면, 핵확산금지조약, 즉 NPT 체제를 준수한다는 대원칙에 변함이 없다."면서 "그럼에도 북핵 위협이 점점 고도화되는 상황에서 대통령의 단호한 의지를 천명한 것"이라고 재차 강조했다. 보수 진영은 여론조사 결과를 인용하며 윤 대통령을 거들었다.

이보다 앞서 문무대왕과학연구소에서 향후 개발될 해양용 SMR(소형모듈원자로)이 '한국 핵잠수함에 활용될 수 있다'는 뉴욕타임스의 보도가 나와 논란이 됐었다. 한국원자력연구원은 "선박용 SMR의 핵연료는 저농축우라늄을, 핵잠수함은 고농축우라늄을 사용하는 등 설계부터 근본적으로 다르다."고 강조하며 가능성을 일축했다. 연구원의 이러한 공식 입장 발표로 '핵잠수함용' 논란은 수그러들었지만, 일각에서는 여전히 의구심을 품고 있다. 북한이 끝내 한·미가 임계점으로 규정해온 '금지선'을 넘으면서 남북한 간에 대치와 긴장이 점점 고조되는 상황이라 비공식적으로, 다시 말해 '비밀리에' 핵잠수함용 SMR 개발을 추진할 가능성이 있다고 보는 것이다.

1970년대 박정희 대통령 시절에도 그랬었다. 미국이 한국에 대한 핵 사찰을 대폭 강화하자 우리 정부는 공식적으로는 핵무기 개발을 포기했다. 그 대가로 한반도에서의 주한미군과 핵무기의 철수를 막아내는 성과

---

24 NPT(Nuclear nonproliferation treaty) 비핵보유국이 새로 핵무기를 보유하는 것과 보유국이 비보유국에 대하여 핵무기를 양여하는 것을 동시에 금지하는 조약.

를 올렸다. 이런 가운데서도 비밀리에 핵 개발을 추진했다.

월성원전의 가압중수로 원자로에서 그동안 추출해 쌓아놓은 폐연료봉을 재처리하면 무기급 플루토늄 26t을 얻을 수 있으며 핵무기 4,000여 개 정도를 만들 수 있다. 실제로 지금 우리나라의 원자력 설비용량은 세계 5위, 운전 기술은 세계 1위 수준이다. 이에 따른 핵폭탄 제조 잠재력은 세계 10위권으로 평가받고 있다. 다시 말해 우리나라는 미국, 러시아, 영국, 프랑스, 중국에 버금가고, 핵무기를 보유한 이스라엘, 인도, 파키스탄보다 잠재력이 훨씬 높다.

윤 대통령의 발언에 대해 MIT(매사추세츠 공과대학) 핵기계공학 박사 출신인 서준렬 서울대 핵공학과 명예교수는 한술 더 떠 호응했다. "한국은 이미 핵보유국 수준의 재처리, 농축 기술을 갖고 있다. 결단만 하면 6개월 내 20킬로톤[25]급 시제품을 만들 수 있다. 가동 중단된 월성1호기와 현재 운용 중인 원전에 보관된 폐연료봉을 재처리하면 플루토늄이 나온다. 고급 기술자 500명을 하루 3교대로 투입하면 6개월 내 6kg의 플루토늄을 얻을 수 있다. 같은 기간 레이저 농축 기법으로 우라늄까지 생산하면 핵무기 3기 분량의 핵물질을 확보할 수 있다."고 장담했다.

그리고 서 교수는 한 강연에서 "내가 핵무기 도면과 3차원 도면을 가지고 있다. 우리나라의 경우 현재 보유 중인 플루토늄만으로도 4,500개의 핵무기를 만들 수 있다. 약 1조 원의 예산과 1,000여 명의 연구원만 있

25 kiloton: 에너지의 단위. 1,000t을 표현하는 단위이자 핵무기의 위력을 나타내는 단위. 1kt은 TNT 1,000t의 폭발력.

으면 6개월이면 원자폭탄을 만들 수 있으며, 1년이면 수소폭탄을 만들 수 있다. 또 6개월 정도의 시간만 추가로 주어진다면 전술핵무기와 전략핵무기도 개발 가능하다."고 밝혔다. 그러면서 "미국이 하면 로맨스고, 한국이 하면 불륜인가? 박정희 대통령 때 뿌린 씨앗이 이제 결실을 볼 때가 됐다."라고 덧붙였다.

서 교수의 강연은 일반 국민이 듣기엔 꽤 구체적이고 그럴싸했다. 그의 경력이나 사회적 지위를 보더라도 국수주의자나 전쟁 미치광이 호전주의자의 맹목적인 곡학아세로 여길 수 없다. 윤 대통령의 발언에 대한 그의 동조 발언을 즉흥적인 주장으로, 빈말로 치부할 수 없는 이유는 또 있다. 그는 2016년부터 비슷한 주장을 펼쳐왔다. 그해 9월 22일, '생존을 위한 핵무장국민연대' 출범식에 연사로 참가해 우리나라가 핵무장을 할 충분한 잠재력이 있다고 밝혔다. 그러다가 2017년, 북한이 6차 핵실험을 하자 그때부터 '독자 핵무장론'[26]을 끈질기게 설파하고 다녔다.

2000년에 한국원자력연구원은 연구 차원에서 레이저 농축 방식으로 무기급 우라늄의 생산실험에 성공했다가 국제원자력기구의 사찰을 받기도 했다. 군 소식통은 "기폭장치도 1년 내 제작이 가능할 것"이라고 말했다. 시제품은 슈퍼컴퓨터를 이용한 시뮬레이션으로 핵실험 없이도 성능 검증이 가능하다고 전문가들은 주장한다. 서 교수는 "시제품 완성 후 2~3년이면 50~60kg까지 소형화한 전술핵을 양산해 전투기나 현무

---

26 '한국 자체 핵무기 보유'에 대한 2023년 4월의 리얼미터 여론조사 결과 찬성 56.5%, 반대 40.8%로 과거와 달리 국민 절반 이상이 찬성했는데 그 이유로는 '북핵 위협 맞대응을 위해'가 45.2%로 가장 많았다.'

미사일 등에 장착할 수 있을 것"이라고 전망했다

서 교수의 이러한 자신감의 배경은 제1공화국 시절로 거슬러 올라 간다.

이승만 대통령의 핵 개발

'李承晚은 꿈을 꾸었고, 朴正熙는 기술의 탑을 쌓았으며, 과학자들은 거대한 城을 만들었다.'고 진단평가한 조갑제[27] 칼럼니스트의 글은 한국 핵 발전사의 핵심을 짚은, 두고두고 인용될 명문(名文)이다.

1959년 7월, 서울에서 한국 최초의 '실험용 원자로 1호기(TRIGA Mark-II)' 기공식에 참석한 이승만 대통령이 우리나라 원자력 시대의 개막을 알리는 역사적인 첫 삽을 뜬 지 정확히 반세기 만에 대한민국은 원전 수출국이 됐다. 2009년, 아랍에미리트(UAE)와 47조 원 규모의 한국형 원전 수출 계약을 체결하는 쾌거를 이루었다.

1956년, 초대 대통령이었던 이승만 박사와 미국 전력 산업의 대부(代父)였던 워커 시슬러 회장의 만남이 우리나라 원자력발전의 실마리였다.

"이만한 석탄으로는 4~5kW의 전기를 생산하지만, 같은 양의 우라

---

27 현 조갑제닷컴 대표, 월간조선 편집위원 역임

늄으로는 무려 200만 배가 넘는 1,200만㎾를 생산합니다. 우라늄 1g 이면 석탄 3톤의 에너지를 낼 수 있습니다. 한국은 자원 빈국이 아닙니다. 석탄은 땅에서 캐는 에너지지만, 원자력은 사람의 머리에서 나오는 에너지입니다. 한국처럼 천연자원이 적은 나라에서는 사람의 머리에서 캐낼 수 있는 에너지를 개발해야 합니다."[28]

원자력이라는 새로운 에너지원의 잠재력과 확장력에 깜짝 놀란 이 대통령은 원자력 개발을 추진하기로 결심했다.

미국은 한국과 1956년 원자력협정을 체결했다. 이 대통령은 국제원자력기구에 회원국으로 가입하고, 미국에 국비 원자력 연구 요원들을 파견했다. 1959년에는 원자력 정책을 담당할 기구인 원자력원(院)과 연구기관인 원자력연구소[29]가 만들어졌다. 이에 앞서 1958년에는 국내 최초로 한양대에 원자력공학과가 개설됐다. 이듬해에는 서울대에도 원자력공학과가 생겼다.

이승만 대통령은 원자력 기술을 이용하여 핵무기를 만들려는 속셈을 지녔다. 그래서 실험용 원자로(참고 문헌: 한국원자력연구원(KAERI) 홈페이지의 〈한국원자력연구원 60년사(1959~2019)등〉)가 필요했지만 엄청난 구입비가 문제였다. 다행히 미국 정부가 '한·미 원자력협정'에 따라 원자로 구입비 35만 달러를 무상 원조해 주는 바람에 정부 예산을 보태 원자로와 부속 기자재를 도입할 수 있었다.

---

28 '김성현 조선일보 기자의 2015-07-02 기사' 인용
29 1959년 대통령 직속기관으로 원자력원이 출범했고, 그 산하에 '원자력연구소'가 설립되었다. 지금의 '한국원자력연구원(KAERI)'의 전신이다.

1959년 7월, 서울에서 한국 최초의 '실험용 원자로 1호기'[TRIGA Mark-Ⅱ]' 기공식[30]이 열렸다. 이승만 대통령이 기공식에 참석해 우리나라 원자력 시대의 개막을 알리는 역사적인 첫 삽을 떴다.

"본인은 반드시 원자력 개발을 성공시킬 겁니다. 제3의 불, 제3의 에너지로 불리는 원자력 개발에 한국의 미래가 달려 있습니다. 반드시 성공해야 합니다. 최선을 다해주시기 바랍니다."

그로부터 약 2년 뒤, 1961년 5·16군사정변으로 집권한 박정희 대통령은 전직 대통령의 원자력발전 정책을 이어받았다.

1962년 3월 30일, 우리나라 최초의 원자로인 연구로 1호기 가동식에 송요찬 내각수반 겸 경제기획원 장관이 참석해 오원선 원자력원장으로부터 경과보고를 들었다. 그해 11월 17일, 박정희 국가재건 최고회의 의장은 연구로 1호기를 시찰했다.

1967년 3월 30일, 과학기술처의 발족과 함께 원자력원이 원자력청으로 개편 출범했다.

1969년 4월 12일, 연구용원자로 2호기인 'TRIGA Mark-Ⅲ' 기공식이 개최됐다.

---

30 우리나라는 2009년에 아랍에미리트(UAE)와 47조 원 규모의 한국형 원전 수출 계약을 체결했다. 이승만 대통령이 실험용 원자로 기공식에서 첫 삽을 뜬 지 정확히 반세기 만에 원전 수출국이 된 것이다. '제3부 보물에서 애물로'에서 자세히 다룬다.

박통의 핵무기 개발

2차 세계대전 때 일본의 즉각적인 항복을 끌어낼 정도로 원자폭탄의 막강한 위력을 전 세계에 과시한 미국은 1952년에 최초로 수소폭탄 실험에 성공했다. 이에 질세라 소련도 1년 뒤 수소폭탄 실험에 성공했다. 그러자 미국은 슬그머니 원자력의 평화적 사용을 선언했다. 미국과 소련은 경쟁적으로 서로의 우방국, 동맹국들에 원자력발전 기술을 팔아먹기 시작했다.

미국은 일본에 원전 기술을 제공한 데 이어서 한국과 1956년 원자력협정을 체결했다. 그러면서 미국과 소련은 수소폭탄을 탑재하여 발사(투하)할 수 있는 '미사일' 개발에 몰두했다. 소련이 미국보다 2년 앞서 1957년에 장거리미사일(대륙간탄도미사일) 개발에 성공했다. 연이어 소련은 두 달 후에 인류 역사상 최초로 인공위성 발사에도 성공했다.

충격에 휩싸인 미국은 1958년 미사일과 핵무기를 남한에 배치하여 북한과 소련의 위협을 막으려 했다.

1960년대는 '핵 만능주의'의 영향으로 선진국들이 핵기술을 수출하는 데 적극적이었다. 인도는 미국과 영국, 캐나다에서 무기화에 전용할 수 있는 관대한 조건으로 기술 수입을 성사시켰다.

그 후 일본이 1963년 원전을 상용화하자, 박정희 대통령도 원자력발전에 더욱더 관심을 두기 시작했다. 1971년 3월, 경남 동래군(지금의 부산시 기장군) 고리(古里)에 '1976년 준공 목표'로 '고리원자력발전소 1호기' 건설이 시작됐다.

경제성장이 본궤도에 오른 1960년대 후반, 박통은 원자력발전소에 대한 관심과 더불어 핵무기 개발에 대해 집착하기 시작했다.

박통의 의중을 꿰뚫고 정부 고위층에 접근한 인물이 이스라엘 출신 국제상인 '사울 아이젠버그'였다. 그는 1950년대 한국에 중개 무역업자로 진출해 큰돈을 벌었고, 이후 미국의 한국에 대한 원조가 감소하면서 차관 도입이 개시되던 1960년대부터는 차관 중개업을 하는 사업가였다. 아이젠버그는 1969년 고위층에 캐나다의 중수로 원자로를 소개하면서 핵을 개발하려면 중수로를 도입해야 한다고 귀띔했다.

1970년 초, 중앙정보부장은 BH[31]의 박통에게 북한의 군사 동향을 보고했다.

"각하, 북한이 지대지 유도탄(地對地 誘導彈)과 잠수정을 자체 개발해 보유하고 있다는 정보가 들어왔습니다. 우리도 대응해야 합니다. 상호주의에 의한 비례폭격, 비례대응의 수단이 필요합니다. 우선 이 영화부터 좀 보십시오."

정보부가 입수한 북한의 홍보영화를 보여줬다. 박통은 영화를 보고 놀라움을 금치 못했다.

"우리는 재래식 대포뿐인데 북한이 벌써 저런 무기들을 보유하고 있다니. 이래서야 자주국방을 실현할 수 없지. 북한이 서울을 향해 쏘면 우리도 평양을 향해 쏘아야지. 그게 비례대응 아닌가. 특단의 대책

---

31 Blue House. 청와대를 일컫는 은어.

을 마련해야지……"

박통은 충격을 받은 듯 잠시 눈을 감고 있더니 결연한 표정으로 혼잣말을 했다.

"자주국방 실현을 위해 우리도 가만히 있을 수 없지. 당장 핵무기 개발을 시작해야겠네."

1968년 1월 21일의 북한 특수부대 청와대 습격사건과 1월 23일 북한의 미국 해군 정보수집함 푸에블로호 납치 사건에 대하여 미국이 소극적인 대응으로 일관하고, 1969년에는 닉슨독트린[32] 발표로 더 이상 미국이 한반도의 분쟁에 적극적인 개입이 어렵다고 판단한 박통은 한국의 안전을 위해서는 핵무기 개발이 필요하다는 생각을 지니게 되었다. 그러던 차에 북한의 군사력 증강 움직임이 나타나자 박통은 결심을 굳혔다.

'실천만이 기적을 만든다. 기적은 오직 행동으로만 이루어진다.'라는 격언을 몸소 보여준 사람이 박통이었다.

박통은 BH에 국방부장관을 불러 긴급 밀명을 내렸다.

"나라의 명운이 국방부에 달렸어요. 우리도 원자폭탄을 만듭시다. 압록강까지 날아갈 수 있는 미사일도 만듭시다. 국방과학연구소를 통

---

32 닉슨 대통령이 발표한 새로운 대아시아정책. ① 미국은 앞으로 베트남전쟁과 같은 군사적 개입을 피한다. ② 미국은 아시아 제국(諸國)과의 조약상 약속을 지키지만, 강대국의 핵에 의한 위협의 경우를 제외하고는 내란이나 침략에 대하여 아시아 각국이 스스로 협력하여 그에 대처하여야 할 것이다. ③ 미국은 '태평양 국가'로서 그 지역에서 중요한 역할을 계속하지만, 직접적·군사적인 또는 정치적인 과잉 개입은 하지 않으며 자조(自助)의 의사를 가진 아시아 제국의 자주적 행동을 측면 지원한다. ④ 아시아 제국에 대한 원조는 경제 중심으로 바꾸며 다수국 간 방식을 강화하여 미국의 과중한 부담을 피한다. ⑤ 아시아 제국이 5~10년의 장래에는 상호 안전보장을 위한 군사 기구 만들기를 기대한다.

해 추진하되 극소수 연구원만 투입해 극비에 이 두 가지를 추진하시오. 유도탄 개발부터 즉각 착수하시오."

박통의 명령에 따라 국방부는 비밀리에 유도탄과 핵무기 개발을 시작했지만, 무기 생산 기술도, 원자력발전 기술도 걸음마 단계인 데다 원자력과 관련된 모든 기기와 장비를 수입해야 하는 처지다 보니 연구개발이 순탄할 리 만무했다.

이런 어수선한 와중에도 1971년 3월 19일, 고리원자력발전소 1호기(고리1호기) 건설을 시작했다. 박통은 기공식에 참석해 축사했다.

같은 달 27일, 주한 미 7사단 병력 2만 명이 철수했다. 한반도 안보에 위기가 찾아온 것이다. 박통은 속이 타들어 갔다. 북한의 위협을 물리치려면 핵무기가 절실히 필요하다는 걸 새삼 절감하는 순간이었다. 무엇보다도 연구용 원자로 수입이 급선무였지만 강대국들의 감시망 때문에 섣불리 수입하기 어려웠다.

1971년 11월 15일, 고리원자력발전소의 원자로 건물을 착공하면서 고리1호기 건설이 본격적으로 시작되었다. 고리1호기는 미국 웨스팅하우스사에서 개발한 가압경수로가 장착된다.

1972년, 정부는 프랑스를 통해 연구용 원자로를 들이기로 계획을 세웠다. 핵연료 재처리시설을 통해 우라늄을 재활용하기 위해서였다.

프랑스 생고뱅사(社)와 재처리연구시설 관련 계약을 진행하던 정부는 미국의 방해 또는 개입으로 프랑스와의 계약이 취소될 수 있는 만약의 상황에 대비하기 위해 고심했다. 비상 상황에서의 대용품 내지 스페어(예비품)로 캐나다 원자력공사와 '중수로를 도입하는 사업'[33]을 추진했다.

궁여지책이 '신의 한 수'가 됐다. 한국 정부가 캔두형(CANDU)[34] 중수로 건설을 맡겨주면 3만kW급 '실험용 원자로'를 끼워주겠다는 캐나다 측의 조건은 정말 감지덕지해야 할 일이었다. 많은 우여곡절을 겪고 나서 중수로원전이 한국에 가까스로 태어났지만, 우리로서는 결과적으로 보물덩어리가 굴러들어온 셈이었다.

이것이 '월성1호기' 탄생의 비화(秘話)이다. 또한 삼중수소 방사능의 원죄이다. 달리 말해, 원자폭탄 원료인 플루토늄을 뽑아내기 쉬운 중수로원전 건설은 훗날 삼중수소 피폭의 원죄로 작용하게 된다.

프랑스와 연구용 원자로 도입 문제로 협의를 진행하는 도중에 캐나다 원자력공사(AECL)가 접근했다. 아이젠버그가 AECL의 대리인으로 협상에 나섰다.

이때부터 우리 정부는 프랑스와 캐나다에 양다리를 걸치고 물밑 교

---

33 1970년대 중반, 정부는 원자로를 도입하는 사업을 추진했으나 핵무기 개발에 대한 의구심 때문에 미국으로부터 심한 견제를 받았던 것으로 드러났다. 이 같은 사실은 정부가 공개한 1977년 외교문서에서 확인됐다.

34 Canadian Deuterium Uranium :캐나다형(型) 중수로(重水爐)

섭을 진행했다. 그러던 1972년 5월 10일, '연구로 2호기'(TRIGA Mark-Ⅲ)'의 준공식이 원자로 건물 앞에서 열렸다. 같은 달에 최형섭 과학기술처 장관은 프랑스를 방문하여 원자력 기술 협력과 '재처리시설' 도입 문제를 논의했다.

이듬해인 1973년 3월, 프랑스원자력청과 그 산하 재처리 회사인 생고뱅사(SGN사)[35] 대표단이 한국에 와서 원자력연구소와 구체적인 협의를 진행했다. 생고뱅사는 프랑스 국영회사로 파키스탄 등 핵무기 개발을 꾀하는 나라들에 재처리시설을 수출하여 외교 분쟁을 일으킨 적이 있어 우리 정부는 비공개를 원칙으로 조심스럽게 협의를 진행했다.

우리 정부와 프랑스와의 계약 체결이 임박해질 무렵, 캐나다가 파격적인 제안을 했다. 이래서 사람들은 '뜻이 있는 곳에 길이 있다'라고 하는가 보다. 불감청(不敢請)이언정 고소원(固所願)이었다. AECL은 경북 월성군(지금의 경주시)에 건설하려는 '월성원전 1호기' 건설을 자국에 맡겨주면 미국보다 더 많은 혜택을 주겠다고 제안했다. 원전 건설을 위한 차관 제공은 물론이고, '실험용 중수로 원자로(NRX)'까지 덤으로 주겠다는 조건이었다.

우리 정부는 솔깃할 수밖에 없었다. 고리원전은 경수로형인데 이와 달리 캐나다의 캔두형 원자로는 원자폭탄 원료인 플루토늄을 뽑아내기 쉬운 중수로(Heavy Water Reactors)여서다.

---

35 SGN(Saint Gobin Techniques Nouvelles)

캐나다 측과의 실무 교섭이 진행되는 도중에, 하필이면 인도가 기습적으로 핵실험을 해 산통을 깨버렸다. 석가탄신일인 1974년 5월 15일, 인도는 라자스탄 사막에서 첫 핵실험을 했다. 작전의 이름은 '미소 짓는 부처'(smiling Buddha)였다. 히로시마에 투하된 원자폭탄 수준이었다.

인도는 한국이 수입하려던 캐나다의 NRX 원자로에서 추출한 플루토늄을 원료로 썼다. NRX 연구로를 도입한 인도는 자국에서 채굴된 천연 우라늄을 핵연료로 집어넣어 태운 사용후핵연료에서 폭발용 플루토늄을 생산하였다. NRX 연구로는 중성자 감속재로 중수(重水)를 사용하는데 이 중수 제조는 고도의 기술이 필요해 수입에 의존할 수밖에 없다. 이 중수로 인해 삼중수소가 생성된다.

인도 핵실험의 불똥이 결국 애꿎은, 만만한 한국에 튀었다. 한국 정부가 프랑스로부터 재처리시설을 도입해 핵무기를 개발하려 한다는 의구심을 갖고 있던 미국은 캐나다 정부에 압력을 넣어 한국과의 협상을 가로막고 나섰다.

미국의 방해를 예견했던 박통은 이에 아랑곳하지 않고 1975년 1월, 중수로원전을 건설하기로 하고 캐나다 AECL을 계약자로 선정했다. 인도 총리인 인디라 간디가 평화적 목적이라고 주장했지만 인도의 핵실험이 핵무기 개발을 위한 것임을 박통은 간파했다. 인도가 캐나다로부터 'NRX 연구로'를 도입함으로써 핵실험 단계까지 간 만큼 한국도 핵무기 개발을 위해서는 캔두형 중수로 건설이 필수였다.

미국의 압박은 계속됐다. 동북아시아의 평화가 위협받는다는 빌미로 한국 정부에도 압력을 넣었다. 스나이더 주한 미 대사가 노신영 외무부 차관을 면담해 미국의 입장을 전달했다.

"재처리시설은 핵 확산과 밀접한 관계가 있습니다. 한국과 같이 정치적으로 민감한 지역에 이 시설이 도입되는 것을 우리 미국은 반대합니다."

미국은 내친김에 프랑스에 압력을 넣어 재처리시설 판매를 못 하게 했다. 청와대에도 대표단을 보내 엄포를 놨다.

"핵 개발 계획을 포기하지 않으면 3억 달러에 달하는 차관 제공을 취소하겠다."

미국은 CIA(중앙정보국) 국장을 박통에게 직접 보내 강하게 경고했다.

"한국이 핵을 보유하게 되면 일본이 핵무장을 할 게 명확합니다. 그 뒷감당을 할 수 있습니까? 모든 책임은 한국이 져야 합니다."

그러면서 미국은 한국에 대한 핵 사찰을 대폭 강화하며 압박했다.

중수로에서 타고 나온 사용후핵연료는 플루토늄 추출 재처리에 적합하다는 특징이 있다. 그 때문에 미국은 한국의 중수로 도입을 강력히 반대했고, 우리 정부는 '유사시 에너지원을 확보하려면 꼭 필요하다'고 맞섰다. 당시 한국은 핵확산금지조약(NPT)에 가입하지 않았다. 미국은 NPT에 가입하면 한국의 중수로 도입[36]에 동의하겠다는 백악관의 의사를 전달했다.

우선 미국을 달래는 게 급선무였다.

---

5 이런 배경 때문에 국제원자력기구(IAEA)는 주재관을 파견해 월성원전을 상시 감시한다. (다른 원전은 감시카메라만 설치하고 감독관은 방문 조사만 한다).

1975년 3월, 한국 정부는 '울며 겨자 먹기'로 핵확산금지조약을 맺었고, 3월 20일 국회에서 아무런 토론도 없이 핵확산금지조약 비준안에 동의했다.

1975년 4월 12일, 마침내 우리 정부는 생고뱅사와 계약하는 데 성공했다. 이창석 과학기술처 차관과 윤용구 한국원자력연구소 소장이 참석해 프랑스와 '재처리연구시설 공급 및 기술 용역시설 도입' 계약을 체결했다.[37]

"프랑스와 계약 체결까지 했으니 앞으로 미국이 사사건건 방해하고 감시할 게 뻔하니 우리도 방안을 마련합시다."

박통의 제안에 따라 청와대는 1975년 6월 12일, 워싱턴포스트지에 다음과 같이 천명했다.

"우리 한국은 핵개발 능력을 가지고 있으며, 유사시 핵무기를 생산할 것이다."

그로부터 2주 뒤, 과기처장관은 한술 더 떠 엄포를 놨다.

"한국은 언제든 핵무기를 개발할 수 있는 능력을 갖추고 있다."

박통은 핵무기를 만들겠다는 의지보다는 미국의 주한미군 철수를 저지하기 위한 협박 수단으로 핵 개발 기술력을 과장했다. 그래도 기어이 주한미군이 철수한다면 정말로 핵 개발을 하겠다는 의지 표현이자 사전 준비였고, 미국에 대한 무력시위였다.

그러자 1975년 말, 미국 정부는 한국 정부에 다시 경고했다.

---

37 '이승만과 박정희의 핵개발'(조갑제 조갑제닷컴대표)에서 일부 인용

"한국 정부가 프랑스로부터 재처리시설을 도입한다면 미국은 한국의 원자력산업에 대한 금융 지원을 중단할 것이고, 캐나다도 중수로 판매를 유보할 것이다. 주한미군 철수도 고려하고 있다."

"우리는 핵 개발을 할 능력이 있고, 지금 당장 핵무기를 만들 수도 있다."

이번에는 박통도 순순히 물러서지 않고 맞받았다. 일종의 승부수였다.

그러고 나서 박통은 참모들과 관계자들의 의견을 들은 뒤에 과감하게 결단을 내렸다.

"한국 정부가 재처리시설 도입을 포기할 테니 캐나다와의 원자로 도입 협상에 방해하지 마시오."

정부는 주한 미 대사를 통해 이러한 결정을 미국 정부에 통보했다.

1976년 1월 한국 정부는, 프랑스의 SGN와 맺었던 재처리 시험 공장 건설계약의 파기를 프랑스 정부에 요청하였다.

프랑스 정부도 미국의 압력을 받고 있었으므로 이를 받아들였다. 캐나다 정부도 미국의 압력에 굴복하여 캔두형 중수로와 함께 한국에 끼워 팔기로 돼 있었던 'NRX 연구로' 판매 협상을 중단하였다. 캐나다의 중수로를 사줌으로써 플루토늄을 얻을 수 있는 연구로와 관련 기술을 도입하려던 정부의 계획은 일단 물거품이 되었다.

이렇게 '월성1호기 탄생'은 순탄치 않았다. 산통(産痛)이 오래도록 진행됐다.

박통의 선택

지금 미국은 북한에 경제적 당근을 제시하며 핵 폐기를 압박하지만, 40년 전 한국에도 이와 유사한 압박을 했다. 당시 박정희 정부는 미군 철수에 따른 안보 위기를 극복하고자 핵 개발을 추진했고, 미국은 핵 개발 포기의 조건으로 한국에 핵우산과 안전보장 조치를 약속했다. 결국, 박통이 공식적으로는 미국의 '핵 개발 포기 요구'를 받아들이고, 경제를 선택하는 결정을 내림으로써 비공식적으로 핵무기를 개발할 수 있었다.

미국의 계속된 핵 개발 포기 압박에 박통을 필두로 청와대 참모진, 국방부 핵심 관계자들은 고심에 고심을 거듭했다. 전략적 선택이 불가피한 상황이었다. 마침내 박통은 공식적으로는 핵무기 개발을 포기했다.

그 대가로 한반도에서의 주한미군과 핵무기의 철수를 막아내는 성과를 올렸다. 겉으로는 실리를 택한 것이다. 만약 당시에 한국 정부가 재처리시설을 도입한 후, 정치적 제약이 없는 상태에서 핵 개발에 나섰다면, 20kt(히로시마 원자폭탄 크기) 핵폭탄을 연간 3~6개 제조할 수 있었던 것 추정되고 있다.

프랑스와의 계약 파기로 연구용 원자로 도입이 겉으로는 좌절됐지만, 실제로는 핵심 기자재들을 다른 국방 장비들과 함께 숨겨서 반입하는 데 성공했다. 그래서 극비리에 핵무기 개발을 진행할 수 있었다.

미국의 압력과 방해로 월성원자력발전소 건설에도 차질이 빚어졌다. 경북 월성에 중수로 2기를 지을 예정이었으나 1호기만 도입[38]됐다. '월성원자력발전소 1호기'(월성1호기)[39]는 1975년 5월 3일, 기초굴착 공사를 시작으로 1976년에 건설이 본격적으로 시작됐다. 일괄 발주방식 계약에 따라 캐나다 원자력공사가 설계, 기자재, 시공 및 시험운전 등의 사업 전반에 대한 책임을 졌다.

미국은 한국의 극비 무기 개발을 간파했다. 국방과학연구소의 극소수 연구원들이 안전가옥에서 숙식하면서 정보당국의 감시와 보호 아래 철통 보안 속에 연구를 진행해왔음에도 불구하고, '백곰 미사일' 사업과 핵무기 개발 계획인 '무궁화 프로젝트'에 대해 알아차렸다. 미국은 이때부터 조금 양보해 '유도탄 수용, 핵무기 불수용'이란 차별화 전략을 취했다.

1977년 11월, 원자력연구소가 벨기에 BN사와 추진하던, 플루토늄을 재사용한 제2 핵연료 가공 사업이 취소되었다. 핵폭탄 개발에 필수적인 연구로, 재처리 사업이 문서 작업 단계에서 싹도 터보지 못하고 죽어 버린 것이다.

1978년 9월, 드디어 지대지탄도미사일인 '백곰'이 6년 만에 완성돼 시험발사에 성공했다. 서울에서 평양까지 날아갈 수 있는 사정거리 180Km급 중장거리 미사일이었다. 세계 7번째의 미사일 생산국이 된

---

38 실제로 '월성2호기'는 이로부터 15년 뒤에 도입됐다. 1991년 10월에 착공하여 1997년 7월, 상업운전에 들어갔다.

39 1983년 4월에 준공됐고 '월성1호기'로 명명됐다. 고리원자력발전소 1호기에 이어 두 번째 한국에 등장한 원전이다. 차례로 동일 노형인 캔두형 중수로 '월성 2, 3, 4호기'가 건설됐다. 총사업비 6,428억 원(외자 5억 9,500만 달러 포함)이 투입됐다.

것이다. 여기에 핵탄두만 장착하면 화룡점정이었다. 북한은 날벼락을 맞은 듯 충격에 휩싸였다. 미국 언론은 깜짝 놀라 '잠재적인 핵보유국'이라며 호들갑을 떨었다.

그러자 1979년 6월, 미국의 카터 대통령이 한국을 전격 방문했다.

"한국이 방어용 핵우산을 원한다면 앞으로도 미군은 핵무기로 한반도를 보호하겠습니다."

카터 대통령은 자신의 대선공약이었던 '주한미군 철군'을 사실상 백지화하며 한국을 달랬다.

그러나 1979년 대통령 시해 사건인 '10·26 사태'로 박통 정권이 막을 내리면서 결국 핵 개발은 흐지부지되고 말았다.

박통이 사망한 뒤 1980년에 쿠데타로 정권을 장악한 전두환 정부는 미국 정부의 지지를 받기 위해 핵무기나 미사일 개발 계획과 관련한 기구를 해산하는 조처를 했다. 1976년에 발족한 '한국핵연료개발공단'이 원자력연구소에 통합됐는데 다시 1980년 12월에 '한국에너지연구소'로 이름을 바꾸면서 이 사업은 일단락 돼 버렸다.

어느 비사(祕史)에 의하면, 1978년 박통이 보안사 사령관에게 이렇게 말했다고 한다.

"사실은 핵무기 개발이 95% 정도 달성됐네. 아마 81년 초쯤에 핵폭탄이 완성될 걸세. 그렇게만 되면 국군의 날 행사 때 여의도광장에서 공개할 것이네."

이 말의 사실 여부는 확인되지 않았다. 하지만 박통의 핵 개발 의지만큼은 강렬했다는 것은 틀림없는 사실이다.

한편 인도 핵실험의 여파로 캐나다 NRX 연구로 도입이 좌절되자 한국원자력연구소는 1970년대 후반에 자체 개발 설계에 의한 연구로 건설을 추진했다.

1983년 4월 22일, 드디어 우리나라 최초의 중수로형 원전인 '월성 1호기'가 준공됐다. 1982년 8월 20일에 핵연료를 넣고 1982년 12월 31일 시험발전을 시작해 상업운전에 이르렀다.

제3부

보물에서 애물로

...

인류는 여전히 '핵(核)'에 대한, 아니 정확하게 말하면 '핵구름'으로 상징되는 '핵폭탄'에 대한 공포와 두려움을 지니고 산다. 우리 마음 깊숙이 자리 잡은 원자력 즉 핵에 대한 공포의 기원은 아마도 2차 세계대전의 종말을 앞당긴, 일본의 항복을 이끌어낸 '원자폭탄 투하'일 것이다.

1945년 8월 6일, 미국은 역사상 최초로 원자폭탄을 히로시마에 투하했다. 3일 후에는 나가사키에 두 번째 원폭이 투하되었다. 8월 10일, 일본 천황은 연합군 측에 무조건 항복 의사를 전달하고 5일 후에 항복을 선언함으로써 태평양전쟁은 개전 5년 만에 막을 내렸다.

원폭이 투하돼 폐허로 변해버린 히로시마의 처참한 광경. 그때의 끔찍하고 참혹한 장면이 너무나 생생하게 인류에게 각인돼 있어 아직도 '핵'이란 말만 나와도 막연한 공포를 느낀다.

핵폭발(核爆發)은 핵반응이 빠르게 일어나 급작스럽게 에너지가 터져버리는 것을 뜻한다. 종류는 핵분열과 핵융합으로 나눌 수 있고, 대기권에서의 핵폭발은 버섯구름을 만들고, 주변을 광범위하게 방사선과 방사능 입자로 오염시킨다. 핵폭발 시의 어마어마한 에너지를 이용한 원자폭탄, 수소폭탄 등의 핵무기가 만들어져 있다.

아무튼 '핵'이라는 말만 나오면 사람은 민감하게 반응한다. 그래서 반핵단체, 탈핵단체들은 원자력발전의 위험성을 강조하기 위해 핵발전소, 핵폐기물이란 용어를 쓴다.

제3부에서는 한때 보물단지였다가 애물이 돼 파란만장한 풍파를 겪다 '영구폐쇄'라는 사망선고를 받은 '월성1호기'를 비롯한 원자력발전의 역사를 뒤돌아본다.

보물단지

'고리1호기'는 1977년 4월에 핵연료 48톤을 원자로에 채워 넣고, 같은 해 6월 30일 시험 발전을 하여 국내 처음으로 원자력에 의한 전기를 공급하였다. 1978년 4월 29일, 설비용량 58만 7,000kW의 원자력발전소로 준공됐다. 이어서 1983년에 설비용량 67만 9,000kW의 '월성1호기'가 준공됐다.

이리하여 우리나라는 1980년대부터 비슷한 용량의 경수로와 중수로를 함께 보유하게 되었다. 이때부터 원전은 우리나라의 부족한 에너지를 채워주고, 경제성장을 견인하는 보물단지였다.

그러나 달도 차면 기우는 법. 두 원전은 40년 정도 가동돼 전력을 공급하다가 '영구폐쇄' 선고를 잇달아 맞게 된다.

'고리1호기'는 2015년 6월 12일 영구 정지가 결정돼 2017년 6월 19일 가동이 정지되었다.

'월성1호기'는 문제민 정부의 탈원전 정책으로 2018년 6월 22일, 한국원자력(주) 이사회가 조기 폐쇄를 결정했고, 2019년 12월 원자력안전위원회가 영구정지를 확정했다.

1960년대 제1·2차 경제개발 5개년계획에 따라 에너지자원 확보와 기간산업, 사회간접자본 시설 확충 등이 신속히 추진됐다. 1962년에 처음으로 '원자력발전 추진계획'을 수립했다.

1973년의 1차 석유파동(오일쇼크[40])에 이어 1978년에 2차 석유파동까지 닥치면서 '탈유전원개발시책(脫油電源開發施策)'이란 국가적 방침이 정해져 '중·장기적인 원자력 발전계획' 수립과 '원자력발전의 국산화'가 당면 과제로 떠올랐다.

두 차례의 '오일쇼크'를 겪으며 원자력이 보물단지로 여겨지기 시작했다.

우리나라 최초의 원전인 '고리1호기'는 1971년 착공하여 1977년 완공 및 1978년 4월부터 상업운전을 시작했다. 이로써 처음으로 원자력발전으로 전기를 생산하게 됐다. 세계에서 21번째, 동아시아에서는 일본에 이어 2번째 원전보유국이 되는 순간이었다.

1983년 '월성1호기'가 준공돼 전기생산을 시작했다.

1983년 7월 11일, 한국원자력연구소[41]와 프랑스 원자력청(CEA)이 '고속증식로 도입' 타당성에 대한 협력 협정을 체결했다.

---

40 아랍석유수출국기구와 석유수출국기구의 원유가격 인상과 원유생산 제한으로 인해 세계 각국에서 야기된 경제적 혼란.

1986년 6월, 총공사비 1조 7,178억 원이 투입되고 연인원 1,200 만 명이 동원된, 국내 건설 사상(史上) 최대 규모였던 고리 3호기, 4호 기가 잇달아 준공됐다.

1980년대에는 원전 기자재 국산화뿐 아니라, 원자력발전의 연료가 되는 핵연료의 국내 생산 및 국산화를 위한 본격적인 기술개발이 시 작됐다.

1989년 3월 25일, 30 MWt급의 다목적 연구용 원자로 'KMRR: 하 나로(HANARO)' 기공식이 내외 귀빈들이 참석한 가운데 거행되었다. 이 상희 과학기술처 장관이 참석해 축사한 후, 참석자들이 역사적인 발 파 버튼을 눌렀다.

핵연료 국산화

1973년 2월 17일에 원자력연구소, 방사선의학연구소, 방사선농학연구 소를 통합하여 '한국원자력연구소'가 발족돼 원자력 연구개발에 무수한 성과를 올렸다. 그런데 전두환 정부가 '한국핵연료개발공단'을 흡수 통합 한다는 명분을 내세워 1980년 12월에 '한국에너지연구소'로 명칭을 바꿔 버리는 황당한 일이 발생했다.

41 우리나라 최초의 원자력 종합연구기관인 '원자력연구소'는 1959년 2월 3일에 출범했는데, 1980년
    12월부터 1989년 12월까지 '한국에너지연구소'로 불렸다. 이해의 편의를 위해 '한국원자력연구소'로
    통일한다. 2007년 3월에 지금의 '한국원자력연구원'으로 이름을 바꿨다.

1979년 '12·12 군사반란'으로 정권을 탈취한 전두완 정부는 출범 초기에 미국의 지지를 얻기 위해 '핵 개발 포기'를 약속하는 의미에서 연구소 이름에서까지 원자력이라는 말을 떼 버린 것이다. 영문 약어 표기는 KAERI[42]를 그대로 썼다.

그러다가 제6공화국 때인 1989년 12월에야 '한국원자력연구소'로 명칭이 환원됐다.

1976년 12월 1일, 정부는 '한국핵연료개발공단'을 설립해 '핵연료 국산화' 추진을 위한 기틀을 마련했다.

1981년에 중수로형 핵연료 국산화 사업을 본격적으로 시작했고, 1983년부터 경수로형 핵연료 국산화 사업을 착수했다. 가압중수로형 원자로는 천연우라늄을 핵연료로 이용하고 있어서 중수로 핵연료의 국산화가 먼저 추진된 것이다. 원자력연구소는 자체 제작한 시제품(試製品) 핵연료를 1984년 9월부터 원자로에 넣기 시작하였다. 3차에 걸친 원자로 내의 실증실험이 성공을 거두자 가압중수로형 핵연료 제작 공장을 확충하여 건설했다.

1987년, 드디어 전량 캐나다에서 수입하던 중수로 핵연료의 완전 국산화가 이뤄졌고, 양산 체제까지 갖췄다. 월성1호기 등 중수로 원전 4기에 공급함으로써 원자력 기술 자립의 첫걸음을 내디뎠다. 1988년부터는 월성원전 4기에서 소요되는 연간 100t의 핵연료를 전량 국산

---

42 케리(Korea Atomic Energy Research Institute).

으로 공급할 수 있게 됐다.

1988년에는 국내 원전의 다수를 차지하는 경수로 원전 핵연료 국
산화에도 성공해 양산 체제 구축에 들어갔다.

원자력 황금기

석유 한 방울 나지 않는 한국은 '체르노빌원전 폭발사고'에도 불구하고
원전 확대 정책을 계속 펼칠 수밖에 없었다. 에너지 사용 급증에다 성장
논리가 득세하면서 원전의 중요성이 부각됐다. 자연스레 반핵운동이 침
체기로 접어들었다. 연이은 전력 피크와 유가 급등 등으로 인한 에너지
위기의식이 원자력을 '필요악'으로 만들었다. 반핵단체가 안전성 문제를
아무리 제기해도 대세를 움직이기 어려웠다.

1980년대에 이른바 '원자력 황금기'를 구가하게 된 요인은 원자력이
기후변화 극복의 강력한 대안 가운데 하나로 인식되면서다. 발전 과정에
서 이산화탄소를 배출하지 않고, 경제성이 높으며, 기술 발전으로 안전성
이 강화됐다는 논리가 힘을 얻으면서 반핵 진영의 설 자리가 더욱 좁아
진 것이다.

반핵 진영의 활동가들은 기후변화 등으로 전공(?)을 바꾸거나 재충전,
또는 호흡 조절에 들어갔다. 핵에너지·핵발전소·핵폐기장 등의 용어도
사라지고 원자력·원전·방폐장 등 '순화'된 용어가 그 자리를 차지했다.

경제발전을 지속하던 우리나라는 급증하는 전력수요에 탄력적으로 대

응하기 위해 지속적인 원전건설 정책을 폈고, 특히 한국표준형원전 개발과 원전의 해외시장 공략에 박차를 가했다.

1990년대는 역설적이게도 원자력의 황금기이면서 반핵운동의 전성기이기도 하다. 이 시기 반핵운동은 안면도·굴업도 방폐장 건설을 좌절시키는 등 큰 성과를 거뒀다. 노무현 정부가 들어서기 전까지는 신규 원전 계획 시도도 무산시킬 정도였다.

이처럼 활발하던 반핵운동이 다시 쇠퇴의 길로 접어든 것은 2005년 방폐장 주민투표 이후다. 특별지원금과 각종 인센티브를 미끼로 지방자치단체끼리 경쟁시키고 주민을 갈라놓은 정부의 정책이 주효하면서다. '경주중·저준위방폐장' 부지 확정 이후부터 반핵운동이 크게 위축됐다.

호사다마(好事多魔)일까. 두 차례의 '석유파동' 이후, 원전이 보물단지가 되면서 원자력 관련 모든 산업은 급팽창했다. 그러나 1986년 4월 26일, '체르노빌원전사고'가 터지면서 원자력에 대한 국민의 불안과 불신이 증폭됐다. 이 사고는 체르노빌원자력발전소[43]의 4번 원자로에서 전기제어시스템에 관한 실험 중, 운전원에 의해 비상노심냉각계통과 원자로보호계통이 차단된 상태에서 원자로 출력 폭주가 발생하여 원자로가 파괴된 사건이다.

이 사고로, 방사능이 바람을 타고 유럽을 비롯한 전 세계에 퍼졌다. 당시 다량의 방사성물질이 유출되어 벨로루시, 구소련지역과 우크라

---

43 정식 명칭은 '블라디미르 일리치 레닌 기념 체르노빌원자력발전소'이다.

이나 3개국에 집중적으로 오염되었으며, 스웨덴을 포함 북유럽의 주변 구가까지 오염이 확산돼 전 유럽을 공포로 몰아넣었다. 주로 요오드, 세슘, 스트론튬, 프로토늄 등의 방사능이 방출됐다. 세슘과 스트론튬 같은 반감기가 긴 방사성 물질 때문에 사고 인근 지역은 폐쇄됐다.

이때부터 정부와 원자력계는 원자력에 대한 국민의 불신을 잠재우기 위해 원자력 사용의 안전성 강화를 위한 '민간환경감시기구' 설치 등 다양한 제도적 장치를 마련하고, 이제까지 소홀했던 원자력의 중요성에 대한 대국민 홍보를 본격적으로 전개했다.

1990년 2월 27일, 원자력연구소가 설계한 국내 최초의 국산 경수로 핵연료인 KOFA$^{(Korea\ Fuel\ Assembly)}$가 고리2호기에 장전되었다.

1993년 9월 4일, 다목적 연구로 'KMRR$^{(하나로)}$'의 핵심인 원자로 설치 공사가 시작됐다.

1995년 2월 2일, 30 MWt급 연구용 원자로 '하나로$^{(HANARO)}$'가 첫 핵연료 장전을 시작으로 총 18개의 핵연료를 모두 장전하고, 1995년 2월 8일 16시 9분에 역사적인 첫 임계에 도달했다.

1995년 4월 7일, 원자력연구소의 자체 기술로 설계·건조된 '하나로'가 착공 8년 만에 준공되었다.

2005년, 한국표준형원전의 완성판이라 할 수 있는 '울진 5·6호기'의 준공으로 우리나라는 총 20기의 원전을 보유한 세계 6위 원자력 대국으로 발돋움했다.

2005년 11월, 경주에 중·저준위방폐장이 들어서면서 2016년부터 한국원자력(주) 본사의 경주시대가 개막됐다.

2008년 8월, 이명박 정부는 국가에너지 기본계획을 통해 화석에너지의 비중을 크게 낮추는 대신 2030년까지 원자력 등 저탄소에너지 비중을 전체 에너지원의 39%까지 확대하는 계획을 발표했다.

2012년, 원자력연구원은 일체형 중소형원자로인 '스마트(SMART)'를 개발해 세계 최초로 표준설계인가를 획득했다.

북한의 핵 개발

1978년 9월, 마침내 우리나라는 세계 7번째의 미사일 생산국이 됐다. 지대지미사일인 '백곰'이 6년 만에 완성된 것이다. 사정거리 180Km급 중장거리 미사일이었다. 북한은 충격에 휩싸였다.

게다가 남한이 고리1호기, 월성1호기 준공에 이어 고리2·3·4호기, 울진(한울)1·2호기, 영광(한빛) 1·2호기를 준공하고, 1995년에는 연구용 원자로인 '하나로'까지 준공하자, 다급해진 북한은 뒤질세라 핵 개발에 전력을 쏟았다.

북한은 남한과 국방력의 격차가 갈수록 벌어지는 절박한 상황을 타개하기 위하여 '고난의 행군'까지 감수하는 처참한 지경에 몰리면서도 핵 개발에 몰두하여 결국 성공했다.

2005년 북한은 핵무기 개발 능력 구비를 선언했고, 2006년 10월 9일 1차 핵실험을 실시했다. 그 후 북한은 2015년 미국 본토 타격을 겨냥한 ICBM(대륙간탄도미사일) 시험발사를 추구했다.

북한우 미국의 경고에도 수시로 도발을 일삼았다. 윤성열 대통령 당선인의 취임 사흘을 앞두고 '잠수함발사탄도미사일(SLBM)' 1발을 발사했다.

그 후로도 수틀리면 도발했다. ICBM 시험발사, '저궤도 정찰위성' 시험발사를 해대고 있다. 북한의 김정은 국무위원장은 '핵무력 선제 사용 가능성'을 여러 차례 시사했다. 또한 남한의 22대 총선 전후로 7차 핵실험에 나설 것이란 예측이 나오고 있다.

북한의 상시 도발에 대한 맞불 성격으로 한국은 2022년 3월 30일, 순수 국내기술로 개발한 고체 추진 우주발사체 성능 검증을 위한 첫 시험발사에 성공했고, 2023년 12월 4일에는 고체연료 추진 우주발사체(로켓) 3차 시험발사를 성공적으로 완료했다. 1·2차 시험발사 때는 모의(더미:dummy) 위성을 탑재했지만, 3차 때는 민간에서 개발한 실제 위성을 탑재해 우주 궤도에 진입시켰다.

UAE에 잭팟 jackpot 터트리다

2009년 12월, 한국은 아랍에미리트(UAE)에 원전을 수출하는 쾌거를 이뤘다. 1956년 원자력에 대해 관심을 가진 지 54년 만에, 원자력발전을 개시한 지 32년 만에 원전 역사의 신기원을 이룬 것이다.

2009년, 한국의 '한국전력 컨소시엄'은 UAE의 국제 공개경쟁 입찰에서 프랑스의 아레바 컨소시엄, 미국의 GE·일본의 히타치 컨소시엄을 누르고 400억 달러(47조 원) 규모의 원전 4기 건설과 운영 사업을 따냈다. 차세대한국형 원전인 'APR1400' 4기(총 5,600MW)를 건설하는 바라카 원전 사업을 수주한 것이다.

현재 UAE에서는 바라카원전 1호기('21년), 2호기('22년), 3호기('23년)가 상업운전에 돌입하였으며, 2025년까지 4기 모두 가동될 전망이다.

2017년 10월, 'APR1400'의 유럽 수출 노형인 'EU－APR'이 까다롭기로 유명한 '유럽사업자요건(EUR) 인증'을 취득했고, 2019년 5월에는 미국 이외의 국가로는 처음으로 '미국 원자력규제위원회(NRC)의 설계인증'을 취득해 안전성과 기술력을 국제적으로 인증 받았다.

UAE에 잭팟을 터트린 지 10년여 만에 다시 해외원전 사업 물꼬를 텄다. 2022년 8월, 한국원자력이 이집트 엘다바에 터빈·발전기 계통 시설을 중심으로 3조 원 규모의 원전 시설을 건설하는 사업을 수주했다.

2023년에 한국원자력이 주도하는 팀코리아가 체코에 건설되는 신규 원전 1기 건설사업에 최종입찰서를 제출했다. 최근 미국이 탈락하고 프랑스 기업과 경합 중인데 2024년 6월경 우선협상대상자가 선정될 예정이다. 체코의 나머지 신규 원전 건설사업도 청신호가 켜졌다. 체코에 이어 폴란드, 영국, 사우디아라비아, 네덜란드 등도 신규 원전 건설 계획을 추진하고 있어 '한국형 원자력발전(K－원전)'의 수출 가능성을 높이고 있다.

2023년 7월, 루마니아에서 2,600억 원 규모의 삼중수소제거설비 (TRF) 건설 사업을 성공적으로 수주했다. 이는 원전 단일 건설 수출 사상 역대 최대 규모이다.

동일본대지진과 후쿠시마원전 폭발

경주녹색운동연합(경주녹운련)이 중·저준위방폐장 유치 반대운동에 실패한 후 내우외환으로 침체일로를 걷던 중, 이러한 상황을 일거에 반전시켜주는 엄청난 대사건이 바다 건너 '섬나라 일본'에서 터졌다. 지지부진하던 반핵운동에 획기적인 전환을 가져다주는 대참사가 이웃 나라에서 일어난 것이다. 역설적으로 이웃 나라의 불행이 반핵단체에게는 행운으로 작용했다.

이 후쿠시마원전사고는 '반핵 르네상스 시대'를 활짝 열게 만드는 계기가 됐다. 원자력 안전 신화가 깨지면서 찬핵 진영의 논리가 군색해지고, 반핵 진영이 다시 목소리를 높이기 시작했다. 이때부터 반핵을 넘어 '탈핵'으로의 전환이 이뤄졌다.

2011년 3월 11일, 일본의 동북부 해안을 덮친 대지진과 쓰나미(지진해일)로 후쿠시마원자력발전소의 냉각시스템에 전력공급이 중단되어 결국 3기의 원전에서 동시다발 노심용융(meltdown)이 일어났다.

1만 년에 한 번 일어날까 말까 한다던 노심용융이 체르노빌원전 폭발 사고가 일어난 지 불과 25년도 안 돼 21세기 초반에 또 발생한 것이다. 체르노빌 사고와 마찬가지로 국제 원자력 사고 등급의 최고 단계인 7등급의 이 사고로 인해, 방사능이 주변 토양과 대기로 확산되었고, 인체에 악영향을 미치는 방사성 세슘과 요오드를 비롯한 고농도 오염수가 바다에도 유출되었다. 그리고 후쿠시마현 내에서 여러 종류의 플루토늄[44]이 검출되었다. 또한 후쿠시마원전에서 30Km 이상 떨어진 지역의 토양과 식물에서 방사성 물질인 스트론튬이 검출되었다.

후쿠시마원전은 리히터 규모 7.9까지 견딜 수 있게 설계되었는데 이번 지진의 규모는 9.0이었기 때문에 견딜 수 없었고, 그 이후 14~15m의 쓰나미로 인해 1~4호기가 정지했다. 설상가상으로 15m의 쓰나미로 인한 비상발전기 고장으로 인해 전력 공급이 중단되어 긴급 노심냉각장치 작동이 불가능하여 노심 온도가 12일에 1,200도까지 상승하였고, 방사능 물질의 공기 중 확산이 시작되었다. 연료냉각장치 중단으로 인해 물이 증발하여 공기 중에 핵연료가 누출되었고, 과열되어 핵연료가 손상되었다. 핵연료에 있는 질코늄이 1,200도를 넘으면 반응해 수소를 내놓는데, 이 수소가 모임에 따라 12일 1호기, 14일 3호기에서 수소폭발을 일으켜 격납용기를 손상시켜서 방사능 유

---

[44] 플루토늄은 천연에서는 거의 존재하지 않는 방사성 물질로, 원자로에서 연료 우라늄이 중성자를 흡수해서 발생하는 물질이다. 플루토늄 239의 경우, 반감기가 무려 2만4천 년이고 인체에 유입되면 폐암과 골수암을 유발한다.

출을 시작했다. 4호기의 경우, 수소폭발이 발생하였으나 냉온정지 상태로 들어감에 따라 최악의 상황을 피했다. 그나마 5·6호기가 폭발하지 않은 것은, 디젤발전기가 더 높은 곳에 위치해 있었고, 냉각수가 필요 없는 공랭식이었다. 그래서 천만다행으로 냉각기능을 유지해 폭발하지 않았다.

2012년 7월 16일, 일본 국회는 사고조사 보고서를 통해 새로운 사실들을 밝혀냈다. 지금까지 일본 정부와 도쿄전력은 후쿠시마원전 사고가 천년에 한 번 일어날까 말까 한 대지진과 쓰나미로 인한 천재(天災)라고 주장해 왔다. 그런데 원자로들이 자동정지된 것 자체는 대지진과 대형 쓰나미 때문이지만 동시다발 노심용융으로 악화한 것은, 명백한 인재(人災)였음이 밝혀졌다. 보고서에 의하면, 후쿠시마 제1원전은 지진에도, 쓰나미에도 취약한 상태였고, 특히 원자력 안전에 대한 감시기능이 붕괴한 상태였다고 지적했다. 또한, 사고 발생 뒤에도 총리 관저나 규제 당국이 제 기능을 하지 못해 피해를 키웠고, 도쿄전력 본사도 사고 발생 초기 늑장 대응으로 사고를 키웠으며, 현장 지원도 불충분했다는 결론을 내놓았다.

게다가 도쿄전력이 사기업이다 보니 이해타산 때문에 사고를 더 키웠다는 비판도 제기됐다. 즉 원자로에 냉각시스템이 멈춘 직후, 원전 폐기를 감수하고 바닷물을 조기에 투입했더라면 사태의 심각성이 커지지 않았을 것이라고 꼬집었다. 운영사인 도쿄전력 측이 건설비용이 한화 약 5조 원가량인 원전의 폐쇄를 결단하지 못해 사태가 걷잡을 수 없을 정도로 커졌다는 것이다. 실제로 도쿄전력은 사고 발생 31시간 이후에야 해수 투입을 결정했다. 일단 원자로에 정제수가 아닌, 이물질이 많이 포함된 해수를 투입하면 원자로를 더 이상 상용 운전할 수 없고 폐기 처분해야 하기 때문이다.

국제원자력기구도 사고조사 보고서에서 '쓰나미 위험을 과소평가했고, 중대사고에 대한 대비가 불충분했다'고 밝혔다. 후쿠시마 제1원전의 원자로 건물은 높이가 10m, 방파제는 높이가 6m로 이 보고서에서 상정한 방파제 높이 13m에 크게 미치지 못했고, 결국 3·11 대지진 당시 후쿠시마 제1원전에 무려 15m의 쓰나미가 들이닥쳐 13기의 비상용 디젤발전기 중 12기가 망가졌으며, 원자로 냉각파이프가 손상되는 등의 타격을 받아 멜트다운이 급속히 진행됐던 것이다.

천재天災와 인재人災

사람들은 체르노빌 사고가 대재앙이었다는 건 익히 알지만 '사고원인'에 대해서는 잘 알지 못한다. 기술자들이 원자로를 시험가동하면서 안전절차를 위반하여 결국 노심(爐心)이 폭발한 것이다. 미국 스리마일원전 사고도 밸브 장치 이상과 오작동, 계기판을 잘못 읽은 운전원 실수로 '노심 용해'가 발생했다. 이처럼 체르노빌원전 사고, 스리마일원전 사고의 공통점은 인재(人災)라는 것이다.

그런데 일본 후쿠시마원전 폭발사고는 초기에는 대지진과 대형 쓰나미에 의한 천재지변이었다. 하지만, 시간이 갈수록 천재(天災)에서 인재로 바뀌게 되었다. 즉 늑장 대응에다 경제적 파산을 우려한 도쿄전력의 사고 은폐, 설계수명이 지났거나 노후한 원전의 무리한 가동, 일본 정부의 판단 미숙 등이 복합적으로 작용한 인재였다.

체르노빌 사고에 버금가는 원전 폭발 사고가 안전 신화를 자랑하던 원전 선진국 일본에서 일어난 것이다. 불가항력의 천재지변이 아니라 인간의 이기심과 안전불감증이 이렇게 대재앙을 부른 것이다. 인간의 오만과 기계에 대한 과신에 경종을 울린 사태였다.

이 사고로 전 세계에 바야흐로 '탈핵 르네상스 시대'가 도래했다. 국내에서도 원전 주변지역 주민들뿐만 아니라 대다수 국민에게 '후쿠시마'라는 말은 트라우마이자, 공포 그 자체였다. '후쿠시마원전사고'만 들먹이면 만사형통이었다. 탈핵 진영은 후쿠시마를 아주 유용하게 써먹었다.

특히 원자력계는 그 말만 끄집어내면 꼼짝을 못 했다. 원전 사업자 측은 정부와 주민들의 '원전의 안전성 강화' 요구에 울며 겨자 먹기로 '후쿠시마 후속 조치'라는 명목으로 수천억 원의 자금을 쏟아부었다.

애물단지

월성1호기는 핵무기 개발을 염두에 두고 도입한 데다가 국내의 안정적인 전기 공급에 크게 이바지한다는 평가를 받으며 오랫동안 보물단지로 취급받았다.

그러다가 주변지역 주민들의 체내에 삼중수소 방사능이 존재한다는 게 밝혀지면서 중수로에 대한 부정적 인식이 서서히 확대됐고, 후쿠시마 원전사고로 반핵·탈핵운동이 거세게 일어나면서 월성1호기는 경주시민들의 애물단지로 전락했다. 특히 2016년 국내 관측 사상 최대인 규모 5.8의 '9·12 경주 지진' 발생 이후 노후 원전에 대한 불안감이 확산되면서 월성 1-4호기는 가동 중지 압력에 시달렸다.

탈핵단체의 주 타깃은 설계수명이 다 돼가는 '월성1호기'였다. '노후 원전'이라는 '주홍 글씨'에다 삼중수소의 유해성 논란까지 겹치면서 보물단지에서 졸지에 '천하의 몹쓸 놈'이 되고 만 것이다.

월성1호기의 수명연장을 둘러싼 논란은 2006년부터였다. 야당 국회의원이 한국원자력(주)의 2005년 이사회 회의록 내용을 공개했고 이를 언론이 보도하자, 경주지역에 파문이 확산했다.

2005년 6월 8일의 한국원자력 제3차 이사회 회의록에는 '월성1호기의 압력관[45] 교체' 계획을 논의하면서 '월성1호기를 설계수명 전에 가동을 중지하고 전면 보수한 뒤 다시 20년 동안 가동할 계획'이라는 아주 민감한 내용이 담겨 있었다. 중수로는 '압력관'이라는 아주 작은 원자로가 수백 개가 있어 경수로와 달리 교체할 수 있다.

수천억 원을 들여 핵연료를 넣는 압력관을 교체한다는 것은 수명연

---

45 壓力管 (pressure tube). CANDU형 원자로 핵연료관의 중심 부품. 압력관에는 '핵연료와 핵분열 열(熱)을 제거하는 냉각재'가 채워진다.

장을 하겠다는 것이어서 경주시의회가 발끈했다. 2006년 10월 11일, 경주시의회는 긴급의장단 간담회를 갖고 나서 입장을 표명했다.

"투명해야 할 원전 운영 계획이 경주시민들을 무시한 채 계속운전 방침을 공개하지 않은 것은 있을 수 없는 일이다. 안전성 확보 없는 연장가동은 절대 불가하다."

이틀 뒤인 13일, 경주녹색운동연합도 "안전성과 경제성이 검증되지 않은 월성핵발전소 1호기 수명연장을 절대 반대한다."는 보도자료를 배포했다.

2009년, 한국원자력은 기어코 '압력관 교체' 공사를 시작했다. 3년 후 수명이 만료되는데도 5,600억 원을 투입해 핵심 설비를 교체하는 이해할 수 없는 일이 생긴 것이다. 시민단체를 중심으로 '수명연장을 위한 수순'이라고 반발했지만, 사업자 측은 이와는 무관하다고 선을 그었다.

한국원자력은 2009년 12월 30일, 슬그머니 월성1호기의 수명연장을 신청했다. 상업운전 기한이 다 돼가던 2011년에 370개 압력관 전부를 새것으로 교체했다.

이런 와중에 2011년 3월, 후쿠시마원전 사고가 터지면서 반핵단체와 지역주민들의 '월성1호기 폐쇄 운동'이 본격적으로 시작됐고, 차츰 경주지역을 넘어 들불처럼 전국으로 번졌다.

그러는 사이 2012년 10월 29일, 월성1호기는 설계수명 만료(11월 20일)를 20여 일을 앞두고 고장으로 원자로가 수동 정지됐다. 원자력 안전위원회는 재가동을 승인해주지 않고 '다시 검사'와 '추가 검사'를 거듭하며 어정쩡한 태도를 보였다.

그러다가 원안위는 마지못해 박근애 대통령의 공약이었던 월성1호기에 대한 '스트레스 테스트(Stress Test: ST)[46]'를 실시하기로 했다. 박 대통령은 후보 때 '고리1호기와 월성1호기 등 설계수명이 다한 원전에 대해 ST를 실시한 후 연장 운전 등을 판단하겠다.'고 밝혔다. 이에 따라 한국원자력도 2013년 7월 12일, 원전 안전성 강화와 대국민 신뢰 회복 차원에서 ST를 실시하겠다면서 '월성1호기 ST 수행보고서'를 제출했다.

2014년 12월 19일, '월성1호기 ST 검증단'의 최종 주민보고회가 열렸다. 원자력 규제기관인 원자력안전연구원 검증단은 수명연장에 별 무리가 없다는 입장을 밝혔고, 민간검증단은 수명연장은 어렵다는 입장을 내 주민들을 혼란에 빠뜨렸다.

규제기관 검증단은 "극한 자연재해 발생 시 발전소를 안전하게 유지할 수 있는 필수 대응 능력이 확보될 것으로 판단한다."고 결론을 내렸다. 반면에 민간검증단은 "제기된 안전 개선 사항이 해결되어야만 발전소의 안전 운전이 가능할 것으로 판단된다."는 결론을 내렸다.

원안위는 2015년 1월 15일의 제33차 회의부터 '월성1호기 ST 검증단'의 보고서를 바탕으로 월성1호기의 '계속운전 허가(안)' 심의에

---

46 원전지역에 극단적인 재해가 발생했을 때 원전의 핵심 설비인 원자로가 어떻게 대응할 수 있는가를 평가하는 일종의 내구성 검사다. 원자로의 안전여유도와 강건성이 핵심이다. 후쿠시마원전사고 이후, 유럽연합의 유럽원자력안전규제그룹(ENSREG)은 원전을 보유하고 있는 15개국은 145개 원전을 대상으로 3개 분야 즉 지진과 해일, 전원과 냉각상실 그리고 중대사고 분야에 대해 점검했다. 그 결과 지진 계측기 설치 등 15건의 개선사례를 도출했다.

착수했다.

월성1.호기의 수명연장 여부 결정이 초읽기에 들어가자 반핵단체도 급박하게 움직였다. '월성1호기 수명연장 국민 선언' 전국 동시다발 기자회견을 여는가 하면, 원안위의 회의 일정에 맞춰 '월성1호기 폐쇄 촉구' 상경 집회를 이어갔다.

'월성1호기' 수명연장

절차적 정당성을 확보하지 못한 '월성1호기의 계속운전 허가' 즉 수명연장 승인은 월성1호기의 운명뿐만 아니라 훗날 정권의 운명까지 바꿨고, 국가 에너지 정책까지 조변석개(朝變夕改)하게 만드는 결과를 낳았다. 실로 그 파장과 후폭풍이 엄청났다. 다시 말해 이 결정이 빌미가 돼 대권 후보의 대선 공약이 수립되고, 관련 인물들의 운명도 소용돌이에 휘말리고 말았다.

원자력안전위원회는 2015년 2월 26일, 제35차 회의를 열어 국내 최초 가압중수로형 원자력발전소로, 1982년 11월 21일 가동을 시작(설계수명 기간 개시일)하고, 1983년 4월 22일 준공된 월성1호기의 '계속운전 허가(안)' 심의했다. 밤늦도록 합의가 이뤄지지 않자 진통 끝에 27일 새벽 1시 표결로 허가(안)을 승인[47]했다. 이 계속운전을 위한 설비개선에 5,600여억 원이 투입[48]됐다.

이에 최영식 경주시장은 27일 11시, 전격적으로 '원안위 결정 수용' 기자회견을 개최했다.

"월성1호기 수명연장 승인은 관련법에 따라 객관적인 검토를 통해 결정한 사항인 만큼 대승적인 차원에서 원안위의 결정을 수용하겠습니다."

그러자 한국원자력도 계속운전 허가 승인에 대해 환영한다는 입장을 냈다.

"원안위 제35회 전체회의에서 월성1호기 계속운전 승인 결정을 내린 데 대해 늦었지만, 다행스럽게 생각하며 환영한다. 월성1호기는 2009년 12월 계속운전 승인 신청 뒤 그동안 엄격한 안전성 심사를 받았고, 후쿠시마 원전 사고를 교훈 삼아 많은 후속대책을 완료해 안전성을 대폭 높였다. 더욱이 유럽보다도 더 강화된 기준에 따라 스트레스테스트까지 거쳐 원전 설계기준을 넘어가는 극한의 상황에서도 발전소가 안전하게 관리될 수 있음을 확인했다. 월성1호기는 핵심설비인 압력관(경수로의 원자로에 해당)을 포함한 노후 설비 대부분을 교체했다. 원안위의 이번 결정은 월성1호기를 계속운전해도 안전하다는 점을 최종 확인한 것으로 그 의미가 매우 크다."라고 밝히면서 "월

---

47 그 당시 박근혜 정부는 대체로 원전 확대 정책을 폈는데 청와대의 입김에 자유로울 수 없는 원자력안전위원회는 새벽에 기습적으로 표결을 강행해 월성1호기의 수명연장을 결정했다. 박 대통령이 핵무기를 개발하려고 애쓰며 원자력발전에 힘쓴 아버지 박정희 대통령의 영향을 받았음을 알 수 있는 대목이다.

48 많은 언론이 7,000억 원이 들었다고 보도하는데 지역상생지원금 1,310억 원을 포함해서 총액 7천억 원 안팎이다.

성1호기는 앞으로 원자력안전법시행령 제35조 등에 따라 정기검사를 받고 규제기관의 승인을 거쳐 오는 4월을 목표로 재가동을 추진하겠다. 지역주민들과 소통을 통해 원전 주변지역이 더불어 발전할 수 있는 상생방안을 마련하도록 하겠다."라고 덧붙였다.

원안위의 결정과 경주시장의 즉각적인 수용 기자회견은 지역사회의 극심한 반발을 초래했다. 2015년 3월 2일, 경주 제시민사회단체와 경주핵안전연대는 공동으로 〈월성1호기 수명연장 승인 무효 선언 및 국회 재심사 요구, 최영식 시장 규탄〉 기자회견을 열었다.

"……국민의 생명과 안전을 지켜야 할 원안위가 오히려 강도질하듯 야밤을 틈타 월성1호기 수명연장을 기습적으로 날치기로 통과시켰다. 그런데 우리를 더욱 경악하게 만든 것은, 경주시민의 의견부터 먼저 수렴해야 할 최영식 경주시장이 마치 기다렸다는 듯이 신속하게 보여준 결정 수용 기자회견이었다. 우리는 이러한 일련의 행위를 규탄하며, 월성1호기 수명연장 심사를 국회에서 다시 진행할 것을 강력히 요구한다. 원안위의 이번 승인은 법과 규정을 철저히 위반한 누더기 심사였다. 특히 최신 기술기준을 적용하여 안전성 평가를 해야 함에도 사실상 40년 전 기준을 적용하여 안전성 심사를 하는 잘못을 저질렀다. 더구나 대통령 공약사항인 스트레스테스트를 실시하여 32가지의 안전 개선사항이 도출되었으나 이를 전혀 반영하지 않고 수명연장을 승인했다. 더더구나 새벽 1시 날치기 통과를 주도한 조정경 위원은 '신규원전부지선정위원회' 위원으로 활동하면서 한국원자력으로부터 혜택을 받았으므로 애초부터 '원안위' 위원의 자격이 없는 인물이다······"

이렇게 경주의 많은 지역단체와 시민사회단체, 환경단체 등이 여러 차례 월성1호기 수명연장 결정에 반발하고, 야당인 함께민주당의 국회의원들도 경주시에 내려와 '월성1호기 폐쇄'를 촉구하는 기자회견까지 열었지만, 결정은 번복되지 않았고 국회 재심사 논의도 유야무야됐다.

경주시민들의 최후의 수단이자 남은 해결책은 법적 소송뿐이었다.

'월성1호기 수명연장' 무효소송

2015년 5월 18일, 경주시 주민 강 모 씨 등 2,167명의 국민원고단이 원자력안전위원회를 상대로 '월성1호기 수명연장을 위한 운영변경허가 처분 무효 확인 등 소송' 소장을 서울행정법원에 제출했다.

2017년 2월 7일, 서울행정법원 행정11부는 위의 소송에 대해 원고 일부 승소 판결을 내렸다. 재판부는 원안위 측 운영변경허가 처분이 위법 사유가 있지만 명백하다고 보기는 어렵다며 무효라고 할 수는 없고 취소 사유에 해당한다고 밝혔다.

아무튼, 이 1심 판결은 당시 야당이던 문제민 대선 후보의 탈핵정책 수립에 큰 영향을 줬고, 그로 인해 '월성1호기 폐쇄' 등의 탈핵 공약이 만들어졌다. 그 후 새로 탄생한 문제민 정부가 '에너지전환 로드맵'을 확정·발표하면서 월성1호기 조기 폐쇄는 기정사실로 여겨졌다. 단지 폐쇄 시기가 언제냐, 하는 것이 남은 쟁점이었는데 정권 차원에서 '월성1호기 폐쇄' 문제에 대해 악수(惡手)를 두는 바람에 결국 정권까지 뺏기는 수모를 당하고 만다.

'월성1호기 수명연장 무효소송'은 애초에 안전성 문제보다는 '절차적 정당성' 문제가 핵심이었는데 결과적으로 1심에서 원안위와 한국원자력 측이 패소함으로써 '월성1호기가 안전하지 않다'는 식으로 돼버렸고, 탈핵 진영과 원고 측은 대환영했다.

'월성1호기 수명연장 무효소송'을 둘러싼 재판의 주요 경과를 요약하면 이렇다.

- **2016년 7월 20일:** 5차 변론기일(서울행정법원)에서 첫 증인신문 이뤄짐. 월성1호기 스트레스테스트 검증단 단장이었던 성기용 원자력안전연구원 부원장이 증인으로 출석함에 따라 중수로원전의 최신 기술기준인 'R7' 적용을 둘러싼 공방이 벌어짐.
- **2017년 1월 4일:** 최종변론에서 원고 측 변호인단은 외국의 전문가를 비롯하여 원자력 전문가와 교수들의 자문 및 탈핵 진영의 도움을 받아 변론 자료를 성심성의껏 만들어 변론함. 반면에 원안위는 피고였음에도 재판 과정 내내, 특히 최종변론 당일에 준비 부족으로 허술한 변론과 안이한 대처로 판사의 질책을 수차례나 받음. (원안위 측 변호를 한국법률구조공단에서 맡았는데 공식적인 변호료가 조금밖에 안 돼 애초부터 제대로 된 변호를 기대할 수 없음)

- **2017년 2월 7일:** 1심 최종 판결 → 서울행정법원은 국민원고단이 원자력안전위원회를 상대로 낸 '처분무효 확인 등 소송'에서 원고 일부 승소 판결[49]을 내렸다.

부장판사 호재훈은 다음과 같이 판결했다.

"원자력안전위원회 측 운영변경허가 처분이 위법 사유가 있지만 명백하다고 보기는 어렵다. 그러므로 무효라고 할 수는 없고 취소 사유에 해당한다."

재판부는 원안위가 절차에서 완벽한 법적 정당성을 갖추지 못했다고 봤다. 한국원자력이 운영변경 허가 사항 전반에 대한 비교표를 제출하지 않은 점, 원안위 과장이 허가 사항을 전결로 처리한 점 등이 월성1호기 수명연장을 결정하는 데 있어 결격 사유가 된다고 판단했다. 또 ▶원안위 위원 가운데 2명이 최근 3년 이내 원자력 관련 사업에 관여해 법적 결격 사유가 있는데도 심의·의결에 참여한 점 ▶안전성 평가에 최신 기술기준을 적용하지 않은 점[50] 등도 원안위가 적법한 절차를 거치지 않았다는 근거로 판단했다.

판사의 판결문 낭독이 끝나자, 원고 측 주민들과 탈핵 진영에서는 환호

---

49 실제 재판 과정을 돌이켜 보면, 그 당시는 정부가 원전 확대 정책을 펴던 시기여서 한국원자력(주)이나 원자력안전위원회는 여전히 구태를 답습하며 무사안일에다 복지부동에 빠져 있었다. 상대편은 죽기 살기로 탈핵운동을 하는데 정작 원자력계는 적극적인 방어 노력도 하지 않았다. 다시 말해, 탈진영은 주도면밀하게 준비하여 결사적으로 이기려고 달려드는데 원안위를 위시한 정부 측과 한국원자력은 '국가에너지 안보를 위해 재판부가 유리하게 판결해줄 거라'는 안이한 생각으로 소극적인 대응을 했으니 재판에서 질 수밖에 없었다. 작가는 당시 한국원자력의 월성1호기 관계자가 "이런 결과가 나와 당황스럽다. 지려고 해도 질 수 없는 재판에서 져서 정말 분하다. 너무 방심했다."라고 토로하는 것을 직접 들었다. 얼마나 시대착오적이고 안이한 발상인가. 재판부는 무조건 찬원전이어서 정부와 한국원자력 편을 들어줄 거라는 한심한 사고를 지니고 있었던 셈이다.

가 터져 나왔고, 원안위와 한국원자력 측은 납득할 수 없다는 듯 고개를 전래절래 흔들었다.

- **2017년 2월 8일**: 원고 측은 1심 판결을 근거로 '월성1호기 운영변경허가 처분 효력(집행) 정지' 신청서를 서울행정법원에 제출함. → 원안위는 법원 판결에 불복해 '계속운전을 위한 운영변경 허가에 문제가 없었다'며 항소함. → 원고 측도 항소함. → 한국원자력은 '월성1호기의 안전성을 적극적으로 소명하겠다'고 밝히며 '제3자 소송'[51] 참여를 신청했다. 1심에서 천하태평같이 대처하다 허를 찔린 한국원자력은 2심을 대비해 철저한 방어에 나섰다.

- **2017년 7월 3일**: 서울고등법원 행정1부, '집행정지 신청' 기각함.
  재판부는 "원자력발전의 특성상 불의의 사고가 발생하는 경우 피해가 중대하고 광범위하며 장기적일 가능성이 있다."며 "이들의 우려에 수긍이 가는 측면은 있다."라고 밝히면서도 "이들이 제시한 자료만으로 월성1호기가 인근 주민들에게 갑상선암을 유발할 정도의 방사성 물질을 배출하고 있다고 단정할 수 없다. 본안 판결을 기다릴 여유가 없을 정도로 회복하기 어려운 손해 발생이 시간적으로 절박하고 집행을 정지할 긴급한 필요성이 있다고 보기 어렵다."라고 판단했다.

---

50 이정윤 원자력안전과미래 대표의 '월성1호기 계속운전 승인과정의 문제점' 결론 부분 인용.
  - 월성1호기 최신기술기준 적용 제대로 안돼 국제 기술기준 수준에도 미흡하게 계속운전 시행.
  - 월성1호기 계속운전은 R-7, 화재방호 등 최신기술기준에 적합하지 않은 채 승인된 문제점을 원자력안전위원회는 처절히 반성하고 국민 안전을 위해 새로 나는 계기가 되어야 함.
51 현재 진행 중인 타인 간의 소송에 이해관계가 있는 제3자가 한쪽 당사자의 승소를 돕기 위해 소송에 참가하는 것. 한국원자력은 국내 굴지의 대형로펌인 김앤장법률사무소에 변론을 맡김.

- **2017년 7월 18일:** 서울고등법원에서 항소심 2차 공판이 열림

  양측 변호인 간에 설전이 오래 계속되자, 재판부는 "……앞으로 남은 기간(수명)이 있는데 사용해야 하지 않겠느냐. 예산을 먼저 들인 후 (안전성 평가에 의해) 변경허가가 나지 않는다면 돈을 버리는 것은 한국원자력이다. 판단은 한국원자력이 해야 한다."라고 말했다.

  재판부가 원자력 산업계를 두둔하는 듯한 발언을 하자, 방청하던 지역 주민들과 시민단체 관계자들이 눈살을 찌푸렸다.

- **2017년 10월 17일:** 3차 공판에서 주심 판사가 변경됐는데 증인 채택에 적극적이어서 심리가 진중하게 진행될 가능성이 커졌다.

  이로써 재판이 장기화할 우려가 짙어졌고, 실제로 재판을 질질 끌었다. 또한 정부가 '월성1호기 폐쇄 문제'를 어떻게 처리하느냐에 따라 판결에도 영향을 미칠 수 있는 상황이 되고 말았다.

영화 '판도라의 항아리'

후쿠시마원전 폭발사고로 노후원전에 대한 불안감이 증폭된 데다 규모 5.8의 경주지진에 이은 포항지진으로 더욱 원전에 대한 공포가 높아졌고, 일본이 후쿠시마원전의 오염수 해양 방류 계획을 밝히면서 삼중수소의 위험성 여부가 국내외적인 이슈로 부상했다. 이때부터 경수로원전에 비해 삼중수소를 다량 배출하는 월성1~4호기는 애물로 여겨지기 시작했다.

'판도라의 항아리'는 미생물학 교수가 총괄 감리를 맡았다는 원전 재난 영화다. 원자력발전소의 실상과 다른 황당한 설정이 많다는 일각의 비판에도 불구하고 이 영화는 '월성1호기 조기 폐쇄'에 지대한 영향을 미쳤다.

당시 민주당 전 대표 신분이었던 문제민은 2016년 12월, '판도라의 항아리'를 관람한 뒤 "원전 추가건설을 막고 앞으로 탈핵·탈원전 국가로 가야 한다."고 말했다.

이 영화의 줄거리는 이렇다.

〈월촌리[52] 마을은 평범한 어촌이었으나 한별원전이 들어선 이후, 주로 어업에 종사하던 주민들은 계획예방정비 등의 원전 유지보수에 작업원으로 일하며 생계를 이어가고 있다. 주인공 재영은 아버지와 형이 방사능 피폭 사고로 죽은 후, 식당 일을 하는 어머니 석 여사, 형수 정애, 조카 민혁과 소꿉친구이자 연인 현주와 다섯 명이 살아가고 있다. 가족을 죽게 만든 발전소에서 일하는 게 싫었던 재영은 아버지의 사고 보상비로 시내로 나가서 장사를 시작한다. 그러나 장사 수완이 부족해 목돈을 금방 까먹고 결국 자신도 원전의 작업원을 하게 된다.

한별원전 1발전소 소장 병섭은 노후 원전의 실태에 대해 청와대에 비선 보고를 했지만, 총리의 미움을 사서 인재개발원으로 발령이 나사실상 좌천을 당한다. 그리고 원자력발전에 대해 문외한인 새로운

---

52 고리원전이 있는 '부산시 기장군 장안읍 길촌리'를 묘사한 걸로 추정됨.

소장이 부임한다. 자신 때문에 청와대 비서진들이 여러 명 경질됐다는 말을 신임 소장에게 들은 병섭이 발전소를 떠나는 그날, 규모 6.1의 강진이 대한민국 동남부를 덮친다. 지진은 금방 멈췄지만, 노후화된 상태로 무리하게 가동되던 '한별1호기'의 냉각수가 균열로 새는 사태가 발생한다.〉

이 영화에 대한 각계의 시선은 팽팽히 나뉘었다.

"무지의 산물이건 반핵 홍보를 위해 고의로 대본을 썼건 아무튼 기본적인 설정부터 황당하다. 원자력발전에 대해 문외한인 소장을 발령내는 일은 상상도 할 수 없다. 기존 재난 영화의 상투성에서 벗어나지 못했다. 배우들의 부자연스러운 사투리 연기, 문어체적 대사 등이 관객을 거슬리게 만든다. 감독의 의도가 지나치게 투영된, 진영논리에 사로잡힌 반핵 홍보 영화일 뿐이다."

"시의적절한 영화다. 한국의 시스템 부재와 무능한 대통령이 만든 시국이라는 시의성에 잘 부합한다. 2016년 경주 지진과 '박근애 – 최순자 게이트', 고리원전 노후화로 인한 폐기 문제, 후쿠시마원전 폭발 사고에 대한 공포감 등이 어우러져 관객들에게 던지는 의미가 꽤 진지하다."

영화를 본 관람객들은 인구 밀집 지역에 다수 호기의 원전이 밀집된 한국의 실상 및 한국원자력의 사고 은폐 시도 등에 불안을 느낀다는 반응이 많았다. 그러나 한국 영화의 고질적인 뻔한 신파극이라는 한계점과 설득력 없는 구성, 현실성 없는 스토리, 자연스럽지 못한 대사 때문에 흥행은 기대에 미치지 못했다.

훗날 대통령에 당선된 문제민은 2016년 12월 18일, 부산에서 '판도라의 항아리'를 보고 나서 소감을 말했다.

"이 영화에 감동 받았다. 영화를 보며 눈물을 많이 흘렸다. 머리맡에 폭탄 하나 매달고 사는 것과 같다. 판도라(원전) 뚜껑을 열지 말아야 할 것이 아니라, 판도라 항아리 자체를 치워야 한다."

이듬해 함께민주당의 대선후보가 되자 "세계에서 가장 심하게 원전이 밀집된 고리 지역 반경 $30km$ 이내에는 340만 명이 살고 있다. 만에 하나 원전 사고가 발생한다면 최악의 재난이 될 것이다. 원전 추가건설을 막고 앞으로 탈핵·탈원전 국가로 가야 한다."라는 입장을 밝혔다.

'월성1호기' 사망 선고

2018년 6월 14일, 한국원자력(주) 이사회는 7천억 원가량을 들여 2022년 11월까지 수명 연장을 했던 '월성1호기'를 경제성이 없다는 이유로 즉시 폐쇄 결정을 내렸다.

어떤 이들은 '생매장 됐다'며 분통을 터트리고, 어떤 이들은 '당연한 조처'라며 환호했다.

이때만 해도 이사회 결정의 후폭풍으로 정국이 핵폭풍에 휘말릴 줄 누구도 예견치 못했다.

2019년 12월, 원자력안전위원회가 '영구 정지'를 확정했다.

수명을 연장한 노후 원전인 '월성1호기의 폐쇄'에 대해서 경주시민들은 대체로 수긍하는 분위기였다. 경주녹색운동연합을 비롯하여 진보적 단체들의 연대체인 '탈핵경주시민연합'은 줄기차게 '노후한 월성1호기 폐쇄' 주장을 펼쳐왔고, 월성원전 주변지역 주민들도 '경주지진' 이후 노후 원전에 대한 불안감으로 폐쇄에 대체로 공감하는 편이었다.

그런데 정부의 폐쇄 추진의 방식과 과정에 대해 원전 인근의 일부 주민단체가 반발하고 나섰다. 월성1호기의 폐쇄에 대한 반대라기보다는 정부가 주민들과 소통하지 않는 데 대한 불만이었다.

계속운전 추진 시에도 주민 동의를 얻어서 추진하였듯이 폐쇄 추진 시에도 주민 동의가 필수적인데 이를 간과했다고 불만을 터트렸다. 수명 연장을 할 때는 목숨값이라며 1,310억 원이나 되는 상생자금을 쥐놓고, 폐쇄할 때는 지역주민을 무시하고 일방적으로 폐쇄 결정을 내린 한국원자력과 정부를 싸잡아 비난했다.

'원자력안전위원회'

'원자력안전위원회'(원안위)는 '원자력으로부터 국민의 생명과 안전을 지키는 역할을 하는 독립적·중립적인 기구'이다. 그럼에도 역대 정권·정부의 성향에 따라 좌고우면, 갈팡질팡하며 독립성도 정당성도 갖추지 못하는 행위들을 양산해 왔다.

월성1호기 소송 1심에서 재판부는 원고 일부 승소판결을 내렸다. 이에 원안위는 법원 판결에 불복해 항소했다. 계속운전을 위한 운영 변경 허가에 문제가 없었다는 게 항소 이유였다. 여기까지는 정상적인 절차였다.

그런데 다음날, 환경단체는 김용환 원안위 위원장을 '직권남용 및 직무유기 혐의'로 서울중앙지검에 고발했다. 고발 이유는 국민 대부분이 수긍할 만큼 타당했다. 이 소송의 성격이 원전 운영과 직결된 중차대한 사안인 만큼 항소 여부 역시 원안위 전체 회의를 열어 결정해야 함에도 김 위원장은 직권으로 항소장을 법원에 제출한 것이다. 더군다나 원안위가 1심에서 패한 결정적 이유가 '절차적 정당성'을 갖추지 못했음에도 김 위원장은 구태를 답습한 것이다.

원안위의 정체성에 대해 근본적인 의문이 드는 대목이다. 원안위의 핵심 역할은 '원자력 이용에 따른 안전규제로 원전 건설·운영에 대한 인·허가 발급과 안전성 심·검사 수행, 방사선 이용기관 안전규제'이다. 그런데 원전의 안전과 직결된 사항을 위원회 논의조차 없이 위원장의 독단적인 판단으로 항소를 결정한 것은 위원회 존립 근거 자체를 부정하는 행위이자, 국민의 생명과 안전을 무시하는 처사이다.

이뿐만 아니다. 박근애 정부 때는 '월성1호기의 수명연장' 심의에서 무리하게 표결을 강행[53]하는 등 원전 확대 정책의 선봉장 역할을 하는 편이었다. 반면에, 탈원전정책을 추진하는 문제민 정부가 들어서자, 원안위는 '눈치 보기'와 복지부동의 극치를 보여주는 등 오락가락 행보를 보이며 독립성과 중립성을 스스로 훼손했다.

'균도네 가족' 소송

부산 기장군 장안읍에 사는 이진섭 씨는 '균도 아빠'라는 별명으로 더 유명하다. 발달장애를 가진 균도 군과, 직장암에 걸린 이진섭 씨 부자가 같이 KBS 다큐미니시리즈 「인간극장」에 출연했고, 발달장애인법 개정을 위한 '균도와 세상 걷기' 등을 통해 대중에게 많이 알려졌다. 그의 가족은 줄줄이 몹쓸 병에 걸렸다. 자신은 직장암, 아내는 갑상샘암, 아들은 발달장애아(자폐증)로 태어났다. 장모는 위암 수술을 받았다.

그래서 이진섭씨는 가족들의 질병이 '핵발전소 때문'이라고 생각해 2012년 7월 4일, 한국원자력을 상대로 갑상선암 등의 암 발병과 관련해 손해배상 청구소송을 걸었다.

2014년 10월 17일, 부산지법 동부지원 민사2부는 "피고는 박씨(균도 군 어머니)에게 1천 500만 원과 지연이자를 지급하라."고 원고 일부 승소 판결을 내리면서 "박씨가 6기의 원전이 있는 고리원자력본부로부터 10㎞ 안팎에서 20년 가까이 살면서 방사선에 노출되는 바람에 갑상선암 진단을 받은 것으로 보이는 만큼 피고가 손해를 배상할 책임이 있다."고 밝혔다. 서울대 의학연구원이 2011년 4월 정부에 제출

---

53 원안위는 월성1호기 수명연장과 관련해서 15시간의 긴긴 토론에도 결론이 나지 않자 새벽 1시께 표결을 강행했고 이에 반발해 위원 2명이 회의장을 나갔다. 이은철 위원장은 "7명의 찬성과 2명이 기권한 것으로, 과반수의 찬성으로 의결되었음을 선언합니다."라고 수명연장을 결정했다. 이에 대해 '날치기 통과'라는 비판에 시달렸고, 야당과 탈핵단체들로부터 원안위 위원들이 거수기로 전락했다는 비난을 받았다.

한 연구 결과에, 원전에서 5㎞ 이내에 거주하는 여성에게서 갑상선암 발병률이 원전에서 30㎞ 밖에서 거주하는 여성보다 2.5배 높다는 사실이 통계적으로 확인됐다는 것이 판단의 근거였다.

논문의 연구책임자였던 안윤옥 교수가 "해당 연구 결과는 통계적인 유의미성을 밝힌 것일 뿐, 원전에서 나온 방사선과 특정 개인의 갑상선암 발병 사이 인과관계가 과학적으로 밝혀진 것은 아니다."라고 말했기 때문에 항소심이 있게 되면, '통계적 의미가 있는 역학연구'를 근거로 인과관계를 인정한 재판부의 판단이 '과연 옳으냐'가 쟁점이 될 수밖에 없겠지만, 어쨌든 국민의 이목을 끌 수 있는 소송이다 보니 언론에서 재판 결과를 대서특필했다.

이 판결은 우리나라에서 고리1호기가 상업발전을 한 뒤 처음으로 원자력발전소와 갑상선암 발생과의 연관성을 부분적으로 인정한 첫 판결이었다. 그래서 국내뿐만 아니라 일본 등에서도 큰 관심을 가졌다.

하지만 한국원자력은 2014년 10월, 이 판결에 불복해 항소했고, 11월에는 '균도네 가족'도 '한국원자력의 책임을 피해액의 10분의 1만 인정'했다며 항소장을 제출했다.

갑상선암 공동소송

'균도네 가족' 소송의 1심 판결로 인한 후폭풍이 엄청났다. 갑상선암 승소에 고무되어, 전국 4개 원전 주변지역 환경단체들이 공동으로 소송을 진행한 것이다. 이른바 '갑상선암 발병 피해자 공동소송'이다.

원고 대상은 전국 원전 반경 10km 이내에서 최소 5년 이상 거주하거나 근무한 주민들 중 갑상선암 진단을 받은 주민 혹은 그 가족들이고, 618명의 주민이 갑상선암 발병에 따른 피해보상을 요구하며 한국원자력㈜를 상대로 공동소송을 진행하고 있다. 이 소송은 피해자 가족을 포함한 원고인 수가 총 2,882명에 이르는, 국내 원전 방사능 피해 관련 손해배상소송 사상 최대 규모이다.

2015년 2월 25일 부산지방법원에 '갑상선암 공동소송' 소장이 제출됐다.

2015년 5월 20일 '균도네 소송의 항소심'에서는 기존 1심과 달리 '한국원자력 승소'로 판결이 났다. 1심에서의 균도네 '부분 승소'가 '취소'된 것이다. 이에 균도네는 대법원에 상고했는데 2020년 1월, 대법원은 '심리불속행 기각'이라는 희한한 결정을 내렸다.

심리불속행 기각 판결은 '2심 판단이 옳지만, 그 이유는 말해주지 않겠다.'는 것이다. 이렇게 균도네 소송은 최종 패소로 끝났고, 2심과 대법원 판결의 영향 때문인지 '갑상선암 공동소송' 1심도 원고들이 패소하는 결과를 낳았다.

이 재판은 8년이나 진행되다가 2022년 2월에 1심 판결이 내려졌는데 부산지방법원 동부지원은 '원고들의 청구를 기각한다'고 판결했다. 사실상 패소한 것이다. 변호인단은 즉각 항소했다.

2023년 8월, 2심 재판부인 부산고법 민사5부는 1심과 마찬가지로

'갑상선암이 특정 병인에 의해 발생하고 원인과 결과가 명확하게 대응하는 특이성 질환이 아니'라면서 원전 주변 갑상선암 피해자들이 한국원자력을 상대로 제기한 손해배상청구 소송 항소심에 대해 기각 판결을 내렸다.

결국 이 '갑상선암 공동소송'은 대법원까지 올라갔고 최종심이 진행되고 있다.

'월성1호기 수명연장 무효소송' 각하

2020년 5월 29일, '월성1호기 수명연장 무효' 국민소송이 2심에서 각하됐다. 각하란 소송이 요건을 갖추지 못했다고 판단해 재판 절차를 끝내는 결정으로, 수명연장을 취소한 1심 판결을 재확인해 월성1호기 폐쇄를 둘러싼 논란이 종결되길 바랐던 원고단한테는 아쉬움이 남는 판결이 됐다.

서울고법은 월성1호기 인근 주민 등 원고인단이 원안위를 상대로 낸 '월성1호기 수명연장을 위한 운영변경 허가 처분 무효확인 등' 소송 항소심에서 "지난해 12월 월성1호기가 영구정지돼 이 사건 소를 유지할 법률상 이득이 소멸했다."며 각하를 선고했다.

법원이 사실상 원안위 쪽 주장에 손을 들어준 것이다.

이 항소심 결과가 영구정지된 월성1호기의 운명을 바꿀 가능성은 거의 없다. 월성1호기가 재가동되려면 원안위가 영구정지 결정을 스스로 취소하고, 한국원자력도 이사회 결정을 번복하고 재가동을 신청해야 한다. 두 곳 모두 자가당착인 데다 연장된 수명이 2년 반밖에 남지 않은 점 등을 고려하면 현실적으로 실행 불가능하다.

트리튬과 괴질

트리튬[54](Tritium, T)은 삼중수소(三重水素, H-3)의 화학 용어이다. 일반 물은 수소와 산소로 이루어진 경수(輕水)인 반면, 중수(重水)는 중수소(重水素)와 산소의 결합으로 이루어진 물을 말한다. 자연의 물 중에는 약 0.015%의 중수가 포함되어 있다. 중수는 핵분열 반응을 일으키는 중성자를 흡수하는 성질이 있어서 원자로의 핵반응 속도를 조절하는 '중성자 감속재' 겸 원자로의 열을 식히는 '냉각재'로 흔히 쓰인다.

'캔두형 중수로 원전'인 경주의 월성원전 1, 2, 3, 4호기는 중성자 감속재나 냉각재로 중수를 사용한다. 중수 중의 중수소(H-2)가 중성자를 포획하여 삼중수소가 생성된다. 그래서 월성원전에는 필연적으로 삼중수소가 배출된다.

문제는 중수로 원전의 삼중수소 배출량이 경수로 원전에 비해 20~30

---

54 수소 동위원소의 하나로 '삼중수소'를 일컫는다. 삼중수소는 헬륨으로 붕괴하면서 베타(β)선을 방출하는 방사성동위원소다. 자연 중에도 우주에서 날아온 중성자·양성자 등과 대기권의 질소가 반응해 0.34Bq/㎥로 일정 수준의 삼중수소가 존재한다. 반감기(생성된 양이 절반으로 줄어드는 시간)는 12.35년이 소요된다. 인체에 흡수되었을 때 소멸하는 생물학적 유효반감기는 10일~450일이고, 절반이 소변이나 땀으로 배출된다.

배 정도 높다는 점이다. 또한 삼중수소수는 위장과 폐를 통해 인체에 흡수되며 저에너지의 베타선을 지속적으로 방출한다. 삼중수소가 음식물에 결합됐을 때 더 유해하고, 오염된 음식에 만성적으로 노출되면 삼중수소의 10%가 신체와 유기적으로 결합하며, 유기물에 결합 시 인체가 2~10배 오래 삼중수소에 노출된다는 연구 논문도 발표된 바 있다.

월성원전에서는 매년 핵무기 400개 정도를 만들 수 있는 2.5t의 준무기급 플루토늄이 생산되고 있다. 또한, 수소폭탄 제조에 필요한 중수소와 삼중수소도 상당량 확보하고 있다. 월성원전의 원자로에서 그동안 추출해 쌓아놓은 폐연료봉을 재처리하면 무기급 플루토늄 26t을 얻을 수 있으며 핵무기 4,000여 개를 만들 수 있다. 실제로 지금 우리나라의 원자력 설비용량은 세계 5위, 운전기술은 세계 1위 수준이다. 이에 따른 핵폭탄 제조 잠재력은 세계 10위권으로 평가받고 있다. 다시 말해 우리나라는 미국, 러시아, 영국, 프랑스, 중국에 버금가고, 핵무기를 보유한 이스라엘, 인도, 파키스탄보다 이 잠재력이 훨씬 높다.

이 '트리튬'은 한때 강대국들이 경쟁을 벌였던 '핵무기 개발'이라는 원죄가 낳은 골칫덩어리이자 보물덩어리이다. 삼중수소에 피폭되면 인체에 암, 백혈병 등의 악영향을 끼칠 수도 있지만, 특수한 방법을 써서 산업용으로 생산한 삼중수소는 에너지의 원료로 유용하게 쓰인다.

삼중수소는 핵융합반응을 손쉽게 일으키므로 핵융합로의 연료로 사용된다. 개발 중인 국제핵융합실험로(ITER)에도 3kg의 삼중수소가 장전된다. 또한, 원자폭탄의 점화 중성자선원으로 사용하거나 내부에 넣어 출력을 증가시키는 부스터 핵폭탄에도 사용된다. 이외에 야광시계에도 사용된다. 그래서 가격도 1g당 3,300만~3,500만 원 수준이다. 금 1g(6만 원)보다 500배 이상 비싸다. 온타리오원전에서는 2,500톤의 중수를 사용하는데 1년에 700g의 삼중수소를 분리해낸다.

삼중수소 대부분은 CANDU형 원자로에서 생산되고 있는데 CANDU형 1~4호기가 있는 월성원전에서는 삼중수소제거설비(TRF)를 이용해 원전 가동과정에서 나오는 중수에서 삼중수소를 분리해 저장하고 있다. 월성원전은 현재 2천억 원이 훨씬 넘는 삼중수소를 저장하고 있다.

20세기가 서서히 저물어가던 1996년에서 1999년 사이에, 어쩐 일인지 월성원자력발전소 주변인근 3개 읍면에는 괴상한 일들이 꼬리를 물고 일어났다. 뚜렷한 이유도 없이 암소들의 불임이 잦았고, 유난스레 기형 가축들이 많이 태어났다.

머리가 없거나 눈이 먼 송아지, 항문과 생식기가 없는 송아지도 태어났다. 기형 물고기들도 잡혔고 해산물 수확도 많이 감소했다. 게다가 각종 농작물의 수확도 확 줄어들었다. 특히 감 수확량이 급감했다. 그러다 보니 흉흉한 소문이 나돌았다.

원전 측은, 역학(疫學) 조사 결과 괴질이나 소 아카바네 병(모기가 매개하는 바이러스성 질병으로, 주로 임신한 소에서 유산, 조산, 사산 또는 기형송아지 분만 등의 번식장애를 일으킴)으로 추정된다고 했다.

반핵단체에서는 그동안 축적된 삼중수소를 비롯한 방사능 때문이라면서 원전 피해 실태 조사를 한답시고 한동안 야단법석을 피웠다.

이듬해 가을부터 희한하게도 그런 괴현상들이 점차로 숙지근해지더니, 어느 순간 거짓말처럼 사라졌다. 그 후로도 한동안 시끌시끌했다. 기형 가축 출산을 두고 빙사능 때문이냐, 괴질이냐, 소 아카바네병이냐를 놓고 수의학자들과 반핵단체 간에 논란이 계속됐다.

월성원자력본부는 이러한 논란도 불식하고 삼중수소를 저감하기 위해 2007년, 캐나다로부터 '삼중수소저감장치'를 도입해 설치했다. 이 '삼중수소 저감장치'(이하 TRF)[55]를 가동하고부터 원전 주변의 삼중수소 농도가 서서히 낮아지기 시작했다. 그러더니 삼중수소 배출량이 3분의 1 수준으로 확연히 감소했다. 획기적인 개선이었다.

이로 인해 인근 주민의 삼중수소 피폭 농도도 낮아졌지만, 여전히 삼중수소 피폭과 인체 축적으로 인한 유해성 논란은 계속 진행 중이다.

---

55 TRF(Tritium Removal Facility): 영문을 번역하여 공식적으로 '삼중수소제거설비'라 하지만, '삼중수소 저감장치'로 일컫는 게 맞다.

제4부

핵(核)폭풍

．．．

　2021년 초반만 해도 20대 대선은 하나 마나 한, 결과가 뻔한 선거로 여겨졌다. '20년 집권론'에는 대부분 고개를 끄덕였고, '50년 집권도 가능'이란 말조차 망발로 여겨지지 않을 정도였다. 함께민주당은 1987년 체제 이후 최초의 전국 선거 4연승으로 상징되듯 민주당계 정당 역사상 최고의 전성기를 누리고 있었다. 2016년부터 2020년까지 모든 전국단위 선거에서 승리했다. 2016년 제20대 총선에서 1석 차이의 신승을 거두며 원내 제1당으로 올라섰고, 2017년 제19대 대선에서 손쉽게 승리해 정권을 되찾았다. 또한 2018년 제7회 지방선거에서도 압승을 거둔 데다 2020년 제21대 총선에선 전체 의석수의 60%인 180석을 확보해 1990년 3당 합당 이후 의석이 가장 많은 초거대 여당이 되었다.

　반면에 박근애 대통령 탄핵에다 정권마저 뺏기고 4연패에 빠진 제1야당 자유한국당은 지리멸렬, 무기력 그 자체였다. 유력한 대권 후보조차 없고 더구나 총선에서 '도토리 키 재기'하던 고만고만한 대권주자들마저 전멸하는 악재까지 발생해 참담한 상황이었다.

　2020년 4월의 제21대 총선의 핫이슈는 집권 여당인 '함께민주당'의 압승이 아니라 제1야당인 자유한국당의 참패였다. 보수정당 역사상 4·19 혁명 직후에 치러진 제5대 총선 이후 60년 만에 가장 적은 의석을 얻어 개헌저지선을 간신히 수성하는 수모를 당했기 때문이다.

총선 승리를 위해 2020년 2월, 보수정당들이 신설 합당하여 자유한국당을 창당했음에도 선거 초반의 기대와 달리 패스트트랙[56] 저지선인 121석에도 훨씬 못 미치는 103석을 얻는 데 그쳤다. 코로나바이러스 방역에 대한 정부와 여당의 신속한 대처 등 외적 요인도 있었지만, 자유한국당 내의 소위 '호떡공천' 등의 공천 실패와 꼴통보수의 치부를 적나라하게 드러낸 막말 논란 등이 참패의 주요인이었다. 결국 샤이보수[57]를 맹신하는 낙관적인 판세에만 기댄 지도부의 무대책과 무능이 빚은 굴욕이었다.

수구꼴통 이미지를 걷어내고 침체의 늪에서 탈피하고 18개월도 안 남은 20대 대통령선거를 대비해 전열을 재정비하고자 급기야 비상대책위가 꾸려졌다. 따뜻한 보수, 진정한 보수로 거듭나려는 눈물겨운 안간힘이자, 처절한 몸부림이었다. 당 쇄신정책의 일환으로 2020년 9월에 당명도 '국민의맥(脈)'으로 변경했다.

이런 상황에서 국민의맥이 월성1호기와 관련한 감사원의 감사 결과를 바탕으로 문 정권과 거대 여당에 심통도 부리고, 탈원전 정책에 딴죽을 걸자는 심정으로 관련 고위급 인사 몇 명을 직권남용·업무방해 등 혐의로 검찰에 고발했다. 그런데 이 고발 건이 서서히 정치권의 태풍으로 비화하더니 나중에는 대선 정국의 핵폭풍이 되고 말았다. 이 고발 행위는 '소 뒷걸음치다 쥐 잡은' 격이었지만, 결과를 놓고 보면 '신의 한 수'였다. 국민의맥은 어부지리(漁夫之利)로 정권을 얻어걸리는 횡재를 한 셈이다.

---

56 국회선진화법에 따라 발의된 법안을 신속히 처리하기 위한 제도.
57 자신의 보수적인 성향을 드러내지 않다가 투표할 때 그 성향을 드러내는 사람들을 가리킴.

2020년 10월 22일, 문 대통령과 윤 총장과의 정면 승부를 예고하는 고발사건이 검찰에 접수됐다. 이른바 '월성1호기의 경제성 평가 조작 의혹'에 대한 고발사건이 접수된 것이다. 초기에는 찬원전과 탈원전 간의 해묵은 진영싸움으로 여겨서 미풍이었다. 조기 폐쇄 결정으로 원자력안전위원회로부터 2년 전에 '영구 정지'라는 사망 선고를 받은 월성1호기와 관련한 문제가 청와대에, 정치권에, 대선 정국에 '핵(核)폭풍'을 몰고 올지 그때까지만 해도 누구도 상상하지 못했다.

11월 12일에는 한 시민단체가 월성1호기 경제성 평가 조작 의혹과 관련해 관계자들을 처벌해 달라는 고발장을 검찰에 추가로 접수했다. 이 2건의 고발이 훗날 평지풍파를 일으켰다. 감사원장과 검찰총장이 사퇴하게 되고, 그로부터 2년이 지나 산업자원부의 장관과 공무원이 각각 불구속기소, 구속기소 되고, 한국원자력(주) 사장과 전 청와대 산업정책비서관 등도 엮여 재판에 넘겨졌다. 이게 끝이 아니었다.

이 고발의 후폭풍으로 문 대통령과 윤 검찰총장이 끝내 정적이 되고 말았고, 대통령선거와 국회의원 보궐선거 판도까지 뒤흔들었다. 2023년 7월에는 김수영 전 청와대 비서관도 월성1호기 조기 폐쇄를 공모·주도했다며 직권남용 및 업무방해 혐의로 불구속기소 됐다.

핵폭풍에다 엄청난 후폭풍까지 몰고 온 '월성1호기 경제성 조작 사건'의 '모의·조작' 경위는 「제5부 제2장 문통본기(本紀)」 편에서 자세히 밝힌다.

미풍

'월성1호기의 경제성 평가 조작 의혹'이 불거진 건 이른바 '조국 사태'가 터지기 두 달 전으로 거슬러 올라간다. 2019년 6월 3일, '에너지 정책 합리화를 지향하는 교수협의회'(이하 에교협)가 정부에 "월성1호기 조기폐쇄 조치를 철회하고 재가동하라."고 요구하면서 시작됐다.

"정부가 가까운 시일 내에 가시적인 조처를 하지 않으면, 월성1호기 경제성 분석을 포함한 조기 폐쇄 결정 과정에 대한 감사원의 공익 감사 청구를 추진할 것이다."

에교협은 성명서를 통해 선언했다. 그러면서 그 이유를 밝혔다.

"월성1호기는 설비개선을 해 안전기준을 충족시켰고, 한국원자력의 탈법적 조기 폐쇄 결정 전까지 100% 전 출력으로 가동해왔던 안전성과 효율성이 검증·확인된 원전이다. 현재 월성 2호기와 3호기가 경년열화 가능성을 고려한 안전성 확보를 위해 각각 87%와 91% 출력으로 가동되고 있는 것을 고려할 때, 압력관 교체 등 대대적인 정비를 끝내 새 원전 같은 상태의 월성1호기를 정지시킨 것은 매우 불합리한 결정이었다.

한국원자력 이사회는 월성1호기의 손익분기점이 되는 이용률 54.4%를 넘길 가능성이 희박하다며 폐쇄를 결정했는데 경제성을 평가할 때 낮은 이용률을 적용해 의도적으로 왜곡했다. 불합리하고 모순적인 경제성 분석 보고서를 바탕으로 내려진 조기 폐쇄 결정은 철회돼야 한다. 미국은 가동 중인 원전 99기 중 40년 이상 운영한 원전이 44기, 60년 이상 가동 승인을 받은 건 88기에 이른다는 사실을 정부는 간과해서는 안 된다……"

찬원전 단체로 여겨지는 '에교협'의 이날 성명은 이때까지만 해도 미풍이었다. 그런데 그저 의혹 제기에 불과한 이 사건이 훗날 정국을 강타하는 도화선이 될 줄이야.

한편, 감사원은 "공익감사 청구를 추진하겠다"는 에교협의 선언에 난처해졌다. '공공기관의 사무 처리가 위법하거나 부당해 공익을 해치는 경우, 일정 자격을 갖춘 국민이나 시민단체는 감사원에 감사를 청구할 수 있다. 이에 대해 감사원은 필요한 경우 감사를 실시하고 결과를 청구인한테 통보해야 한다.'는 의무 조항 때문이었다.

감사원이 아무리 독립적, 중립적 기관이라지만 정권의 영향력 아래 있는데 지금 정부가 탈원전 정책을 강하게 밀어붙이는 마당에 친원전 단체가 공익감사 청구를 하면 감사원으로서는 큰 부담이었다.

국회의 감사監査 요청

에교협의 성명 발표 이후, 국민의맥의 몇몇 국회의원은 '월성1호기의 경제성 평가 조작 의혹'을 물고 늘어졌다. 2019년 9월, 국회는 여야 간에 지루한 줄다리기 끝에 '월성1호기 조기 폐쇄에 대한 타당성 감사'를 감사원에 요청하기로 합의했다.

마침내 월성1호기 경제성 조작 의혹이 수면 위로 떠올랐지만, 이때는 '조국 사태'가 정국을 뒤흔드는 와중이라 언론의 주목을 별로 받지 못했다.

감감무소식

국회로부터 '월성1호기 조기 폐쇄에 대한 타당성 감사'를 요구받은 감사원의 감사관들은 마지못해 감사하는 시늉만 했다. 점입가경이었다. 정권의 눈치를 볼 수밖에 없는 감사원의 '월성1호기 관련' 감사가 순탄할 리 만무했다. 관료 사회의 때가 잔뜩 묻은 공공기관감사국 국장의 미적지근한 태도에 '원전 감사'를 맡은 감사관들도 덩달아 감사를 차일피일 미루적댔다. 그렇게 3개월이 속절없이 흘러가자, 원전 감사 과정을 지켜보던 최재영 감사원장은 속이 탔다.

국회법에 따르면, 감사원은 국회의 감사 요구를 받은 날로부터 3개월 이내에 감사 결과를 국회에 보고해야 한다. 단 특별한 사유가 있는 경우 2개월 기한의 연장을 요청할 수 있다. 최 감사원장은 어쩔 수 없이 국회에 감사 기간 연장을 요구했다. 기한 연장까지 감안하더라도 마지노선인 2020년 2월까지는 감사 결과가 나와야 하는데 그럴 가능성은 희박했다.

내부 진통을 지켜보던 최 감사원장은 고심에 고심을 거듭했다. 자신에게도 남에게도 엄격하고, 공익을 위한 실천을 중시하는 소신에 반(反)하는 현재 상황이 안타까웠다. 문 대통령이 '원칙주의자'라며 자신을 천거한 걸 상기하며 착잡했다. 복잡미묘한 상황을 타개할 묘책이 필요했다.

그는 드디어 결단을 내렸다. 월성1호기 관련 감사를 총괄하는 공공기관감사국의 국장을 불러 독촉했다.

"김 국장님, 잘 아시겠지만 '월성1호기 경제성 평가용역 보고서'의 임의 왜곡·조작 의혹을 해소하는 게 우리 감사원에 주어진 책무입니다. 이렇게 감사를 미루적거리다가는 국회와 언론으로부터 직무유기라고 비판받습니다. 감사원이 국회법을 어길 수는 없지 않습니까. 조속히 감사를 진행하세요. 업무 태만이 계속된다면 나도 모종의 조처를 할 수밖에 없어요."

감사원장의 단호한 태도에 김 국장은 그제야 감사에 속도를 내기 시작했다.

2020년 1월, 감사원은 월성1호기 조기 폐쇄 결정에 단초를 제공한 '월성1호기 경제성 평가용역 보고서'의 임의 왜곡·조작에 대한 감사를 본격적으로 시작했다. 감사원은 한국원자력㈜ 본사까지 내려가 감사를 진행했고, 추후 관련 감사를 더 진행한 후 2월 중에 결과를 발표하겠다고 언론에 공표했다.

잠시 속도를 내던 월성1호기 감사가 다시 제자리걸음을 했다. 한국원자력의 조사 비협조와 일부 담당 직원의 직무 유기에다 결정적으로 친여 감사위원들의 반발이 발목을 잡았다. 김 국장이 다시 복지부동으로 돌아서 눈치만 살폈다.

감사 결과 보고 시한인 2월을 넘기고 3월이 접어들었는데도 감사 결과가 '감감무소식'이자, 야당인 국민의맥이 '월성1호기 경제성 조작 의혹'에 대해 국정조사를 요구하며 감사원을 압박했다. 드디어 언론과 국민의 이목이 쏠리기 시작했다. 최 감사원장은 진퇴양난에 처했다.

2020년 3월 20일, 일부 법조단체와 친원전 단체들은 서울 감사원 정문에서 기자회견을 열고 감사원을 성토했다.

"6개월째 월성1호기 생매장을 방관하는 감사원장은 청와대 눈치 보지 말고 즉각 감사 결과를 발표하라."

감사원장 '직무유기죄' 고발

국민의맥과 친원전 단체들의 '월성1호기 폐쇄 관련 감사 결과' 발표 재촉에도 감사원이 묵묵부답으로 있자 2020년 4월 6일, 탈원전 반대 시민단체와 한국원자력 노동조합, 원전지역 주민은 최재영 감사원장을 서울서부지방검찰청에 '월성1호기 경제성 조작 조사 결과 발표' 직무유기죄로 고발했다. 그러고 나서 그들은 감사원 앞에서 일제히 외쳤다.

"3권분립 파괴하는 감사원을 해체하라! 해체하라! 해체하라!"

시민단체 대표 한 명이 감사원을 맹비난했다.

"불법을 감사해야 하는 감사원이 되레 불법을 저지르고 있다. 감사원이 이렇게 해태[58]하는 것은 총선에서 여당에 악영향을 미치지 않기 위해서다. 총선을 앞두고 청와대와 정치권의 눈치를 보는 최재영 감사원장은 각성하라. 감사원의 명백한 불법 선거 개입을 반드시 막아내겠다."

최 감사원장은 안팎의 방해와 반발로 사면초가에 빠졌다.

회심의 대타

2020년 4월 13일, 최 감사원장은 총선 기간인 14일부터 17일까지 휴가를 냈다. 혼란스런 마음을 추스르기 위해서였다. '월성1호기 폐쇄 감사'를 담당한 실무진이 올린 감사보고서 초안을 의결하기 위한 감사위원회를 '4·15 국회의원 총선거' 직전인 9일, 10일, 13일 세 차례나 열었지만 의장인 자신의 의견이 번번이 묵살당하자 무기력에 빠졌다.

"보고서상에 미비한 점이 많습니다. 결정을 보류합시다."

한 명의 위원이 총대를 메면 그걸로 끝이었다. 7명의 감사위원 중 친여 성향의 위원이 4명이 넘으니 아무리 설득하고 격론을 벌여봤자 표결에 돌입하면 속수무책이었다.

그는 난감한 상황을 벗어나 어디론가 훌쩍 떠나고 싶었다. 16일에 열기로 했던 감사위원회도 일정 연기를 지시하고 잠적했다.

---

58 懈怠: 법률 행위 기일을 이유 없이 넘겨 책임을 다하지 아니하는 일

감사원장이 이례적으로 총선 직전에 돌연 나흘간의 휴가를 내고 출근하지 않자, 기자들이 추측성 질문을 쏟아냈다.

"원전 감사 결과 발표를 의도적으로 총선 이후로 미룬다는 비판 여론이 부담스러워 도피 휴가를 간 게 아닙니까?"

"세 차례나 감사보고서를 심의했는데도 결론을 내리지 못했다던데 심의과정에서 감사원장과 일부 위원이 정면으로 충돌했다는 소문이 사실입니까?"

"그런 소문은 사실과 다릅니다. 계속된 강행군으로 피로가 누적돼 쉬시는 겁니다."

감사원 공보실은 쩔쩔매며 해명했다.

2020년 4월 18일, 휴가에서 복귀한 최재영 감사원장은 월성1호기 감사 담당 국장을 보임(補任) 4개월 만에 전격 교체하는 승부수를 던졌다. 공공기관감사국 국장 자리에 원칙을 중시하는 강골 성향의 유병오 국장을 앉혔다.

그러고는 곧바로 '실·국장 회의'를 주재했다. 최 감사원장은 결연한 표정으로 당부했다.

"압력에 순치된 감사원은 맛을 잃은 소금과 같습니다. 어떠한 회유에도 흔들리면 안 됩니다. 그리되면 감사원이 역풍에 휘말립니다. 원장이 사냥개처럼 달려들려 하고, 여러분이 뒤에서 줄을 잡고 있는 모습이 되어서는 안 됩니다. 여러분이 앞장서서 감사원을 이끌어야 합니다."

회의를 마친 최 감사원장은 공공기관감사국에 4명의 감사관을 추가 투입하고 나서 월성1호기 사건을 전담하라고 지시했다. 신임 유 국장에게도 단호하게 요청했다.

"국회에서나 언론에서 딴말이 나오지 않도록 보다 철저한 객관적 자료 수집과 과학적 분석을 해야 합니다."

감사원장의 특명을 받은 유 국장은 난항에 빠졌던 월성1호기 사건을 전임자로부터 이어받아 본격적인 감사에 착수했다.

고군분투

최 감사원장은 어차피 시한 내에 감사 절차를 마무리하지 못했으니 그 부분은 욕을 얻어먹더라도 감사는 원칙대로 진행해서 가시적인 성과를 내야 한다는 결심을 굳혔다.

그는 간부회의를 열어 신신당부했다.

"월성1호기 감사를 제대로 하지 않으면 4대강 감사 꼴이 날 수 있습니다. 검은 것을 검다고 분명히 말하지 않는다면, 희다고 하는 것과 다를 바 없습니다. 이번 감사가 지난해 말 국회에서 여야 합의로 착수된 만큼 정치적 논란이 생기지 않도록 감사를 잘 마무리해야 합니다. 그러니 원칙대로 철저히 감사를 수행해 주시기를 간곡히 부탁드립니다."

감사원장의 신임을 받은 유 국장이 공공기관감사국을 진두지휘하고부터 월성1호기 감사에 속도가 붙기 시작했다. 감사원은 한국원자력과 산업자원부에 대한 추가 조사도 강행했다. 한국원자력 핵심 관계자의 PC 자료도 확보헤 조사에 들어갔다.

공공기관감사국은 감사위원회에서 월성1호기 경제성 평가 조작 의혹에 대한 결론을 내리기 위해 막바지 작업에 돌입했다. 관건은 한국원자력 이사회가 고의로 월성1호기 경제성을 낮게 평가(3,707억 원 → 224억 원)해 회사에 손해를 입혔는지, 즉 배임에 해당하는지였다.

10월이 시작되자마자 유 국장은 산업자원부 담당 국장 등에 대해 중징계 처분을 요구하고, 일부 산업자원부 공무원에 대해서는 공문서 삭제 등 증거인멸 혐의 관련 자료를 검찰에 이첩하고 감사를 마무리했다[59]

태풍

2020년 10월 20일, 감사원은 '월성1호기 조기 폐쇄 결정의 타당성 점검' 감사 결과를 발표했다. 감사에 착수한 지 거의 1년 만이다.

핵심 내용은 '월성1호기의 즉시 가동중단 대비 계속 가동의 경제성이 불합리하게 낮게 평가되어 있었으며, 한국원자력 직원들이 경제성

---

[59] '인간만사 새옹지마'를 다시 상기시켜 준다. 월성1호기 사건 감사를 총괄했던 유 감사국장은 최재해 감사원장이 취임하고 나서 두 달 뒤인 '22년 1월, 본인은 감사 부서에서 계속 근무하기를 희망했지만, 연구직인 '감사연구원장'으로 전보 조처됐다. 일각에서는 '문 정권에 밉보여 좌천당했다'고 비난했다. 그 후 윤성열 정부가 들어섰고, '22년 6월 그는 감사원 역사에서 전례가 드물게 2급 국장에서 사무차장 및 본부장(1급)을 건너뛰고 '사무총장'(차관급)으로 직행하는 행운을 맞았다. 이에 야당이 된 민주당은 '보은성 인사'라고 비판했다. 다시 '24년 2월 그는 감사위원에 임명됐다.

평가 용역보고서에 담긴 판매단가가 실제보다 낮게 책정되었음을 알고서도 그대로 평가에 사용했고, 그 결정 과정에 백운교 장관 하의 산업자원부도 관여했다.'는 것이다. 그러면서 '조기 폐쇄 결정의 근거가 된 경제성에는 일부 문제가 있지만, 안전성이나 지역수용성 등 조기폐쇄의 타당성을 종합적으로 판단하기에는 한계가 있었음을 밝힌다.'라고 덧붙였다.

감사원은 감사 결과를 발표하고 나서 원전 경제성 축소 및 감사 방해와 관련한 자료들을 검찰에 넘겼다.

처음 미풍에 불과했던 '월성1호기 경제성 평가 조작 의혹'이 대부분 사실로 밝혀지며 결국 태풍급으로 변했다.

'경제성 평가 조작' 고발

국민의맥은 2020년 10월 22일, 월성1호기의 경제성 평가를 조작하고 조기 폐쇄를 결정한 혐의(직권남용 등)로 백운교 전 산업자원부장관 등 12명을 대전지검에 고발했다.

국회 산업자원위 간사인 이철교 의원이 국회에서 기자회견을 열어 정부를 질타했다.

"검찰이 경제성 평가 조작과 은폐라는 국기 문란 행위에 대해 관련자들을 엄중하게 처벌할 것을 촉구한다. 문제민 정부가 탈원전 정책을 추진하기 위해 경제성 평가 조작이라는 탈법과 비리를 저지르고,

그것도 모자라 힘없는 공무원들을 시켜 문서를 삭제한 일은 세계적으로 유례없는 일이므로 법의 심판을 받아 마땅하다."

11월 12일, '원자력살리기국민운동본부'는 대전지검에 '월성1호기 조기 폐쇄와 관련해 위법·부당한 행위를 한 자들을 처벌해 달라'는 고발장을 제출했다.

이 단체는 채희복 전 청와대 산업정책비서관, 백운교 전 산업자원부 장관, 정재운 한국원자력 사장을 직권남용죄로, 원전 관련 기록을 삭제한 산업부 직원들을 공용서류 등 무효, 위계에 의한 공무집행방해, 감사원법 위반 등으로 각각 고발했다.

11월 15일, 국회 법제사법위원회의 감사원 국정감사에 출석한 최 감사원장은 잔뜩 상기된 표정으로 앉아 있었다.

의원 한 명이 질타하듯 물었다.

"월성1호기 감사 결과 발표가 왜 그렇게 늦어졌습니까?"

이 단순한 질문에 최 감사원장의 입에서는 의원들도 당황할 수밖에 없는 황당한 답변들이 잇따라 터져 나왔다.

"감사 저항이 굉장히 많은 감사였습니다. 감사원장이 되고서 이렇게 피감사자들의 저항이 심한 감사는 처음이었습니다."

감사원장은 흥분을 가라앉히려는 듯 숨을 잠시 고르고는 다시 말했다.

"피감사자들이 자료 삭제는 물론이고 사실대로 진술하지 않았습니다. 그들이 사실을 감추거나 허위 진술을 하면 저희 감사관들이 또 다른 자료를 가지고 와서 추궁하는 과정이 계속 반복됐습니다. 게다가 산업자원부 공무원들이 관계 자료를 모두 삭제해버려 이를 복구하는데 엄청 많은 시간이 걸렸습니다."

감사원장의 폭탄 발언에 많은 국민이 분노했다. 검찰이나 경찰 수사를 받는 민간인이 범죄 혐의를 감추려고 허위 진술을 하거나 저항하는 건 인지상정(人之常情)이겠지만, 행정부 공무원이 감사원 감사에 고분고분 응하지 않고 도리어 저항한다는 건 정말 어처구니없는 일이었다. 온라인상 관련 기사의 댓글에는 '감사에 저항했다는 그 공무원들이 대한민국 공무원이 맞느냐!' 하는 탄식이 줄을 이었다.

핵폭풍

'월성1호기 조기 폐쇄'에 관련된 고위급 인사들의 직권남용·업무 방해 등 혐의에 대한 고발장을 야당인 국민의맥이 검찰에 정식으로 접수하자, 윗선의 눈치를 보던 검찰이 힘을 내기 시작했다. 가히 메가톤급 핵폭풍이 몰아치기 시작했다.

2020년 11월 5일과 6일, 대전지방검찰청은 산업자원부, 한국원자력, 한국가스공사 등을 압수 수색했다. 검찰은 관련자들의 증거인멸을 막기 위해 대규모의 인원을 투입해 동시다발적으로 압수수색을 벌이는 초강수를 택했다.

12월 2일, 대전지방검찰청은 산업자원부 국·과장급 공무원 3명에 대한 구속영장을 대전지법에 청구했다. 법무부 장관의 '검찰총장 직무 집행정지' 명령으로 총장 직무를 수행할 수 없었던 윤성열 총장이 법원의 '윤성열 검찰총장을 직무에서 배제한 명령의 효력을 임시로 중단하라.'는 결정에 따라 직무에 복귀한 지 하루 만에 '월성1호기 관련 문건 444개를 삭제'한 산업자원부 공무원 3명의 구속영장 청구를 승인한 것이다.

12월 4일, 대전지방법원은 공무원 3명 중 2명은 구속, 1명은 기각 결정을 내렸다. 법원은 2명은 범행을 부인하고 증거인멸 염려가 있다며 구속했고, 1명은 범죄사실을 대체로 인정하고 있고 증거인멸이나 도주의 염려가 없다며 기각했다.

12월 23일, 대전지방검찰청은 해당 공무원 3명에 대해 기소했다.

2021년 2월 4일, 대전지방검찰청은 대전지방법원에 백운교 전 장관에 대한 구속영장을 청구했다. 대전지방법원은 백 전 장관에 대한 구속영장을 기각했다. 법원 측은 "범죄 혐의에 대해 다툼의 여지가 있어 보여 피의자에게 불구속 상태에서 방어권을 행사할 수 있도록 보장할 필요가 있다."고 밝혔다.

2021년 6월 30일, 대전지방검찰청은 채희복 전 비서관, 백운교 전 장관, 정재운 한국원자력 사장 등 3명을 모두 직권남용, 배임, 업무방해 등의 혐의로 기소하여 재판에 넘겼다. 이로써 월성원전 경제성 조작에 대한 수사는 일단 마무리되었다.

BH의 위기

　검찰 수사에서, 산업자원부가 월성1호기를 조기 폐쇄하기 위해 경제성을 축소하겠다는 내용을 2018년 5월 BH에 보고한 것으로 확인돼 BH가 월성1호기 폐쇄 과정을 알고 있었다는 게 드러났다. 한국원자력으로부터 경제성 평가를 의뢰받았던 삼득회계법인은 경제성이 있다고 봤지만, 공무원 조직이 총동원되어 월성1호기를 조기 폐쇄한 이유가 대통령에 대한 자발적인 충성 경쟁이었던 셈이다. 문제는 '대통령의 의중'이란 게 구체적으로 무엇이었느냐, 하는 것이다.

　검찰이 드디어 청와대를 정조준해 칼끝을 겨누기 시작하자, 비서실은 이대로면 정권마저 흔들릴 수 있다며 위기의식에 사로잡혔다.

　감사원과 검찰의 협공, 아니 정확히 말하면 최재영 감사원장과 윤성열 검찰총장의 협공으로 위기감을 느낀 청와대와 함께민주당은 아군인 줄 알았던 최 감사원장과 윤 총장이 '법대로, 원칙대로'를 내세우며 전방위로 공격해오자 수세에 급급했다.

　검찰의 공세에 청와대 민정수석실은 고민에 빠졌다. VIP한테까지 칼날이 향하는 게 아니냐 하는 우려가 제기되자 반전 카드가 필요했다. 여기에다 문제민 정부 탈원전 정책의 강력한 드라이브에 대한 반발이 확산하고 있는 것도 골칫거리였다. 원자력산업 생태계가 고사 위기에 처하면서 탈원전에 대한 국민 여론이 서서히 부정적으로 바뀌기 시작한 것이다. 급기야 정부가 탈원전·탈석탄이란 용어 대신 '에너지전환 정책'이라고 에둘러 표현하며 유화적 제스처를 보였음에도 부정적 여론이 긍정적 여론보다 앞서는 결과가 나타났다.

민정수석실은 이 위기에서 탈출할 수 있는, 아니 총체적 난국^(難局) 의 타개를 넘어 국면전환까지 할 수 있는 묘책을 찾으려고 함께민주 당 지도부와 머리를 맞대며 백방으로 노력했지만 뾰족한 수가 없어 전전긍긍했다.

투서냐, 모의^{謀議}냐

'월성원전 부지 내 지하수 삼중수소 관리현황 및 조치계획'이라는 한 국원자력의 내부 문건을 투서로 입수했다며 경주녹색운동연합이 그 내 용을 폭로하면서 '고농도 삼중수소 누출 의혹'을 제기했다. 파문이 일파 만파로 확산되자, 한국원자력과 월성원자력본부와 원자력안전연구원 등 은 내부 제보자 색출에 나섰지만, 별 성과가 없었다. 그때부터 이 내부문 건 유출이 '진짜 투서냐, 아니면 모의냐'를 놓고 설왕설래가 오랫동안 이 어졌다.

최 감사원장과 윤 검찰총장의 협공으로 청와대가 수세에 몰려 있던 때에 함께민주당의 이은영 국회의원은 차기 총선에서 지역구 공천을 받기 위해 호시탐탐 기회를 노리고 있었다. 영향력 있는 환경단체의 활동가로 일하다가 '준연동형 비례제' 도입으로 함께민주당의 비례위 성정당인 함께시민당의 '여성 우대' 혜택을 입어 상위 순번에 배치돼 졸지에 국회로 입성한 그녀는 국회의원의 달콤한 맛을 보고 나서 어떻게 하면 지역구 공천을 받을 수 있을까, 노심초사하고 있었다.

그러던 차에 구세주가 홀연히 나타났다.

"이은영 의원님이시죠? 저 아시죠. 칸스(KANS)에 근무하는 이기택 연구원입니다."

"아, 네. 이 박사님. 잘 지내셨죠? 어쩐 일이시죠?"

"바쁘신 줄 알지만, 긴히 드릴 말씀이 있어서 좀 만났으면 했어요. 월성원전의 안전에 치명적인 문제가 생겨 제가 제보를 하려고요. 내부고발인 셈인데……"

이 박사가 말을 꺼내 놓고는 좀 주저하는 눈치를 보이자, 이 의원은 '엄청난 뭔가가 있구나' 싶어 냅다 말을 받았다.

"당연히 만나야죠. 제가 박사님의 원전 안전에 대한 소신과 철학을 항상 존경하고 있는데요."

유유상종이었다. 칸스(KANS) 즉 '원자력안전연구원'은 원자력의 생산 및 이용에 따른 방사선 재해로부터 국민을 보호하고, 공공의 안전과 환경보전에 이바지할 목적으로 설립된 원전 안전 규제 전문기관이다. 그는 칸스의 월성규제실 소속 위촉연구원으로 월성원전에서 기준치 이상의 삼중수소가 검출된 사실이 사용후핵연료 저장수조의 누수 때문이니 조사해야 한다는 주장을 윗선에 했고, 월성1호기의 안전성을 높인답시고 2012년에 설치한 '격납건물여과배기' 설비가 수조 바닥을 7곳이나 관통해 차수막이 파손되었다는 사실을 칸스 내부에 알렸지만, 상부에서 이를 무시하고 받아들이지 않자 고심 끝에 결단을 내렸다.

이기덱 박사로부터 '월성원전 내부 보고서'를 전달받은 이은영 의원은 회심의 미소를 지었다. 그녀는 곧바로 각별한 관계를 유지해 오던 청와대 비서관 한 명에게 연락해 장시간 긴밀한 대화를 나눴다.

"청와대의 위기를 타개할 좋은 수가 있습니다. 내가 확보한 아주 중요한 문건이 하나 있는데 이걸 터트리면 반전을 이끌어낼 수가 있어요. 엄청 시끄러워지겠지만……"

이 의원은 수시로 원전 관련 현안을 의논하는 환경단체 활동가에게도 연락했다.

폭로

2021년 1월 12일, 경주시청 현관 앞에서 기자회견이 열렸다. '고준위핵폐기장 건설 반대 경주대책위' '월성원전 인접지역 이주추진위원회' '탈핵경주시민연합' 등의 단체 회원들과 주민들은 '월성원전 방사능누출 오염사태: 사용후핵연료 저장조와 폐수지저장탱크 조사, 시민사회 참여하는 민관합동조사위원회 구성 촉구'라는 문구가 적힌 펼침막 뒤에 도열했다. 분위기가 심상찮았다. 이례적으로 중앙지인 한겨레일보 기자도 나타났고, TV방송사 카메라도 등장했다.

경주녹색운동연합(경주녹운련)의 이상훈 사무국장이 사회를 보며 기자회견에 이르게 된 경과를 설명했다.

"지난해 6월 작성된 '월성원전 부지 내 지하수 삼중수소 관리현황 및 조치계획'에 관한 한국원자력 내부 보고서를 누군가가 투서했습니다. 저희 경주녹색운동연합 사무실이 있는 건물의 우편함에 들어있는 걸 제가 꺼내 보니 '월성3호기 터빈갤러리 배수로의 고인 물에서 고농도 삼중수소가 측정됐다.'는 사실을 비롯해 충격적인 내용들이 담겨 있었습니다. 다시 말해, 한국원자력의 문건을 내부고발 형태로 입수했습니다……"

이상훈 국장의 경과 설명에 기자들도, 기자회견에 동참한 주민들도 모두 놀라 눈이 둥그레졌다. 취재 열기가 더 뜨거워졌다.

이어서 정현근 경주녹운련 상임대표가 성명서를 읽어 내려갔다.

"저희에게 투서 된 한국원자력의 내부 보고서에 의하면, 월성3호기 터빈갤러리 배수로 2곳에서 리터(L)당 71만 3,000베크렐(Bq)의 고농도 삼중수소가 측정된 고인 물이 발견됐다고 하는데 이는 한국원자력이 원전 주변에 보초 우물을 두어 주기적으로 관측할 때 삼는 기준보다 18배 높은 고농도다. 감시 우물, 부지 경계 우물 기준보다는 180배 높다. 또 해당 보고서에는 월성3호기 주변 4곳의 보초 우물과 감시 우물이 한국원자력이 정한 기준치보다 높진 않지만 다른 20여 곳의 보초·감시·부지경계 우물에 비해 삼중수소 농도가 높다는 감시 결과도 담겨 있다. 이러한 내용들을 종합해 볼 때, 월성3호기 어딘가에서 삼중수소가 새어 나오고 있음을 추정할 수 있다.

그리고 월성4호기 옆에 붙어 있는 폐수지저장탱크(SRT) 주변 우물에서도 다른 곳보다 몇 배나 높은 리터당 2,300베크렐의 삼중수소 농도가 관측됐다. SRT는 리터당 최대 3억 2,400만 베크렐의 삼중수소가 관측되는 곳으로, 사용후핵연료저장조(SFB)보다 100배 높은 삼중수소 농도를 띠고 있는 곳이다. 게다가 월성4호기 SFB 집수정에서는 감마핵종이 2019년 8월에서 2020년 5월 사이에 7회나 미량 검출된 것으로 확인됐다.

이에 우리는 '월성원전 부지에서 발생하는 지하수의 양과 이동 경로를 밝힐 것과, 비계획적 유출을 방지하고 환경피해를 최소화하기 위한 규제 방안을 마련할 것과, 시민사회가 참여하는 민관합동조사위원회를 구성할 것'을 강력히 촉구한다……"

이 기자회견이 끝나자마자, 한국원자력(주)은 바로 보도자료를 냈다. 주 내용은 이러했다.

"……공기 중에 있는 삼중수소가 고인 물로 전이된 것이다. 월성원전 부지 내 지하수 관측공의 삼중수소 농도가 배출관리기준(리터당 4만 베크렐)을 초과하여 배출된 사례는 없으므로 원자력법에 따른 운영기술지침서 위반사례는 없다.

이번 월성원전 삼중수소 누출 논란은 이미 2019년 5월 발생한 지난 일이며 사용후핵연료 저장조의 차수막 손상에 관해 지역주민에게 즉각 알렸고, 보수계획도 설명한 사안이다. 지난해 10월 월성원전 주변지역 중 나산리, 울산, 경주 감시지점의 지하수는 삼중수소가 검출되지 않았고, 봉길 지점의 지하수 중 삼중수소 농도는 4.80Bq/L이며, 이는 5년 평상변동범위에 해당되는 수치로 세계보건기구의 음용수 기준인 1만 Bq/L 대비 아주 미미한 수준으로 평가됐다.

게다가 2018년 11월부터 지난해 7월까지 조사한 월성원전 주변 주민의 체내 삼중수소 최대농도는 16.3Bq/L로 최대농도가 1년간 계속 체내에 유지될 경우 0.00034mSv의 유효선량을 받게 되며, 이 값은 일반인 법적 선량한도 1mSv 대비 약 1만분의 4(0.034%)에 해당하는 미미한 수준이다."

한국원자력의 반박 보도자료에도 불구하고 파문이 걷잡을 수 없이 확산됐다.

가히 핵폭풍급 이슈였다. 진보적 경향이 강한 한겨레일보와 포항 MBS가 "경북 월성원전 부지 지하수가 삼중수소(트리튬)로 오염됐으며 한국원자력이 이를 확인해 대책을 추진 중"이란 사실을 연일 집중적으로 보도하자, 정국은 금세 뜨겁게 달아올랐다.

원전의 안전성 문제가 졸지에 정국 주도권 싸움으로 흘렀다. 가뜩이나 일본이 후쿠시마원전 오염수[60]를 해양에 방류하겠다는 계획을 밝히면서 '삼중수소의 유해성 여부'와 해양 방류에 대한 찬반이 국내에서도 국제적으로도 뜨거운 쟁점인 가운데 '고농도 삼중수소 누출 의혹'이 폭로돼 논란이 증폭됐다. 일본이 다핵종제거설비[ALPS]에서 걸러지지 않는 삼중수소를 희석하여 바다에 방류하겠다는 문제로 국제사회가 갈등을 겪고 있는데 하필이면 이때 '월성원전의 삼중수소

---

[60] 일본 정부는 오염수를 다핵종제거설비(ALPS)로 정화 처리해 64개 측정 대상 방사성 물질 대부분을 제거하고 거른 뒤 방류할 계획이라고 밝혔는데 문제는 암을 유발하거나 생식기능을 저하할 수도 있다는 '삼중수소와 탄소14'는 걸러지지 않는다는 점이다. '탄소14'는 워낙 미량이어서 논란에서 벗어났지만, 삼중수소의 위험성은 국내외적으로 논쟁의 중심에 섰다.

누출' 문제가 불거져 두 현안이 맞물리면서 엄청난 파장을 몰고 온 것이다.

정쟁에 먼저 불을 지핀 건 여당의 이낙영 대표였다. 2021년 1월 11일, 이 대표는 MBS의 보도를 보고 나서 격앙된 발언을 쏟아냈다.

"월성원전은 알다시피 불량원전 아닌가. 국민 생명을 볼모로 7년 전부터 방사능 유출이 의심된 원전의 폐쇄를 되돌리려고 '원자력 마피아'와 결탁이 있었다고 볼 수 있다. 방사능 누출 사실을 은폐하는 데 원전 마피아가 관여했는지 확인해봐야 한다."

여당 대표 입에서 나온 '원자력 마피아'라는 발언에 원자력계는 경악했고, 국민은 아연실색했다.

"집권 여당 대표의 자질이 의심스럽다. 당장 원자력 패밀리에 대한 매도를 멈추라. 경솔한 언행에 대해 사과하라."

원자력계의 원성과 비난이 봇물 터지듯 쏟아졌다. MBS 해당 보도의 사실관계가 논란이 되는 데다, '월성원전 경제성 조작 의혹'에 대한 검찰 수사를 무마하기 위해 원자력 업계 및 학계를 적폐로 매도한다는 의구심 때문이었다.

문제민 정부가 임명한 정재운 한국원자력 사장조차 이 대표의 원자력 마피아 주장에 대해 당일 곧바로 반박했다.

"현 정부의 원안위에서 '월성원전의 삼중수소 유출이 없었다'는 조사 결과를 밝힌 바 있는데 집권당의 대표라는 분이 팩트와 과학적 증거에 기반하지 않고, 극소수의 운동가가 주장한 무책임한 내용을 갖고 비교 기준을 흐리는 식으로 사태를 확산시키는 일은 없어야 합니다."

그러고는 다음 날, 정재운 사장은 월성원전 현장을 방문해 관계자들에게 당부했다.

"일각의 방사능 우려에 대해 팩트와 과학적 사실에 기반해 원칙대로 대응해야 합니다."

한국원자력㈜ 노동조합도 가만히 있지 않고 성명서를 통해 이 대표를 비난했다.

"여당이 검찰의 '월성1호기 경제성 조작 의혹' 수사를 피하려고 정치적 물타기를 하는 것으로 의심된다. 집권당의 대표가 망언을 내뱉다니 한심스러울 따름이다."

한국원자력의 한 직원은 이낙영 대표의 자가당착을 꼬집으며 공개적으로 비난했다.

"원자력으로부터 국민의 생명을 지키고 안전을 감독하는 원자력안전위원회는 국무총리 소속이고, 현재 위원장도 이낙영 대표가 국무총리일 때 임명됐는데, '원자력 마피아'가 아직 남아있다면 이 대표도 책임을 져야 하지 않습니까? 본인부터 먼저 사과하는 게 도리입니다."

이때부터 정치권에서는 '월성원전 부지 내 고농도 삼중수소 누출' 사건을 둘러싸고 날 선 공방이 벌어졌다. 탈핵단체는 탈원전 정책에 반대하는 진영이 경주시민의 안전을 볼모로 원전 정치를 하고 있다고 주장하며 '민관합동 조사' 추진을 요구했다. 여권인 함께민주당과 정의실현당은 얼씨구나, 하며 원전의 위험성을 집중적으로 부각하며 공세로 전환했다.

최 감사원장이 이끄는 감사원과 윤 검찰총장의 격려를 등에 업은 대전지방검찰청 덕에 탈원전 정책의 부당성을 알리며 청와대까지 압박하던 국민의맥은 투서 폭로로 일격을 당하자 방어에 안간힘을 썼다.

"'월성원전 경제성 조작 수사'에 대한 관심을 방사능 누출로 돌리려는 여당과 환경단체의 과장·왜곡 여론전이다. 원전 부지 내에서의 방사능 누출임에도 외부에 누출된 양 '침소봉대'하는 민주당이 과연 집권당으로서 자격이 있는지 의심스럽다. 국민의 불안감을 조장하는 한심한 작태를 당장 멈춰라."

국민의맥 당 대변인은 이렇게 여당과 탈핵단체를 싸잡아 공격했다.

"주민 피폭은 바나나 6개, 멸치 1g 수준…"

'정보의 홍수' 시대에, 통제되지 않고 무분별하게 난립하는 인터넷 언론 시대에 과연 정론직필을 기대할 수 있을까. 과연 진실 보도가 존재하기는 할까.

'월성원전의 고농도 삼중수소 누출 사건'은 원전의 안전성 문제로 주민들의 생명과 안전에 직결되는 사안인데 어찌 된 일인지 정국의 주도권 싸움으로 비화해 어이없는 촌극을 빚더니 점차 진영 간 싸움으로 비약했다. 탈원전 측과 친원전 측 학자들은 학문적 근거도, 과학적 사실도, 학자적 양심도 다 팽개치고 진영논리에 따라 허술한 자료로, 빈약한 근거로 논쟁이라기보다 논리의 비약이 심한 '패거리 싸움'을 벌이기 시작했다.

친원전인 정영훈 한국과학기술원(KAIST) 원자력공학과 교수가 페이스북에 올린 글이 기폭제였다. 정치권에서 삼중수소 누출 사건을 둘러싸고 날 선 공방을 벌이는 와중에 정 교수는 "월성원전 주변지역 주민의 삼중수소로 인한 1년간 피폭량은 바나나 6개나 멸치 1g을 섭취했을 때의 수준"이라며 "월성의 방사능 이야기는 월성원전 수사를 물타기 하기 위한 것"이라고 주장해 파장을 몰고 왔다.

언론이 이를 대서특필하면서 난데없이 '멸치 논쟁'이 시작되더니 여야 간의 정쟁의 소재가 됐고 진영싸움은 노골화됐고, 전문가들 간에 감정싸움으로까지 번졌다.

정 교수 본인은 학자적 소신을 밝혔겠지만, 경솔했고 무지한 면도 없지 않았다. 그는 핵의학자가 아니라 원자력공학 전공자이고, 본인 말대로라면 '원전 설계와 안전'이 전문 분야이기 때문이다.

2021년 1월 8일, 정영훈 교수는 자신의 페이스북에 글을 올려 자기 주장을 설파했다.

"월성원전에서 삼중수소가 많이 발생하는 것, 월성원전 경계가 주변 마을보다 삼중수소 농도가 높은 것, 원전 내부에는 경계보다 높은 곳이 있을 수 있는 것은 당연하다. 지금 논의되는 수준에선 피폭이 있는 것과 암은 관련이 없다.

월성 주변지역 주민의 삼중수소로 인한 1년간 피폭량 0.3~0.6마이크로시버트[61](Sv)는 바나나 3～6개, 멸치 1g 내외를 섭취하는 수준이다. 중수로인 월성원전에서는 삼중수소가 많이 발생하는 것, 우리 주변에도 삼중수소가 있는 것, 내 몸에도 삼중수소가 있는 것처럼 일부 주민과 환경단체 등이 당연한 것을 음모로 몰아가며 월성원전 인근 주민과 경주시민의 건강 문제로까지 확대하는 것은 청와대를 겨냥한 검찰의 월성원전 수사를 물타기 하려는 것으로밖에 볼 수 없다.

최고로 많이 삼중수소가 검출된 사람이 1년에 바나나 6개를 먹은 수준이다. 멸치 섭취로 보면, 멸치 1g 정도 먹은 피폭량인데 이는 연간 자연방사능 수준에도 못 미친다. 사실 현재 검출량의 100배가 나와도 문제가 없는 수준이다. 지금 민주당이 이야기하는 건 무의미한 수준에서 트집을 잡는 것이다……"

정 교수의 SNS 글을 보수 언론이 대대적으로 보도하자, 이번에도 이낙영 대표가 발끈하고 나섰다.

"바나나, 멸치와 삼중수소 피폭을 비교하는 건 과학적으로 합당하지 않고 주민들의 생명을 경시하는 비유다. 원자력계는 헛된 논쟁을 하지 말고 안전을 위한 실효적인 대책을 강구하는 자세를 보여야 한다."

한편, 한국원자력의 내부 문건을 공개한 정현근 경주녹운련 대표는 기자회견의 진정성이 호도되고 투서 폭로의 본질이 왜곡돼 '월성원전 인근 주민의 건강' 문제가 정치논쟁과 진영싸움 등의 엉뚱한 방향으

---

61 시버트(Sievert, Sv), Sv는 인체에 피폭되는 방사선 양을 나타내는 측정 단위.

로 비화하는 게 못마땅했다. 그는 십여 년 전에 월성원전 인근 주민들의 요 시료를 채취하고 농도를 분석해 '삼중수소의 주민 피폭' 문제를 최초로 제기한 인물이다. 그는 지역 언론과의 인터뷰를 통해 '원전의 안전성' 현안이 비생산적인 논쟁으로, 정쟁으로 흘러가는 상황에 대해 안타까움을 토로했다.

"정영훈 교수는 의학이 전공이 아님에도 의학자 행세를 하며 지역 주민들이 매일 삼중수소에 피폭되고 있는데도 이를 멸치나 바나나를 가끔씩 섭취하는 것과 단순 비교하는 오류를 범했다. 학자의 자질이 의심된다. 바나나 안에 들어있는 방사성 칼륨(K-40)은 인체 내 칼륨 중에서도 소량으로 존재하는 물질인데 인간의 세포를 구성하는 원소도 아니고, 인체에 유해한 방사성핵종처럼 달라붙는 성질도 아니다. '건강부회'나 일삼는 한심한 교수다. 일상에서의 자연 방사성 물질 노출을 억지로 끌어와 원전의 방사능 안전 문제 위에 덮어버리는 작태나 마찬가지다.

'주민들 소변에서 검출되는 삼중수소 농도가 미량이기 때문에 별문제 없다'는 식으로 단순하게 접근할 문제가 아니다. 1회 배출한 소변의 삼중수소 농도를 갖고 원전 인근에 오래 살면서 체내에 축적된 삼중수소의 위험성과 단순 비교하는 것은 학자로서의 치명적인 오류다. 정 교수는 한두 차례의 조사를 통해 주민 소변에서 검출된 삼중수소 농도만으로 피폭량이 많지 않다며 문제가 없다고 치부하고 있다. 비과학적인 발상이다.

이낙영 대표도 문제다. '월성원전의 노후화' 문제나 '삼중수소의 비

정상적인 배출 원인'을 밝히는 쪽으로 논의가 모아져야 하는데 원전의 위험성을 강조한답시고 과도한 표현을 써서 오히려 정치적 논란만 일으키고, 환경운동을 비과학적으로 비치게 하는 방식은 비판받아야 한다."

국민은 혼돈에 빠졌다. 똥 묻은 개가 겨 묻은 개 나무라는 격이고, 누가 암까마귀고 누가 수까마귀인지 헷갈렸다.

꼴불견

여야는 '월성원전의 삼중수소 누출' 문제를 정치 쟁점화해 정국을 뜨겁게 달궜다. 과학적 검증은 팽개치고 정치적 논리와 진영논리에 따라 패싸움을 벌였다.

'웃픈' 현실이다. 해대는 꼴이 가관이었다. 양 진영의 설파에 부화뇌동하는 주민이 있는가 하면, 진영논리에 매몰돼 반대편 국회의원들에게 서슬 시퍼렇게 고성을 지르며 항의하고 때론 출입 저지 등의 물리력 행사도 서슴지 않는 주민도 있었다.

이전투구, 성동격서, 침소봉대, 아전인수, 견강부회가 난무했고, 월성원전 정문 앞은 정치꾼, 기자들, 찬핵·반핵 활동가들, 지역주민들이 수시로 모여들어 악다구니와 몸싸움으로 북새통에다 난장판이 됐다.

국회의원들은 여야 할 것 없이 보좌관들과 관련 전문가들을 대동하고 월성원전에 떼거리로 몰려와 진영논리에 따른 입장을 내놓고는 사라졌다. 주민들의 안전에 대한 염려보다는 세를 과시하고 눈도장을 찍으러 온 것 같았다. 월성원전 정문 앞과 홍보관 주변에는 시민단체 회원과 인근 주민들이 두 패로 나뉘어 삿대질해가며 식식거렸다.

2021년 1월 14일, 월성원자력본부에 국민의맥 국회의원들이 방문했다. 이들이 도착하기 전에 일부 주민이 '주민 안전이 먼저다. 국정조사 실시하라.'는 팻말을 들고 서 있었고, 바로 옆에는 한국원자력 노동조합원들이 탈원전정책 폐기를 촉구하는 팻말을 들고 있었다.

의원단은 홍보관에서 월성원자력 본부장으로부터 삼중수소 검출 관련 현안 보고를 받았다. 그리고 질의에 나섰다.

"같은 자료를 놓고 함께민주당은 괴담을 퍼뜨려 국민을 불안하게 만들고 있는데 본부장은 자신 있게 문제가 없다고 말할 수 있느냐?"

이철교 의원의 질문에 권홍대 본부장이 답변했다.

"위험하다거나 안전하다거나 단정하긴 그렇고, 규정과 절차를 위반한 일은 없었다고 말할 수 있습니다."

그러자 김형식 의원이 다그치듯 물었다.

"폐기물을 안전하게 관리하고 규정을 위반한 적 없는데 왜 갑자기 이 문제가 불거졌다고 생각합니까?"

"정치적 얘기는 제가 말씀드릴 수 없고, 규정과 절차를 잘 모르는 일반인이 숫자만 보고 그런 것 같습니다."

권 본부장이 이렇게 해명하듯 대답하자, 경주가 지역구인 김석규 의원이 타박하듯 따졌다.

"미국산 소고기 수입을 놓고 폭동에 가까운 '광우병 사태'가 일어났지만 12년이 지난 현재 광우병에 걸린 사람이 없다. '광우병 시즌2'가 시작됐다고 본다. 민주당이 '광우병 괴담'처럼 조직적으로 원전 괴담을 유포해 국민을 불안과 공포의 도가니로 몰아넣는 의도가 무엇이라고 생각합니까? 검찰 수사의 칼날이 정권 핵심을 향해 가니 물타기 하려는 수작인 거 같은데 본부장은 어떻게 생각합니까?"

"정치적 문제에 대해서는 제가 답변드릴 게 없습니다. 양해 바랍니다. 시간이 촉박하니 현장 참관을 서둘러 하셔야 합니다."

권 본부장의 권유에 의원단이 버스를 타고 월성원자력본부 안으로 이동하려고 하자, 달남면 주민들이 삼중수소 검출에 항의하며 버스를 가로막았다. 김석규 의원을 비롯한 의원 몇 명은 주민 대표와 잠시 얘기를 나누고 다시 버스에 올랐다.

국민의맥 의원단은 한때 기준치 이상의 삼중수소가 검출된 월성3호기 보조건물의 맨홀과 사용후핵연료저장조를 둘러보고 나서 귀경길에 올랐다.

4일 후인 1월 18일, 여당인 함께민주당 의원단이 월성원자력본부를 방문한 날은 현장의 분위기가 험악했다. 국민의맥 의원단이 방문했을 때는 비교적 소란이 적었지만, 이날은 탈원전 정책 찬반 양 진영이 세를 과시하려는 듯 제각기 집회를 열어 긴장이 고조됐다.

민주당 환경분과위원회 이은영 위원장과 이원식 고문을 비롯해 국회의원 13명이 오전 9시 40분께 버스로 월성원전 홍보관에 도착하자 현장은 금세 열기가 뜨거워졌다.

달포읍발전위원회와 원자력정책연합 회원 100여 명은 주차장 입구에서 '탈원전 정당화를 위한 민주당의 왜곡 조작 언론보도를 즉각 중단하라' '탈핵 무당들아! 물러가라. 경주는 우리가 지킨다'는 피켓을 들고 민주당 의원을 향해 항의 시위를 했다. 한국원자력 노동조합원 30여 명도 "얼토당토않은 방사능 괴담 공포 조장 즉시 중단하라", "생존권 박살 내는 탈원전정책 폐기하라"란 피켓을 들고 서 있었다.

반면 탈핵진영 쪽은 '지진밭 핵발전소 STOP' '월성원전 OUT' 등의 팻말을 들고 탈원전 정책을 옹호했고, '월성원전 인접 이주추진위원회' 회원 30여 명은 "먹거리와 물이 오염됐는데 어떻게 사람이 살 수 있느냐? 이주 대책을 마련해달라."며 계속 큰소리를 질렀다.

민주당 국회의원단은 홍보관에서 권 본부장으로부터 삼중수소 검출 관련 현안 보고를 받은 후 질의에 나섰다.

"2019년 4월 월성3호기 터빈건물 하부 지하수 배수로 맨홀에 고인 물에서 배출관리기준인 L당 4만 베크렐을 훨씬 넘는 L당 71만 3천 베크렐의 삼중수소가 검출된 이유가 무엇입니까? 지난 2012년 월성1호기의 안전성을 높이기 위한 격납건물 여과배기설비 설치 과정에서 차수막이 파손된 사실을 2018년에야 알았다는데 원전 관리를 이 따위로 하니 국민으로부터 불신을 받는 거 아닙니까?"

국민의맥과 달리 한국원자력을 타박하는 분위기였다. 이에 정재운 사장은 변명조의 답변을 늘어놓고는 화제를 돌렸다.

"원자력안전위원회가 삼중수소가 검출된 월성원전을 조사하기 위해 조사단을 구성한다고 하니 모든 협조를 다 하겠습니다."

이어서 의원단은 '이주추진위원회'로부터 건의사항을 듣고 나서 월성원전 안에 들어가려 하자, 일부 달남면 주민이 항의 시위를 하며 의원들의 출입을 막으면서 한바탕 소동이 벌어졌다.

한 시간쯤 뒤, 일정을 마친 의원단이 귀경하려 하자, 달포읍발선위원회와 원자력정책연합 회원들이 버스를 막아서며 의원들의 의견을 듣겠다며 대치했다. 이원식 의원 등이 버스에서 내려 주민들을 달랬다.

"고농도의 삼중수소가 검출됐다고 해서 걱정이 돼 진상을 파악해서 바로 잡으려는 충정으로 오게 됐습니다. 우리 당은 이 문제를 정치적으로 이용할 생각이 전혀 없고, 주민을 불안하게 할 하등의 이유도 없습니다. 잘 처리하겠으니 믿어주십시오."

민주당 국회의원들의 거듭된 해명으로 대치 상황이 시부저기 종료됐다.

'조사단 위원' 전격 사퇴

2021년 1월 17일, '월성원전 부지 내 삼중수소 누출 의혹'을 둘러싼 논란이 수그러들지 않고 더욱 확산하자, 이를 해소하기 위해 원자력안전위원회는 전원 민간 전문가로 '월성원전 부지 내 삼중수소 민간조사단'(이하 민간조사단)을 구성한다고 밝혔다.

조사단은 관련 학회로부터 추천받은 인사로 구성하고, 조사단장은 원자력과 무관한 대한지질학회의 추천을 받은 인사를 위촉했다. 원안위는 조사단이 운영방식과 조사범위, 활동계획 등을 모두 자율적으로 결정할 수 있도록 권한을 위임하고, 지역주민 등 이해관계자 의견도 수렴해 반영하고 활동과정을 투명하게 공개하기로 했다. 안전성에 대한 논쟁이 과열된 상황에서 정부 개입을 없애 객관성과 신뢰성을 확보하겠다는 취지다.

그러자 경주시와 '경주시월성원전민간환경감시기구'(이하 감시기구)는 비상이 걸렸다. 지역경제 활성화를 위해 대체로 친원전 행보를 하는 경주시장이 위원장인 감시기구는 긴급 운영위원회를 열어 가칭 '월성원전 삼중수소 관리 안전성 확보를 위한 민관합동 조사단'(이하 민관합동조사단)을 구성하기로 의결했다.

이렇게 같은 현안을 두고 원안위와 경주시가 2개의 조사단을 경쟁하듯 꾸리자, '옥상옥'이라느니 예산 낭비라느니 하는 비난이 쏟아졌다.

2021년 2월 2일은 경주시의 '민관합동조사단' 착수 회의 날이었다. 경주지역의 대표적인 환경단체인 경주녹운련 대표이면서 원전과 방폐장 인근 주민이기도 한 정현근은 소신이 뚜렷하면서도 합리적이고 소탈한 성격을 지녔다. 하지만 그는 조직의 논리와 지역주민의 이해가 상충할 때마다 자신의 역할에 회의를 느낀다. 자리와 명예욕에 연연하는 자신이 한심하다고 여기면서도 이런저런 내부 사정으로 상임대표직을 유지하고 있다.

시민단체 몫으로 민관합동조사단의 위원으로 위촉받은 정 대표는 더케이경주호텔의 무궁화홀에 들어가며 심호흡을 크게 했다. 사안이 워낙 중대하다 보니 기대감과 부담감을 함께 느꼈다.

회의장 안은 조사단 위원들, 경주시 공무원들, 감시기구 직원들, 월성원자력본부 관계자들, 기자들 등등으로 빼곡했다. 그는 사각형으로 배치된 테이블을 지나가며 자신의 이름이 적힌 탁상 아크릴 명패를 보고 앉으려다 옆 테이블의 '정영훈'이라는 명패를 보고 눈이 휘둥그레졌다. 자신에게 목례하는 사람을 슬쩍 보니 언론에 얼굴이 자주 나오던, 그 유명한(?) 정영훈 교수가 아닌가.

정현근은 깜짝 놀랐다. 이게 도대체 어찌 된 일이지! 지난주 감시기구의 운영위원회 때 '민관합동조사단의 활동 운영 규약과 추천된 전문가를 확정'하는 회의에서 '주민의 삼중수소 피폭에 문제'에 대해 가급적 중립적인 전문가를 추천하기로 합의했고, 그래서 "주민 피폭은 바나나 6개, 멸치 1g 수준……"이란 발언으로 논란이 된 정영훈 교수 등 편향된 전문가 두 명을 배제하기로 의결했는데 배제된 당사자가 버젓이 전문가 위원으로 앉아 있으니 기가 찰 노릇이었다. 하필이면 그것도 바로 옆자리에.

공교롭게도 그의 감시기구 감시위원의 임기 만료가 1월 말이었는데 그 이후에 모종의 수작이 급작스레 이뤄진 것 같았다. 정 대표는 맞은편 테이블에서 회의 진행을 준비 중인 감시기구 부위원장을 향해 고함지르듯 큰 소리로 말했다.

"하 부위원장, 보세요. 감시기구 운영위원회 회의 마지막 날, 전문가 추천자 중 정영훈 교수 등 편향된 두 사람을 배제하고, 다른 구조

분야 전문가를 위촉하기로 의결했는데 지금 내 옆자리에 왜 정 교수가 앉아 있는 겁니까? 이게 무슨 짓거립니까?"

회의장 안에 있는 사람들의 시선이 일제히 정 대표에게 쏠렸다.

"예, 그게. 저어. 전체 회의에서 다시 결정한 거라……"

하대경 부위원장은 제대로 된 해명을 못 하고 쩔쩔맸다. 졸지에 논란의 당사자가 된 정영훈 교수는 당황한 표정이었다.

"나는 이런 작태를 용납 못 합니다. 운영위원회가 민관합동조사단과 관련된 모든 사항을 위임 받아 결정한 것을 몇 사람이 작당해 이렇게 한 모양인데 이거는 모의나 마찬가집니다. 원래대로 환원하지 않으면 나는 위원직을 사퇴할 테니 그렇게 아세요. 나도 가만히 있지 않을 겁니다. 객관적이고 중립적인 조사가 이뤄져야 주민들이 조사단을 신뢰할 텐데 출범식부터 이게 뭡니까. 뒷감당은 알아서들 하세요."

정 대표는 회의 서류를 테이블에 팍, 내던지고는 가방을 챙겨 들었다. 자세한 내막도 모른 채 뻥하게 앉아 있는 정 교수에게 약간 미안한 마음이 들었지만, 그는 애써 고개를 돌리고 출입구로 성큼성큼 걸었다. 하도 서슬이 퍼레 아무도 제지하지 못했다.

그날 오후부터 '월성원전의 삼중수소 누출' 조사단 구성에 관심을 가진 언론들이 민관합동조사단 출범식의 파행에 대해 보도했다. 한 언론은 〈친원전 단체가 점령한 민관합동조사단. 인접 지역주민 "조사 결과, 기대 안 해… 갈등만 커질 것"〉이란 제목을 뽑았고, 다른 언론은 〈삼중수소 민관합동조사단. 출범식부터 공정성 논란… 위원 한 명, 친원전 전문가 위촉 거세게 항의하며 퇴장〉이란 제목으로 비중 있게 다

됐다.

'민관합동조사단'이 출범하자마자 공정성, 편향성 논란에 휩싸이자, 경주시는 물밑 작업을 병행하며 사태 수습에 나섰다. 경주시의 담당 국장과 과장이 정 대표를 만나 달래며 설득했다.

"정영훈 교수에게 사퇴를 종용할 수 없고 자진 사퇴를 기다리는 중입니다. 화를 가라앉히시고 조사단의 부단장을 맡아서 소신껏 조사하시면 되지 않겠습니까? 정 대표님이 바라는 게 투명하고 공정한 조사 아닙니까?"

"결과적으로 소란을 일으켜 미안하지만, 저는 정 교수가 사퇴하지 않으면 애초에 밝힌 대로 위원을 공식 사퇴하겠습니다. 제가 바라는 건, 감시기구 운영위원회 회의 결정대로 조사단을 구성하는 겁니다."

정 대표는 단호하게 말했다. 다른 사안 같으면 회유책에 못 이기는 척하고 타협할 수 있지만, 이번만큼은 사안이 워낙 중대해 어물쩍 넘어가면 안 될 일이었다. 사실 각종 위원회나 조사단 같은 데 들어가려고 애쓰는 정상배들이 부지기수다. 일종의 권력인 셈이다. 게다가 회의비 등 각종 수당도 쏠쏠하게 챙길 수 있다. 똑같은 모리배가 될 수 없는 일이었다.

경주시의 노력에도 상황은 나아지지 않았다. 사태 해결의 열쇠를 쥔 정영훈 교수가 자진 사퇴를 거부했다.

"내가 하고 싶어 한 것도 아니고, 당신들이 위촉해놓고 인제 와서 자진 사퇴해 달라면 나는 뭐가 됩니까? 그래도 명색이 카이스트 교수인데. 저를 위촉하신 시장님이 해촉하시면 받아들이겠습니다."

2021년 3월 16일, 정현근 대표는 경주시장 앞으로 정식으로 사퇴서를 제출했다. 그리고 나서 곧바로 〈'월성원전 삼중수소 민관합동조사단' 위원 사퇴 입장문〉을 보도자료로 배포했다.

"본인이 경주시월성원전민간환경감시기구(이하 감시기구)가 주도하는 '삼중수소 관련 민관합동조사단' 위원으로 활동하기로 한 것은, 환경단체 대표이자 월성원전 인근 주민으로서 공정하고 투명한 조사를 통해 삼중수소 누출 원인을 규명하고 제대로 된 대책을 강구하여 경주시민들의 안전을 지키고 불안감을 해소하려는 충정 때문이었습니다. (중략)

그 후 조사단 구성이 정상화되기를 기대했으나 논란의 핵심 당사자인 정영훈 교수가 사퇴를 거부하고 있고, 애초 위촉했던 지질분야 전문가 3명도 동반 사퇴를 해버려 사태는 더 악화했습니다. 땜질로 다른 전문가가 보충된 데다 규제기관인 원안위와 원자력안전연구원이 참여를 거부하는 작금의 상황을 보고 더 이상 조사단을 신뢰할 수 없다는 생각이 들었습니다. 땜빵을 하다 보니 결국 구조분야 전문가도 없고, 원자력분야에는 편향적인 전문가가 과반을 점하고 있고, 게다가 규제기관의 위원이 한 명도 없는 기형적인 위원 구성이 되고 말았습니다.

공정성과 객관성을 상실한 조사단의 조사결과를 과연 누가 신뢰하겠습니까? 지금의 조사단 위원 구성으로는 어떤 결과물을 내놓더라도 언론과 국민과 지역주민들이 신뢰하지 않을 것은 자명합니다. 이에 본인은 '민관합동조사단 위원'을 공식 사퇴하고자 합니다. 경주녹색운동연합 상임대표 정현근 드림"

언론들이 징 대표의 민관합동조사단 위원 공식 사퇴에 대해 앞다퉈 보도하고부터 경주시가 주도한 '민간합동조사단'에 대한 불신이 점점 깊어졌다.

백가쟁명 百家爭鳴

원자력이나 방사능 피폭에 관해서는 백가쟁명만 난무하는 세상이다.

삼중수소가 인체에 어떤 영향을 미치는지 체계적으로 연구를 수행한 나라가 없기 때문에, 국내에서든 국외에서든 누구도 삼중수소가 안전하다고 단정적으로 말할 수 없다. 같은 논리로 삼중수소가 암을 발생시키는 등 극히 위험하다고 주장할 수도 없다.

정현근 대표는 평소 확증편향에 빠져 자기 진영의 들러리를 서는 학자, 은근히 불안을 조장하는 일부 시민단체, 무조건 원전이 안전하다고 하는 '원자력 마피아' 모두 경멸했다. 낮에는 반원전, 밤에는 친원전인 박쥐 같은 지역의 일부 자생단체장과 유지들을 더 경멸했다.

이번에도 정 대표가 정영훈 교수의 민관합동조사단 참여를 강하게 반대한 이유는 사감이 있어서가 아니라 그의 정치적인 발언 때문이었다. 이른바 '멸치 1g, 바나나 6개'로 희화화돼 세간의 입방아에 오르내리고, 진영논리에 빠진 언론 간에 옹호와 비난 등의 이전투구를 하게 하고, 정쟁화에 불을 지핀 당사자여서이다.

물론 정 교수도 모멸감도 느끼고 억울한 면도 있을 것이다. 발언의 핵심은 거두절미됐고, 진의가 왜곡된 채 보도됐기 때문이다. 바나나와 멸치에 든 칼륨에서 삼중수소처럼 베타선(방사능)이 방출되는데, 이를 삼중수소의 피폭량과 비교한 것은 나름의 과학적 근거에 의한 발언으로 치부할 수 있지만, 정 교수는 여기서 한 걸음 더 나갔다.

월성원전 삼중수소 누출에 관해 주민·환경단체가 제기하는 우려와 비판에 대해 검찰의 월성원전 수사에 대한 '물타기'라고 발언한 것이다. 그래서 정 교수는 월성원전에서 매일 액체로 배출하고 기체로 뿜어내 인근 주민의 체내에 축적되고 있는 삼중수소와 바나나나 멸치에 든 칼륨을 단순 비교해 주민들의 방사능 피폭 문제를 희화화했다는 거센 비난을 받았다. 그러다 보니 '원자력 마피아'라는 오명까지 썼다.

학자인지 정치꾼인지 의아스러운 대목은 또 있다. 국민의맥 국회의원들이 월성원전을 방문하는 자리에 함께했다. 적어도 진정한 학자고, 교수라면 '오얏나무 아래서 갓끈을 고쳐 매지 말아야' 한다. 오해받기 싫으면 말이다.

'멸치 1g, 바나나 6개…' 운운 발언에 대해 관심이 쏠리고 논란이 증폭된 데는 많은 보수언론이 정 교수가 페이스북에서 주장한 내용을 그대로 기사로 옮기면서 '월성원전의 부지 내 삼중수소 누출'은 아무런 문제가 되지 않는다는 식으로 보도해서이다. 이에 대해 원전을 비판적으로 바라보는 의학자·핵물리학자 및 원자력 전문가 등은 정 교수의 발언이 도덕적으로 문제가 있다고 보고 벌떼처럼 달려들어 반박하고 공격했다.

정 대표가 보기에 탈핵 진영의 자칭 전문가라는 인물들의 주장도 도찐개찐, 오십보백보였다. 과학적 근거가 빈약할 뿐 아니라, 어설프고 불합리한 논리 전개로 설득력이 떨어지는 주장들을 남발했다. 찬원전 진영 전문가들에게는 애초부터 기대 같은 걸 하지 않아 실망할 일도 없지만, 나름 도덕성과 신념을 갖췄다고 자부하는 탈핵 진영 전문가들의 설익은 전문성에 그는 실망하여 낙담했다. 마치 반거들충이 같았다.

때로는 속내가 뻔히 들여다보였다. 정 대표는 그들의 발언과 주장의 진정성이 느껴지지 않아 참담한 심정이 들 때가 많았다. 그들은 앞에서는 원전과 방폐장의 위험성을 적극 설파하고, 뒤로는 정부나 한국원자력으로부터 연구 프로젝트를 따낸다거나 용역을 요구하는 이중적 행태를 보여왔다.

곡학아세로 배를 채우는 건 친원전 학자들이나 반원전 전문가들이나 마찬가지였다. 제대로 된 토론이나 논쟁은 없고 백가쟁명만 벌이는 원자력 분야였다.

제5부

암군의 대물림
─ 정치만사 새옹지마 ─

...

　'역사를 승자의 기록'이라고 한다면, 문통이 보기에는 박통이 암군(暗君)[62]인 셈이고, 윤통이 보기에는 문통이 암군인 셈이고, 윤통은 재임 중이므로 퇴임 후 암군으로 기록돼 암군의 대물림이 이어질지 현군[63](賢君)으로 기록될지 아니면 이도 저도 아닌 중주[64](中主)로 기록될지 두고 볼 일이다. 자고로 '신하들에게는 중주 모시기가 가장 편한 법'이라는 말처럼 현군이나 암군이 되기보다 중주 되기가 더 어렵다고 한다.

　윤통을 대권주자 반열에 오르게 해준 일등공신이 나조국·추미혜 두 사람이라는 설(說)에 많은 호사가가 동의한다. 추미혜 법무부 장관이 윤 검찰총장의 직무를 정지하는 초유의 사태가 벌어지면서 정부와 여당과의 갈등이 극에 달해 결국 윤 총장이 사퇴하고 정치에 뛰어들어 제20대 대한민국 대통령에 당선되어 정권 교체에 성공했기 때문이다. 이른바 '조국 사태'가 이 모든 흐름의 시발점이었고, 추 장관의 어깃장 같은 강수가 윤성열의 대권 도전 의지에 화룡점정 역할을 했다. 그래서 항간에는 나조국·추미혜가 윤성열 대통령을 만들었다고 입방아를 찧는다.

62　사리에 어둡고 어리석은 임금. '암주(暗主), 혼군(昏君), 용군(庸君), 용주(庸主)'라고도 한다.
63　어질고 현명한 임금.
64　현명하지도 어리석지도 아니한 평범한 임금.

그래서 제5부에서는 월성1호기와 직간접적으로 연관된 대통령들에 대한 행적을 살펴보고, 이들과 얽히고설킨, 떼려야 뗄 수 없는 인물들을 열전(列傳) 형식과 소설 형식을 적절히 배합하여 재조명한다. 나아가 제1~4부의 소설 전개에서 빠뜨린 부분이나 다소 미흡했던 부분을 보충하고자 한다. 혹여라도 중복으로 서술되는 부분이 있더라도 소설 전개상 부득이하므로 독자의 양해를 당부드린다. 실제 사건·사고들에 대해 가물가물하던 기억을 상기하고, 환기하는 효과가 있으리라 여긴다.

　같은 사건·사고에 대한 언론보도도 어느 진영이냐에 따라, 또는 보수성향이냐 진보성향이냐에 따라 기사 제목, 내용 전개와 분석 자체가 판이하게 달라지는 세상이다. 그래서 '확정편향 유도(誘導)'가 쉬이 먹혀드는지도 모른다.

제1장

박통 본기本紀

대한민국의 제18대 대통령을 선출하기 위해 2012년 12월 19일에 치른 선거에서 기호 1번 새겨레당 박근애 후보가 51.55%를 득표해 민주화 이래 최초로 과반 득표에 성공하며 대통령에 당선되었다. '첫 여성 대통령이자 첫 부녀(父女) 대통령'이라는 화려한 타이틀로 청와대에 입성했지만, 훗날 소위 '최순자의 국정농단 사태'에 연루돼 '탄핵당한 첫 대통령'이란 오명을 뒤집어썼다.

임기를 다 채우지 못하고 쫓겨난 첫 대통령이 되고 만 것이다.

18대 대선

제18대 대통령선거는 당초 '빅 3'로 불리던 노철수 후보가 정권 교체를 위해 백의종군하겠다며 중도 사퇴하면서 박근애, 문제민 후보 2파전 양상이 되었다.

유력 대권주자로 막판까지 3파전을 벌인 무소속 노철수 후보가 문제민 후보와의 단일화가 사실상 실패하자 2012년 11월 23일, 긴급 기자회견을 열고 문제민 후보를 지지하며 사퇴하였다. 그러자 진보정의당의 심상정 후보도 문제민 후보를 지지하며 사퇴했고, 이어서 기호 3번 통합진보당 이정희 후보도 사퇴하였다. 자연스레 보수진영 박근애 후보를 민주 · 진보진영이 포위하는 형국이 됐다.

선거 당일 기온이 낮아 투표율도 낮을 것이라는 예상이 나왔지만, 오히려 그 반대였다. 오전부터 투표율의 증가세가 심상치 않더니 16시가 되기 전에 이미 17대 대선의 투표율을 넘어섰고, 17시에는 16대 대선의 투표율에 육박했다. 투표소 분위기도 열기가 뜨거웠고, 유권자들이 몰려들어 줄 서서 기다리다 투표하는 곳도 많았다. 최종 투표율은 17대 대선보다 무려 12.81% 포인트 상승한 75.84%로 집계됐다.

투표율에 따라 각 당의 반응도 엇갈렸다. 당초 투표율이 높을수록 전통의 민주계열이 유리하고 보수계열에 불리하다는 관례(慣例)에 의해 함께민주당은 높은 투표율에 고무됐고, 새겨레당은 당혹스러워하며 긴장감에 휩싸였다. 급기야 김주성 새겨레당 선대본부장은 당원들에게 비상사태라며 지지자들의 투표를 독려해달라는 주문까지 넣었다.

그러나 오후 6시 정각 지상파 방송 3사의 출구조사 결과, 박근애 후보가 오차범위 내에서 문제민 후보를 앞서는 것으로 나오자 새겨레당 캠프에서는 환호성이 터져 나왔다. 하지만 다른 방송사의 여론조사에서는 박빙이거나 문제민 후보가 앞선다는 결과도 나와 양 당 모두 섣부른 예측을 자제하며 개표 상황을 지켜보자는 분위기였다.

첫 개표는 저녁 6시 40분 경북 안동시에서 집계되었다. 초반부터 영남권에서 시작된 개표로 인해 박근애 후보가 앞서 나가기 시작했고, 단 한 번도 역전을 허용하지 않은 채 꾸준히 표 차를 벌려 나갔다.

두 후보가 오차 범위 내에서 초박빙 접전을 벌일 거라는 출구조사 결과와 달리, 실제 개표는 다소 싱겁게 진행됐다. 밤 8시 50분쯤 양 후보의 표 차가 50만 표를 넘어서자, 방송사들이 박 후보의 '당선 유력'을 예측했다. 이때 전국의 개표율은 불과 27% 정도였다. 치열한 진검승부 예상이 빗나갔고, 실제 결과도 예상을 훨씬 벗어났다. 결국 12월 20일 오전 1시 25분쯤 개표율 96.5%에서 카운트다운이 끝나 예상보다 큰 1,087,328표 차로 박근애 후보의 당선이 확정됐다.

최종 개표 결과, 새벽 3시 40분경 득표수 1,084,096표 차, 득표율 3.53%포인트 차였다. 출구조사의 1.2%포인트 차 박근애 승리 예측보다 3배 정도로 벌어졌는데, 이는 대선 출구조사를 본격적으로 시행했던 15대 대선 이래 예측이 가장 많이 엇나간 결과였다.

박근애, 문제민 두 후보의 득표율 총합이 99.58%를 기록할 정도로 양당 후보에게 거의 모든 표가 쏠렸다. 사실상 보수진영과 민주진영의 1대1 정면 승부였다.

더구나 수도권은 역대급이라 할 만큼 치열했다. 두 후보의 격차는 6만 표였고, 득표율로 보면 0.4%포인트 문제민 후보가 앞섰다. 18대 대선 직전에 치러진 제19대 총선에서 수도권은 민주당이 65석, 새겨레당이 43석을 차지했는데, 이번에는 민주당의 득표율이 기대보다 저조했다. 민주화 이후 수도권에서 지고도 대통령에 당선된 것은 박근애 후보가 처음이었다.

'원자력 르네상스' 시대

대선 결과, '첫 여성 대통령이자 첫 부녀 대통령'이라는 타이틀을 안고 자신이 살았던 청와대에 입성한 박근애 대통령은 노무현 정부, 이명박 정부와 마찬가지로 원전 확대 정책을 폈다. 뭐든 지나치면 탈이 나는 법. 원전 납품 비리에 이어 원전 부품 '품질보증서 위조' 사건이 터져 국민에게 충격을 안겨줬다. 과유불급(過猶不及)이란 말이 여기에 딱 들어맞는다. 이 때부터 '핵마피아'라는 부정적인 호칭이 등장했다.

18대 대통령에 당선되기 위해 후보들의 선거운동이 치열하던 2012년 11월, 다수의 원전에 엉터리 부품이 공급된 사실이 제보로 들통났다. 품질보증서를 위조한 부품을 공급받은 것이다. 2003년부터 2012년까지 8개의 원전부품업체가 60건의 품질보증서를 위조해서 부품을 공급했는데 이렇게 공급된 부품은 237개 품목, 7,682개 제품, 8억 2천만 원어치에 달했다.

짝퉁 부품, 중고 부품을 납품했다가 문제가 된 적이 있었지만, 이 사건은 해외 품질검증기관의 품질검증서 자체를 위조해서 대량으로 부품을 납품했다가 적발되었다는 점에서 더욱 심각한 사건이었다. 위조된 품질보증서를 통해 납품된 부품을 사용한 원전은 영광 3·4·5·6호기, 울진 3호기 등 5개 원전에 달했다.

2011년 7월에 울산지검 특수부가 수사해서 발표한 원전 납품 비리보다 더 충격적인 사건이었다. 당시에 울산지검은 뇌물을 받고 짝통 부품을 눈감아주는 등 원전의 부품납품 과정에서 구조적인 비리가 있는 것을 적발했다. 예를 들면, 원자로가 있는 격납건물 내부에 특수보온재를 시공해야 하는데 일반 보온재를 사용한 사례가 적발되었고, 이를 묵인해주는 대가로 한국원자력 직원이 무려 4억 5,200만 원을 받기도 했다. 또한 한국원자력 직원이 외국업체의 부품 원본을 납품업체에 빼돌려주고 이를 이용해 생산된 복제품을 납품받은 사례조차 있었다. 게다가 2010년에는 원전 납품업체가 고리원전 직원과 짜고 중고 부품을 신품인 것처럼 납품했다가 검찰에 적발된 사건도 있었다.

뒤늦게 정부는 부랴부랴 영광 5호기, 6호기의 가동을 중지하고 부품 교체에 들어갔다. 그러고 나서 원안위와 산업자원부는 나름대로 대대적인 재발 방지 대책을 내놨다.

그런데 2013년 5월에 또다시 신고리 2호기와 신월성 1호기에서 부품 시험성적서 위조 사건이 발생했다. 박 대통령이 국무회의에서 "이번에야말로 원전 비리를 발본색원해야 한다."며 대로했다.

원전은 2백만 개나 되는 부품이 사용되는 시설이다. 국민의 생명과 안전에 직결되는 원전 부품인 만큼 부품 하나하나에 대해 철저한 안전 관리가 필요한데도 이런 나쁜 유착관계가 형성된 것이다. 이때부터 '원자력 마피아'니 '핵마피아'니 하는 부정적인 명칭이 등장했다. 애꿎은 '원자력 패밀리'들도 싸잡혀 욕을 얻어먹었다.

박 대통령은 2015년 2월 26일, '월성1호기의 수명연장'도 밀어붙였다. 공식적으로는 원자력안전위원회의 결정이지만, 실제론 청와대의 의중이 반영됐다. 법적으로 중립성과 독립성이 보장된 기구이지만, 대통령이나 국무총리의 산하 기관은 정권의 영향력에서 벗어날 수가 없고, 최고 통치권자의 의중을 헤아리고 순응하는 게 숙명이다. 그 기관의 수장이 강단이 엄청 세다든지, 이기적인 선택을 한다든지 그런 게 아니면 정권과 정부의 정책에 따를 수밖에 없는 것이다.

세월호 참사

대부분 국민은 아직도 '세월호……'라는 말만 나오면 코끝이 찡해지고 슬픔에 잠긴다. 여객선 세월호의 침몰로 한참 피어야 할 고교생 등 꽃다운 청춘들이 많이 희생돼 더욱 그러하다. 전 국민의 가슴을 아프게 한 이 '세월호 참사'가 2년 뒤에 정권 조기 붕괴의 빌미가 될 줄이야.

세월호 참사는 2014년 4월 16일 인천에서 제주로 향하던 여객선 세월호가 진도 인근 해상에서 침몰하면서 승객 304명(전체 탑승자 476명)이 사망·실종된 대형 참사다. 검경합동수사본부는 2014년 10월 세월호의 침몰 원인에 대해 '화물 과적, 고박 불량, 무리한 선체 증축, 조타수의 운전 미숙' 등이라고 발표했다. 이후 2017년 3월 '세월호 선체조사위원회 특별법'이 합의되면서 세월호 선체조사위원회가 출범했고, 이에 세월호 인양과 미수습자 수습·수색 등이 이뤄졌다.[65]

최순자의 국정농단 사태

소득 양극화 심화로 서민층과 빈곤층의 불만이 쌓여가고 있는 와중에 박 대통령의 비선 실세인 최순자가 박근애 정부의 핵심 사업인 창조경제와 문화 융성 사업에 개입하고 평창올림픽까지 좌지우지하며 사리사욕을 채웠다는 이른바 '최순자 일당의 국정농단 의혹'이 터지자, 서민들이 공분했다. 국민의 인내심에 기름을 부은 격이었다. 일반 국민은 야당연합의 선동과 유도에 빨려 들어가 동조(同調)하거나 부화뇌동(附和雷同)했다.

이른바 '최순자 국정농단 사태'는 최순자가 재단법인 미르와 재단법인 K스포츠의 설립에 관여하여 그 재단을 사유화한 사건, 최순자의 딸 정유나가 특혜를 받은 사건, 최순자가 박 대통령의 국정에도 관여한 의혹 등을 포함하는 사건이다.

2016년 7월 26일, TV조선은 미르재단 기금 모금 과정에 청와대 경제수석이 개입했다는 의혹을 처음 제기했고, 다시 8월 초에 미르재단 설립에 차원택 창조경제추진단장이 개입한 정황과 미르재단과 K스포츠재단의 정관과 회의록이 조작된 의혹 등을 제기하였다.

9월 20일, 한겨레일보는 재벌들이 출연해 만들어진 미르재단과 K스포츠재단에 최순자가 관여했다고 보도했다.

---

65 '4·16 세월호 참사'(시사상식사전, pmg 지식엔진연구소)에서 인용

10월 19일, 〈JTBS 뉴스룸〉은 최순자 씨가 박근애 대통령의 연설문을 손보는 일을 즐겼다는 최순자의 측근 고형태의 증언을 보도했다.

이에 대해 대통령비서실장이 국회에서 연설문 수정 의혹이 사실이 아니라고 답변했다.

"봉건시대에도 있을 수 없는 얘기가 어떻게 밖으로 회자되는지 개탄스럽다."

이후 언론의 추가 보도로 최순자가 연설문을 수정한 사실이 확인되자, 대통령비서실장은 최순자가 연설문에 개입한 사실을 몰랐다는 데 책임을 지겠다며 사임했다.

정부 출범 이전부터 각종 정책에 박 대통령의 비선 실세인 최순자가 개입하였다는 의혹이 추가로 불거지자 '최순자의 국정농단 사건'이 '박근애 – 최순자 게이트'로 비화했다.

2016년 10월 19일, 한양대 법학 교수 박찬원은 이러한 모든 의혹이 사실일 경우 박근애는 퇴진해야 한다는 주장을 제기해 주목받았다.

이때부터 민주진보세력을 포함한 야당연합의 타깃이 최순자에서 박 대통령으로 옮겨 갔다.

야당연합은 한술 더 떠 박 대통령을 '천하의 몹쓸 년'으로 몰아붙였다.

"누구랑 붙어먹었다느니 사생아가 누구라느니" 등등 차마 입에 담기도 역겹고 낯 뜨거운 온갖 유언비어가 난무했다. 가히 '증삼살인'[66] 효과였다. 증삼살인처럼 혼자서 아무리 진실하더라도 여론이 그렇지 않으면 어쩔 수 없이 그 사람은 여론의 사냥감이 되어 버린다. '역사 상의 마녀사냥'과 마찬가지다. 다수가 믿으면 거짓도 참이 되게 마련 이고, 반복해서 듣다 보면 자연스레 믿게 돼 거짓도 참이 되는 세상 이다.

어느 시대든 군중은, 대중은 어리석다.

증삼살인이나 확증편향보다 더 무서운 게 있다. 바로 동조(同調)현상 과 동화(同化)다. 선동자들과 어울리다 보면 자기도 모르게 그들의 말 이 진실로 여겨지고 행동이 옳다고 여겨져 시나브로 한편이 되고 만 다. 무조건 동조해서 부화뇌동하게 되고 마침내 동화된다.

국민이 박 대통령을 외면하게 된 결정적인 것이 '세월호 7시간, 청 와대 굿판' 운운이었다. 이 가짜뉴스가 그럴듯하게 가공돼 유포되자, 국민 감성을 자극해 분노를 자아내게 했다. 그 당시 국민 정서상 '세 월호…'란 말에도 가슴이 짠해지던 때였기에 '사이비종교 맹신이니, 굿판이니…' 하는 확인되지 않은 소문에도 국민의 분노가 증폭됐다. 특정 의도로 가공된 거짓에 일부 언론이 이용됐고, 아니 은근슬쩍 이 용당해줬다.

미르재단 기금 모금 과정에서 대통령이 주도적으로 기업들에 돈을 갈취(?)한 정황이 밝혀진 것도 악재로 작용했다. 역대 대통령 대부분 이 기업들로부터 정치자금을 알게 모르게 받아왔고, 박 대통령의 경

---

66 '증삼이 사람을 죽였다.'는 뜻으로, 사실이 아닌데도 사실이라고 말하는 자가 많으면 진실이 됨을 비 유한 말.

우 자신이 챙긴 돈이 거의 없어 탄핵까지는 내몰리지 않았을지도 모르는데 국민 정서인 '괘씸죄!'에 걸려 옴짝달싹 못 한 것이다.

박근애의 콘크리트 지지층들도 인간 박근애는 동정의 여지가 있지만, 대통령 박근애는 용서할 수가 없었다. 영혼을 저당 잡힌 채, 최 씨 부녀에 대한 잘못된 인식과 환상에서 깨어나지 못한 채 그들의 허수아비가 됐고, 일국의 지도자가 최순자에게 이리 휘둘리고 저리 휘둘리며 농락당했다는 것에, 꼭두각시 노릇 했다는 것에 분노를 느낀 것이다. 설령 사실이 아니더라도 대통령이 이런 추문에 휘말린 그 무능함과 어리석음을 지지층은 개탄했다.

박근애 대통령을 지지했던 보수 성향의 시민들조차도 등을 돌리게 만든 결정적인 게 '사이비종교 논란'이었다.

"G20 멤버씩이나 한다는 나라의 대통령이 사이비종교 손아귀에 놀아나고, 온 나라가 거기에 지배당하는 어처구니없는 일이 한국에서 일어났다."

외국 언론들이 이런 식의 이야기를 대서특필했으니 국민이 느꼈을 참담함은 이루 말할 수가 없는 일이었다. 예전 같으면 그저 어처구니없는 사악한 음모론, 삼류 흑색선전 정도로 겨우 취급되었을 이야기가 '그럴듯한 이야기'로 여겨진 데는 언론보도가 결정적인 역할을 했다. 책임지지 않으려고 '어느 언론사 보도에 따르면'이라고 인용하면서 언론들이 마구 퍼 나르니 반신반의하다 점점 믿게 되는 상황이 벌어진 것이다.

"박근애가 어머니와 아버지의 연이은 비명횡사로 영세교 혹은 사이비 무당 최 씨 부녀에게 빠져든 사이비 신자이고, 교주 부녀에게 영혼을 뺏겨 국정을 농락당했다."

"영세교라는 사이비종교의 교주가 박근애의 몸과 정신을 지배했고, 그 두 사람이 '부적절한 관계'였고, '영세교'의 후계자로 지목받는 교주의 딸 최순자가 국정을 마음껏 주물렀다."

박 대통령의 추문에 대한 일부 언론의 이러한 집중 보도는 여러 정황상 기정사실로 여기는 분위기로 변해갔다. '국가와 결혼'한 줄 철석같이 믿었는데 '호텔 밀회니 비아그라니 사생아니' 등등 '찌라시' 수준의 이야기가 자꾸 기사화돼 나오니 박 대통령 지지층도 '정말 그런가 보다.'라고 믿게 돼 탄핵 국면의 결정타가 됐다.

"먹고 살기 힘든데, 경제가 어려운데 일국의 대통령이 이런 한심한 짓거리를 하고 있었다. 퇴진해야 한다."

야당연합의 거센 공세에 청와대와 여당은 속수무책이었다.

진실은 끝내 침몰했다

〈어둠은 빛을 이길 수 없다/ 거짓은 참을 이길 수 없다/ 진실은 침몰하지 않는다……〉라는 가사의 '진실은 침몰하지 않는다'는 노래는 '세월호 참사'란 무거운 주제를 다루면서도 밝은 분위기를 자아내 연령대를 불문하고 세월호 집회나 추모행사에서 불렸다. 세월호 1주년 때 많은 단체에서 진행한 플래시몹의 배경음악으로도 쓰였다.

SBC방송의 저널리즘 프로그램인 〈그것이 알고싶다 '대통령의 시크릿' 편〉은 '세월호 침몰 사고가 일어난 당일의 박근애 대통령의 의문의 7시간'을 다뤘다. 심야 편성임에도 불구하고 '박근애-최순자 게이트'에 이은 박 대통령 퇴진 시위 등의 시국 상황과 맞닿아서 전국 시청률 2위를 하였는데 방송 말미에 '진실은 침몰하지 않는다'는 노래를 삽입해 짠한 여운을 남겼다. 이 노래를 이번 방송을 통해 처음 알게 되었다는 사람도 많았다.

이때부터 이 노래는 전국민적인 인지도를 가진 노래가 됐다. 2010년대 나온 민중가요 중 가장 유명해진 노래라는 평을 받았다.

박근애 퇴진 시위 촛불집회 때 이 노래가 단골로 흘러나오곤 했다. 꺼졌던 수많은 촛불이 다시 일제히 켜지며 어둠을 밝힐 때 '어둠은 빛을 이길 수 없다'는 가사가 흘러나오는 광경에 많은 이들은 진실이 꼭 밝혀지리라 믿었고, 어떤 무리는 소름이 돋았을 것이고, 또 어떤 무리는 박 대통령에 대한 연민으로 애가 탔을 것이다.

'진실은 침몰하지 않는다'는 이 노래의 인기에도 불구하고 진실은 끝내 침몰했다. '세월호 사고'의 진실도 침몰했고, 박근애 대통령의 온갖 소문에 대한 진실도 침몰했다.

'바보야, 문제는 경제야!'

경제가 만병통치약이다. '바보야, 문제는 경제야!' 이 말은 모든 대통령에게 해당한다. 평론가나 칼럼니스트들이 자주 인용하는 문구이다. 대통령이 실정(失政)을 해도, 잘못을 저질러도 경제가 잘 돌아가고 먹고살 만하면 국민은 웬만하면 넘어가 준다.

따지고 보면, 박 대통령으로서는 어릴 적 청와대 공주였던 시절의 아픈 상처와 그 트라우마에 짓눌려 최태문 부녀에게 이리저리 휘둘린 것 말고는 탄핵까지 갈 만큼 엄청난 죄를 지은 것도 아니었다. 역대 여러 대통령이 정치자금을 거둬들였듯이 박 대통령도 비슷한 행태를 저질렀는데 최순자의 재단 자금 모금에 이용당했고, 정작 본인은 해먹은 게 없었다.

'안 되는 놈은 뒤로 넘어져도 코가 깨진다'고 운 없게 나라 경제가 엉망이니 서민층과 관망층이 등을 돌린 것이다. 예로부터 먹고사는 문제만 걱정 없으면 왕의 어지간한 허물은 덮어주는 법.

박근애 정부 시절, 〈한국경제 최대 뇌관, '1,220조 원' 가계 빚 어쩌나/ 국가채무 '빨간불'/ 한국 복지 지출 'OECD 꼴찌'/ 가계소득·소비 모두 정체…빈부격차만 더 커졌다〉 이러한 타이틀의 기사들이 빈번히 신문 지면을 장식했다. 이것이 박 대통령 탄핵의 결정적인 사유였다.

반면에 '12·12 군사 반란'으로 군부를 장악하고 '5·17 쿠데타'를 일으키고 '5·18 광주민중항쟁' 때 무고한 시민을 학살하고도 '통일주체국민회의'라는 희한한 제도에 단일후보로 나서 제11대 대통령으로 선출되고 이어서 대통령선거인단의 간접선거로 제12대 대통령이 된 전두완은 '3저'라는 땡을 잡아 '단군 이래 가장 호황'을 누린 덕에 정권 유지가 가능했다. 그가 국민의 민주화를 위한 끊임없는 저항에 부닥쳤으나, 강권으로 이를 억누르며 9년간이나 정권을 지탱할 수 있었던, 그리고 친구이자 군부 쿠데타의 같은 주역인 노태후에게 정권을 무사히(?) 물려줄 수 있었던 이유 중 가장 컸던 게 바로 '경제가 잘 나갔기' 때문이었다.

전 대통령은 운이 엄청 좋았다. '3저호황'(3低好況)[67]이라는 횡재로 비약적인 경제성장을 이루는 바람에 정권 유지와 정권의 무난한 이양이 가능했다. 서민층과 중도층과 무당파는 정권 향배보다는 먹고 사는 문제에는 이기적이다. 특히 호황일 때 많은 국민이 '중산층'에 편입되면서 중산층의 보수성이 한층 강화된다.

박근애 대통령 시절, 지지리도 경제가 잘 풀리지 않았다. 가계부채의 증가세가 가속됐고, 양극화 심화로 저소득층이 증가하고 청년 실업률도 증가했다. 노인층의 상대적 빈곤율도 증가했다.

'친재벌 반노동' 정책에 서민층과 저소득층의 불만이 쌓였다. 2013년 기준 빈곤층 하위 10% 대비 부유층 상위 10%의 평균소득은 10.1배로 OECD 평균보다 높았다는 통계 수치가 말해주듯 소득 불평등이 심각했고, 복지수준도 열악했다.

무엇보다 초이노믹스[68] 실패로 국가경쟁력이 하락하고, 사상 최초

---

67 저달러·저유가·저금리의 이른바 〈3저 현상〉에 의해 1986~89년에 걸쳐 우리 경제가 유례없는 호황을 누렸던 것을 일컫는 말.

68 박 대통령의 2기 경제팀 수장인 최경환 경제부총리 겸 기획재정부 장관의 경제정책을 일컫는다. 2014년 7월 공식 출범한 최경환 경제팀은 경제정책 방향으로 내수 활성화, 민생안전, 경제혁신을 추구하며 경기 부양책으로 부동산을 담보로 쉽게 대출할 수 있고 금리는 낮게 유지하는 것을 골자로 한다. [네이버 지식백과] 초이노믹스(시사상식사전, pmg 지식엔진연구소)

'40대 가구 소득의 감소'라는 악재를 만났다.

이처럼 가뜩이나 경기가 나빠 먹고살기 힘들어 박근애 정부에 불만이 쌓여있는데 민간인에 불과한 일개 여인에게 국정을 농락당했다는 것에 서민층은 물론이고 중산층에서 하위층으로 추락한 계층의 분노에 불을 질렀다. 특히 사이비종교의 딸이 박 대통령의 '비선 실세'가 돼 국가 경제를 좌지우지했다는 선동에 국민은 더욱 울화가 치밀었다.

여기에 '정권 탈취'라는 절호의 기회를 잡은 야당이 민주 · 진보 진영을 자처하는 온갖 세력들과 적극적으로 연대하여 선동과 유도에 앞장서니 자연스레 국민은 '대통령 퇴진과 탄핵 분위기'에 휩쓸렸고 점차 동조하기에 이르렀다.

검찰 조사

2016년 10월 24일 저녁, JTBS는 최순자의 국정 개입에 대한 증거로 태블릿 PC를 입수하여 보도하였다.

10월 25일, 박 대통령이 연설 등을 도움받았다고 해명했으나 이날 저녁 JTBS는 박근애가 해명의 범위를 넘어서는 문건을 최순자에게 유출했다며 그 증거를 공개했다. 밤부터 포털사이트에 탄핵, 하야가 상위 검색어로 올랐으나 공식적인 퇴진 요구는 없었다.

10월 26일부터 기자회견, 선언 등 형태로 공식적인 박 대통령 퇴진

운동이 시작되었다. 저녁부터 퇴진 집회가 열렸다.

최순자는 10월 30일에 독일에서 귀국하여 10월 31일에 검찰 조사를 받았다.

10월 31일, 검찰은 태블릿 컴퓨터에 최순자 본인만 찍힌 셀카 이외에도 최순자와 그의 지인 여러 명이 찍힌 사진을 발견하고 '최순자가 태블릿 PC를 사용했다'는 결론을 내렸다.

수사가 속도를 내면서 결국 박근애 대통령도 검찰 조사를 받게 되었다.

11월 20일, 검찰은 최순자 등을 기소하면서 박근애도 공범이라고 밝히자, 상황이 점점 악화했다. 공소장 내용이 알려졌고, 헌법학자 대부분이 공소장에 드러난 사실로 볼 때 '탄핵 사유가 된다'고 입을 모았다.

국정조사

박근애 정부의 '최순자 등 민간인에 의한 국정농단 의혹 사건' 진상규명을 위한 국정조사는 '박근애 – 최순자 게이트'에 대한 국정조사이다. 국정조사 기간은 2016년 11월 17일부터 2017년 1월 15일까지였다.

고개 돌린 중산층

　박 대통령의 탄핵이 가능했던 이유는 바로 '어려운 경제' 사정으로 중산층을 비롯한 민심이 박근애 대통령에게서 돌아섰고, 중도층과 무당파가 진보층의 탄핵 주도를 방관하고 묵인했기 때문이었다. 경제가 잘 돌아가고, 경기가 좋았다면 탄핵까지는 가지 않았을지도 모른다. 결국 중산층의 팽배했던 위기의식이 박 대통령의 탄핵을 방조한 셈이다.

　2015년부터 초이노믹스의 실패로 중산층의 지위에 있던 자영업자가 몰락하고, 직장의 안정을 누리던 근로자는 비정규직화되고, 자신의 소득으로는 빚을 갚을 수 없는 과중 채무자는 늘어만 갔다. 어느 때보다 경제 민주화 개혁이 절실한 상황이었는데 재벌 개혁은 하지 않고 노동 개혁을 하면서 비정규직이 확대돼 '중산층이 공격받고 있다는 인상'만 심어줬다. 결국 '경제 민주화'는 실패로 귀결됐다.
　박 대통령의 대선 공약 중 하나가 중산층 70% 재건이었다. 그러나 갈수록 중산층의 비중은 줄고 빈곤층으로 떨어지는 비중이 늘었다. 노동과 복지, 사회안전망을 외면한 정부 정책으로 가뜩이나 외환 위기 이후 중산층이 대폭 줄어든 데다 남아있는 중산층도 살얼음판 위에 서 있는 형국이니 박근애 정부에 대한 지지를 철회할 수밖에 없었다.
　통계청에서 발표한 당시 중산층 지표(중위소득 50~150%)를 보면 2006년 이후 중산층이 꾸준히 증가하고 있는 것으로 나왔으나, 전문가들 사이에서는 '중산층이 오히려 몰락하고 있다.'라는 반대의 평가가 나왔다.

"현재 우리나라의 중산층은 위기라고 할 수 있다. 예를 들면 대표적인 중산층이라고 할 수 있는 직장인들의 퇴직 연령이 매우 낮다. 정규직은 줄고, 비정규직이 자꾸 확대되고 있는 게 가장 큰 문제다."

결국 '중산층이 몰락하고 있다'는 중산층의 위기의식이 박 대통령에게서 고개를 돌린 주요인이었다.

촛불집회: 촛불 항쟁

'모이자! 분노하자! 내려와라, 박근애!'

박 대통령 퇴진 첫 번째 촛불집회 때의 구호이다.

2016년 10월 29일, 전국 각지에서 퇴진 시위가 열렸다. 특히 서울 도심에서는 대규모의 집회가 지속해 열렸다. 11월 12일, '박근애정권 퇴진 비상국민행동' 주최로 서울광장에서 열린 '박근애 정권 퇴진! 2016 민중총궐기' 집회에 주최 측 추산 100만 명의 시민들이 운집했다. 이는 2008년 6월 10일 대한민국 촛불 시위에 모인 70만 명을 넘은 수치다. 11월 19일에도, 서울광장에서 열린 '민중총궐기' 집회에 주최 측 추산 100만 명가량의 시민들이 참가했다.

어떤 거창한 명제나 미사여구로 집회의 성격, 집회에 참여한 이유를 설명하더라도 행위에 대한 합리화일 뿐 핵심은 간단명료하다. 한 문장으로 정리하면, '정권을 뺏으려는 세력과 정권을 뺏기지 않으려는 세력 간의 싸움'이다.

정권을 탈취할 '절호의 기회'라고 판단한 진보적 시민·사회단체들의 단결력과 실천력은 소름이 돋을 정도로 무서웠다. 각 단체의 핵심 구성원들은 '만사를 제쳐놓고' 촛불집회와 탄핵 운동에 매달렸다. 물론 일반 국민의 호응과 지지가 있기에 가능한 일이었다. 그만큼 국정농단에 대한 국민적 분노가 컸다.

2016년 10월 29일, 서울 청계광장에 모여 촛불집회에 참여한 시민들은 한결같이 외쳤다.

"모이자! 분노하자! 내려와라, 박근애!"

이름하여 '박근애 시민 촛불'이다. 총 20차례에 걸쳐 진행된 촛불집회의 서막을 여는 집회였다. 이 '박근애 대통령 퇴진 촛불집회'(약칭 1차 촛불집회)에 주최 측 추산 3만 명, 경찰 측 추산 12,000명의 시민이 참가해 박근애 대통령의 하야를 요구하였다.

'6차 범국민행동'에는 주최 측 추산 전국 232만 명이 참가했고, 10차 범국민행동까지 단일 의제로 1,000만 명이 집결했다.

2017년 2월 25일, 박 대통령의 취임일에 맞불집회가 펼쳐졌다. 촛불집회 주최 측이 "이제는 끝내자."며 민중총궐기를 하자, 보수단체로 이루어진 태극기 집회 측은 "태극기가 지켜드리겠다."고 맞섰다.

2017년 3월 9일부터 10일 사이 서울 종로구 일대는 탄핵 찬성 집회 참가자들이 행진을 이어갔고, 참가 시민들이 도심 곳곳에서 "촛불이 승리했다!"는 등의 구호를 외쳤다.

2017년 3월 11일에 20차 촛불집회가 열렸다. 대통령의 탄핵 이후 첫 집회였다. 참가자들은 본 집회 전부터 변장 퍼레이드를 펼치면서 열기를 더했다. 광화문광장을 가득 메운 촛불집회 참가자들은 탄핵 인용을 '촛불의 승리'로 선언하고, 박 전 대통령 구속수사와 황교안 대통령 권한대행의 퇴진 등을 촉구하였다. 이날 촛불집회는 '촛불 승리' 축하 콘서트로 끝을 맺었다.

2017년 4월 29일의 23차 범국민행동까지 서울 집회 참여는 주최 측 추산 14,235,000명이고, 지역집회의 누적 인원은 2,617,360명이다.

맞불집회: 태극기 집회

'박 대통령 탄핵 반대 시위'는 '박근애 - 최순자 게이트'로 대통령에 대한 사퇴 및 탄핵 압박이 높아지고, 대통령 탄핵소추안이 가결되면서, 2016년 10월 29일부터 이에 반대하는 시민과 단체들이 모여 지속적으로 개최한 집회다. 초기에는 맞불집회라고 불렸으나, 박 대통령 퇴진 집회에서 촛불을 들고 시위하는 것과는 달리, 주로 태극기를 들고 시위에 참여해 '태극기 집회'라고도 불린다. 또한 한미동맹을 강조하기 위해 성조기가 등장하기도 했다.

초기에는 일부 친박단체 위주로 시위가 발생했으나, 이후 여러 친박단체의 연대체인 '대통령 탄핵 기각을 위한 국민총궐기 운동본부'가 집회를 주최하여, 대한문 앞 서울광장에서 매주 토요일 오후 2시 대규모 집회를 열었다. 박 대통령 파면 결정 이후 '대통령 탄핵 무효 국민저항총궐기 운동본부'로 명칭을 변경하여 탄핵 무효를 위한 집회인 '대통령 탄핵무효 국민저항 총궐기 국민대회'를 계속 이어 나갔다. 이후 이 운동본부가 분열하여 여러 단체가 만들어졌다.

2017년 4월 8일 집회에 주최 측 추산 5백만 명이 참가했다.

그동안의 서울 집회 참가 누적 연인원은 주최 측 추산 43,551,300명이다. 그러자 집회 참가 인원에 대해 '과시용' 혹은 '현실과 동떨어진 수치'란 지적이 제기되었다. 서울시청 앞 광장 일대에 그 많은 사람이 동시에 모이는 것이 현실적으로 불가능해 설득력이 떨어진다는 주장이 많았다.

대통령 탄핵

국회에서 박근애 대통령 탄핵소추안을 가결시켰고, 헌법재판소에서 탄핵을 인용해 박근애 대통령의 임기는 5년을 채우지 못하고 끝나게 되었다.

대한민국 역사상 최초의 대통령 탄핵 결정은 나라의 미래를 위한 불가피한 결단이지만, 달리 보면 부화뇌동이고 대세를 따라가고 중론(衆論)에 휘둘리는 군중의 이기적인 선택이다.

세상일에 대한 해석, 판결, 탄핵 결정 등등 모든 게 어차피 '이현령비현령(耳懸鈴鼻懸鈴)' 아닌가. 세태가 그렇다.

2016년 12월 3일 오전 4시 10분에 함께민주당·국민의당·정의당 야 3당과 무소속 의원 171명은 야 3당 원내대표 대표발의로 '대통령(박근애) 탄핵소추안'을 국회에 제출했다. '세월호 참사 대응 실패'도 헌법 10조인 '생명권 보장'을 위반한 것으로 적시했다.

2016년 12월 9일 국회 본회의에서 재적의원 300명 중 299명이 참여해 표결한 결과, 찬성 234표, 반대 56표, 무효 7표, 기권 2표로 탄핵이 가결되었다. 국회 사무처 의안과장은 청와대로 이동해 탄핵소추의 결서 사본을 송달했고, 박 대통령이 이를 전달받은 시점에서 대통령 직무가 정지되었다.

헌법재판소는 국회 소추위원인 법제사법위원장으로부터 소추의결서 정본을 전달받은 뒤 탄핵 심판 절차를 시작하였으며, 헌재의 심판이 나올 때까지 대통령의 직무는 황교한 국무총리가 대행했다.

2017년 3월 10일, 헌법재판소는 박근애 대통령 탄핵을 인용하였다. 심판에 참여한 재판관 8명 전원이 인용 의견을 내 박 대통령의 임기는 종료되었다.

결국 최순자의 국정 개입 사실을 은폐한 점(대의민주제 원리와 법치주의 훼손), 최 씨의 이권 개입에 도움을 준 점(직권남용, 기업의 재산권 침해, 기업경영의 자유 침해), 직무상 비밀을 유출한 점(국가공무원법상 비밀엄수

의무 위배), 검찰·특별검사의 조사·압수 수색에 불응한 점(헌법수호 의지 없음)은 박근애 대통령이 국민의 신임을 배반한 행위이며, 헌법 질서에 부정적 영향을 미친다는 점이 인정되었다.

3월 10일 이후, 정국은 박근애 탄핵 인용에 따른 대통령직 궐위를 해결하기 위한 후임 대통령 선출 선거인 대한민국 '제19대 대통령 선거' 국면으로 급속히 바뀌었다.

박 대통령의 사과

특별사면으로 출소한 박근애 전 대통령이 2023년 9월에 국민께 사과의 뜻을 표명했다.

정치가는 서민도 중산층도 중도층도 무당파도 믿으면 안 된다. 대중은 비도덕, 비양심, 패륜에 대해 분노를 표출하지만, 정작 선거 때가 되면 철저한 이해타산에 따라 표를 주기 때문이다. 독재를 해도, 범죄혐의가 있어도, 무능해도 '먹고 사는 문제만 해결되면, 더 좋아질 거라는 희망이 보이면' 어지간한 잘못은 넘어가 준다. 그런 의미에서 대중은 공범이다. 독재도 대중이 공범이다.

2023년 9월 26일, 박 전 대통령은 중앙일보와의 인터뷰에서 그동안의 일에 대해 사과했다.

"검찰 조사에서 최 원장(최순자)이 미르, K스포츠 재단 운영에 개입한 사실을 알게 돼 너무 놀랐습니다. 처음 최 원장이 '재단 이사진으로 좋은 사람들을 소개할까요'라고 했을 때 거절하지 않은 것을 정말 많이 후회했습니다. (……) 주변을 잘 살피지 못해서 맡겨주신 직분을 끝까지 해내지 못하고 많은 실망과 걱정을 드렸던 점에 대해 다시 한 번 진심으로 송구하다는 말씀을 드립니다."

군이 박통의 죄목을 들라면 사람을 너무 믿었다는 것, 인복이 없다는 것, 충신을 등용하지 못했다는 것 3가지다. 전두환의 심복이자 충견이었던 '장세돈' 같은 충신은 아예 없고, 대통령이 위기에 내몰리자 측근들은 하나같이 '나 몰라라!' 자기 살길만 도모했다. '인사(人事)가 만사(萬事)'인데 이를 제대로 못 한 것이 박통의 죄(罪)이자, 운명이다.

2024년 2월 5일, 박 전 대통령이 대구 인터불고호텔에서 열린 '박근애 회고록:어둠을 뚫고 미래로' 출간 기념 북콘서트를 열고 소감을 밝혔다.

"대통령을 지낸 사람으로 아쉬운 일에 대해선 아쉬운 대로, 잘한 결정은 그대로 써서 미래세대에 교훈이 될 수 있으면 해서 집필을 결심했습니다. 국민 여러분의 큰 사랑에 보답하고 앞으로 우리나라가 발전해나가는 데 조금이라도 도움이 된다면 작은 힘이나마 보탤 것입니다."

제2장

문통 본기本紀

　대통령 탄핵으로 정권을 거저 줍다시피 한 문제민 대통령과 함께민주당은 엄청난 민중 동원 능력과 행동력을 보여준 참여연합를 위시한 시민사회단체와 민노련(전국민주노동조합총연맹) 등에 큰 빚을 졌다. 민주·진보를 표방한 제 정당, 제 시민사회단체의 열성적인 지지와 지원으로 대통령 탄핵을 이끌어냈고, 그들 중 참여연합와 민노련이 혁혁한 공을 세운 일등공신으로 꼽히다 보니 새 정부가 들어서자 그들은 점령군 행세를 하기 시작했다. 청와대가 실세인지, 참여연합과 민노련이 실세인지 국민이 헷갈릴 정도였다.

　정권을 쉽게 가져온 문 대통령은 그래서인지 정권을 시부저기 넘겨주었다. 박통이 '최순자 국정농단 사태'라는 덫에 걸려 대통령 탄핵이라는 운명을 맞았다면, 문통은 이른바 '조국 사태'라는 덫에 걸린 데다 자신이 애지중지하며 검찰총장 자리까지 올려준 윤성열 총장이 적진으로 가면서 권력을 갖다 안겨주는 수모를 겪었다. 20년 집권을 호언장담하고, 50년 집권도 가능하다고 설레발치던 함께민주당은 정권 10년 주기설이 무색하게 5년 만에 정권을 뺏기는 치욕을 당했다.

　정권이 넘어간 결정적 계기는 '조국 사태'가 터지자 대통령과 민주당이 나조국 일가를 두둔한 것과 '월성1호기 경제성 조작 의혹'에 대한 감사원 조사에 이은 검찰 수사 이 두 가지였다. 항간에는 문통이 나조국 민정수석에게 개인적 약점이 잡힌 게 있어 그를 비호할 수밖에 없었다는 소문이 한때 나돌았다. '월성1호기 폐쇄'는 대통령 후보 때의 공약이자 집권 후의 '탈원전 정책'의 상징이었는데 월성1호기 문제로 인해 정권을 빼앗기게 되는 아이러니한 상황이 벌어지고 말았다.

세상일은 요지경(瑤池鏡) 속 같다. 월성1호기 사건으로 요직에 있던 두 사람이 한집 식구들에게 팽당하고 남의 집에 들어가는 희한한 일이 일어났다. 검찰총장과 감사원장이 임기 도중 사퇴하고 정치 참여를 선언한 후, 야권의 유력 대선 후보로 동시에 뜨는 초유의 사태가 발생한 것이다. 문 대통령은 '바람직하지 않은 선례다'라고 언급했지만 이런 사태를 초래한 장본인이다.

어쨌든 '국민의맥'에 입당한 지 불과 몇 개월도 안 되는, 정치 초년생인 굴러온 돌들이 박힌 돌들을 밀쳐내고 20대 대통령과 정치 1번지의 국회의원직을 꿰차는 전무후무한 일이 벌어졌다. '운명과 삶의 불가해성'에 대해 새삼 숙고하게 되는 대목이다.

역사에 '가정'이란 없다지만, 그래도 만약 2019년 8월에 문 대통령이 나조국 수석을 장관으로 지명하지 않았다면, 설령 지명했더라도 나 수석이 고사했거나 장관 인사청문회 때 사퇴했더라면 '조국 사태'로까지 비화하지 않았을 것이고, 검찰의 나조국과 일가의 비리에 대한 수사도 없었을 것이고, 윤성열 검찰총장이 문 정권과 '대립각'을 세우다 야당의 대선 주자로 급부상하는 일도 없었을 것이다.

만약 그랬다면 이주명만큼이나 열혈 골수 팬층이 두꺼운 나조국이 대선후보 경선에서 문 대통령의 후광까지 등에 업고 이주명을 누르고 정권 재창출에 성공했을지도 모를 일이다. 그랬다면 지금 윤성열 자리에 자칭 사회주의자인 나조국이 대통령 자리를 지키고 있을지도 모른다.

인간 삶의 승패는 '타이밍'에서 갈린다. 운명 간의 미묘한 역학관계와 인간사의 절묘한 타이밍에 대해 다시금 숙고하게 한다.

19대 대선

2016년 12월 9일, 국회에서 박근애 대통령의 탄핵소추안이 가결되면서 박 대통령의 권한이 정지되었고, 2017년 3월 10일 헌법재판소에서 헌법재판관 8인의 만장일치로 파면돼 대통령 궐위에 의한 조기 대선이 치러지게 되었다.

문제민은 함께민주당의 대통령 후보로 출마했다. 18대 대선에도 출마했고, 당 대표를 지낸 문 후보가 비교적 쉽게 승리할 걸로 예측하는 전문가들이 대부분이었다.

2017년 5월 9일, 문 후보는 개표가 시작되고 얼마 지나지 않아 다른 두 후보를 거의 더블스코어 차이로 앞서가기 시작했고, 이에 나머지 후보들이 줄줄이 승복 선언을 해 선거 개표 방송은 재미가 반감돼 싱겁게 종료됐다.

최종 개표 결과, 함께민주당의 문제민 후보가 13,423,800표를 얻어 득표율 41.08%를 기록하였다. 2위를 한 홍진표 후보와의 득표 차이는 역대 최다 기록으로 무려 5,570,951표 차이가 났고, 17.05% 득표율의 격차를 기록하면서 승리했다.

대선에 두 번째 도전한 문제민은 '대통령 탄핵'이라는 미증유의 대사건에 편승해 3자 대결에서 무난하게 대통령에 당선됐다.

탈^脫원전 정책

문 대통령이 2018년 11월, 체코 총리에게 원전 수출을 위해 "한국 원전은 40년간 사고가 없었다."고 자랑하자 보수언론들이 일제히 '탈^脫원전 정책을 밀어붙이던 대통령의 자가당착적인 발언'이라며 날을 세웠다. 문통이 이율배반과 분열적 사고방식으로 이념에 매몰돼 국가 중대사인 에너지 정책을 좌지우지하고 있다며 비난했다.

문통으로선 억울한 면도 없지 않다. 그는 애초부터 급속도의 탈원전을 추구할 생각이 없었다. 문통의 탈원전 정책의 뿌리는 2012년 18대 대선 때 제시한 '2060년 탈핵' 공약으로 거슬러 올라간다. 원전 밀집 지역인 경남을 지지 기반으로 둔 그에게 탈원전은 정치적 신념에 가까웠다.

문통은 18대 대선에서 에너지 공급에 있어서 원자력발전의 비율을 축소하는 '탈원전 에너지정책'을 내놨고, 해당 공약은 19대 대선에서도 다시 제시되었다. 신규 원전 전면 중단 및 건설 계획 백지화, 신고리 5·6호기의 공사 중단 및 월성1호기 폐쇄, 그리고 탈원전 로드맵을 수립하는 공약을 제기하는 등 '점진적으로 원자력발전의 비중을 축소할 것'임을 천명해 왔다.

문 대통령은 공식 자리에서 "탈원전, 최소 60년이 걸린다. 앞으로 60여 년 서서히 줄여나가는 것을 감당하지 못한다면 말이 안 된다. 원전 의존도 줄이기, 60년 대장정의 시작이다."라고 강조했다. 그런데 이러한 '점진적 탈원전 공약이 급진적 탈원전 정책'으로 바뀌게 된 것은 대통령의 진정성을 자의적으로 해석한 청와대 참모들과 산업자원부 당국자들이 VIP에게 잘 보이기 위해 경쟁하듯 탈원전을 마구 밀어붙여서이다.

문 대통령의 잘못을 굳이 짚으라면, '탈원전이 이념화됐다'는 점이다. '안전한 대한민국으로 가는 대전환'이란 방향 설정으로 원자력을 '적폐' 대상으로 삼았다.

어쨌든 대통령의 진심을 제대로 파악하지 못한 청와대 참모진, 산업자원부, 원안위는 어느 장단에 춤을 춰야 할지 모르는 초짜들처럼 허둥지둥, 갈팡질팡했다. 아부성에 불과한 현실성이 떨어지는 정책을 덮어놓고 쏟아내고, 에너지 전환정책을 성급하게 추진하다가 부작용이 커지거나 역풍이 불면 날름 집어넣기도 했다.

취임 초기인 2017년 6월 19일, 문 대통령은 고리1호기 영구정지 선포식에 참석해 "원전 정책을 전면적으로 재검토해 원전 중심의 발전 정책을 폐기하고 탈핵 시대로 가겠다."라고 선언했다. 이때만 해도 정부의 탈원전정책에 대한 긍정적 여론이 우위였다.

신한울 3·4호기 등 신규 원전 6기의 건설이 취소됐고, 고리2호기 등 기존 원전 11기의 수명연장도 금지됐다. 세계 최고 기술력과 경제성을 인정받는 한국의 원전 운영 로드맵이 백지화 수순을 밟기 시작한 것이다.

그런데 탈원전 정책의 부작용이 눈덩이처럼 커지자, 여론이 조금씩 바뀌기 시작했다.

값비싼 액화천연가스^(LNG) 발전을 돌린 한전은 발전 비용 증가로 역대 최대의 영업손실을 냈고, 우크라이나 사태에 따른 에너지 수급 불안으로 한전의 누적 적자 규모가 수십조 원에 이르렀다.

더 심각한 문제는 원전산업의 붕괴였다. 세계 원전 시장은 확대되는 추세인데 국내 에너지 시장은 거꾸로 경쟁력이 뒷걸음질 치는 현상이 나타났다. 국내 원전 생태계가 밑바닥부터 균열이 시작된 것이다. 수주 절벽에 맞닥뜨린 중소협력업체들이 하나둘씩 부도나 사업 중단으로 고사^(枯死) 위기에 몰리면서 관련 기술자들은 현장을 떠났다. 대학과 대학원의 원자력학과는 신입생이 없거나 전공을 바꾸는 학생이 많아 몸살을 앓았다. 중국, 러시아, 인도 등은 원자력 고급 두뇌들을 야금야금 빼내 갔다. 이 와중에 원자력 기술도 유출됐다. 엎친 데 덮친 격으로 22조 원 규모의 영국 무어사이드 원전 건설사업에서 우선협상대상자 지위를 잃는 등 원전 수출에 차질이 빚어졌다.

이렇게 되자, 탈원전 정책에 대한 부정적 여론이 서서히 높아지더니 어느 순간 긍정적 여론을 압도했다.

2022년 2월, 문 대통령이 청와대에서 열린 '글로벌 에너지공급망 현안점검회의'에서 "향후 60년 동안 원전을 주력 기저 전원으로 충분히 활용해야 한다."라고 발언해 논란이 일었다. 문제민 정부의 정책 기조와 상반된 뉘앙스의 발언이었다. 그동안 '주력 전원'이라는 말을 항상 '신재생에너지' 앞에 붙여왔기 때문에 국민은 고개를 갸우뚱했다.

"대선을 앞두고 기존 탈원전 정책에 대한 입장을 돌연 바꿨다. 국민 기만행위다."

"우크라이나 사태로 궁지에 몰린 대통령이 갑자기 말 바꾸기를 한다."

언론이 이렇게 비판하자, 청와대는 반박을 내놨다.

"애초부터 급격한 탈원전을 추진하지 않았다. 기존 입장과 하나도 달라진 게 없는데 일부 언론과 야당이 의도적으로 왜곡된 주장을 펴고 있다."

탈원전 정책의 궤도 수정 자체가 문제민 정부의 산업·에너지 정책 실패를 자인하는 것이나 다름없고, 그에 따른 정치적 후폭풍이 걷잡을 수 없이 커지기 때문에 원전 정책이 정반대로 바뀔 수는 없었다. '2050년 탄소중립'을 위해선 당분간은 원전을 안고 가야 한다는 데 문 대통령이 공감했다고 보는 게 맞다.

환경론자들이 주축이 돼 설계한 반(反)원전 정책을 정부 당국이 '탈핵 → 탈원전 → 에너지전환'으로 명칭을 바꿔가며 이미지 세탁을 해왔지만, 점점 수렁에 빠져 허우적대고 있다. 20대 대선을 앞두고 '탈(脫)원전' '감(減)원전' '복(復)원전' 등의 백가쟁명 속에 국가의 미래를 위한 최적의 원자력 정책을 찾는 게 급선무가 됐다.

'에너지전환 로드맵'과 그 파장

'신고리원전 5·6호기 건설 중단[69]'에 대한 공론화가 한창 진행되던 2017년 8월경부터, 문재민 정부는 '탈(脫)원전'이란 말 대신에 '에너지전환'이란 용어를 더 자주 사용하기 시작했다. '탈원전이라는 용어가 다소 협소하고 레디컬(radical, 급진적)하다'는 일부의 비판에 '에너지전환'으로 에둘러 표현했다.

문통의 국정 지지율이 7, 80%에 달하는데도, '신고리 5·6호기 건설 중단'에 대한 전 국민 상대의 여론조사 결과가 매번 오차범위 내로 팽팽하다는 사실 때문에 청와대는 급격한 탈원전정책 추진에 부담을 느끼기 시작한 것이다. 탈원전 정책을 주도해온 김수영 청와대 정책실장이 '에너지전환TF[70]' 팀장을 맡았다.

2017년 9월 18일, 김 실장은 대통령비서실 에너지전환TF 회의를 주재했다.

"만약 공론화를 통해 공론화위원회가 신고리 5·6호기 공사 재개를 권고하게 되면 VIP께서 난처해지십니다. 현재 분위기상, 공사 재개 권고가 나올 가능성이 높아 보이는데 그렇게 되면 탈원전 정책을 밀어붙이던 대통령의 리더십에 문제가 생길 수 있습니다. 대안으로 월성1호기 조기 폐쇄 등을 논의해야 합니다."

69　신고리 5·6호기는 2016년 6월 건설허가를 받았다. 그러나 문재인 정부의 탈원전 정책에 따라 공정이 28%까지 진행된 2017년 7월 공론화를 위해 공사가 일시 중단됐다.

70　태스크포스(task force): 사업계획 달성을 위해 별도로 설치하는 임시조직' 팀장을 맡았다.

그러자 채희복 산업정책비서관이 한술 더 떴다.

"맞습니다. 대안으로 월성1호기 조기 폐쇄뿐만 아니라, 영덕의 천지원전 1·2호기 백지화 등도 추진할 필요가 있습니다."

에너지전환TF 회의를 마친 채희복 비서관은 백운교 산업자원부 장관에게 전화를 걸었다. 의논 끝에, 산업자원부가 한국원자력으로부터 '월성1호기 조기 폐쇄 의향서'를 제출받기로 합의를 보았다.

열흘 뒤인 9월 28일, 청와대 산업정책비서관실은 김수영 실장에게 보고했다.

"실장님, 신고리 5·6호기 공사 재개 권고 시 예상되는 리더십 손상에 대한 대처 방안은 이렇습니다. '공사 재개는 수용하지만, 월성1호기 조기 폐쇄 등 탈원전 정책을 흔들림 없이 추진하는 점을 강조하는 VIP 메시지'를 발표해야 합니다. 조만간 산업부가 VIP께 관련 사항을 보고하기로 했습니다."

2017년 10월 18일, 백운교 장관이 문통에게 보고했다.

"대통령님, 신고리 5·6호기 공론화에서 공사 재개로 결정될 시 뒷감당은 저희 산업부가 책임지고 대처하겠습니다. 월성1호기는 조기에 가동중단 하고, 제8차 전력수급기본계획에서 제외하겠습니다. 한국원자력과도 합의가 된 사항이니 염려 마십시오."

이틀 뒤인 10월 20일, '신고리 5·6호기 공론화위원회'는 정부에 대한 권고안을 발표했다.

"3개월간의 공론화 과정을 거쳐 '건설 재개'로 결론이 났습니다. '신고리 5·6호기 원자력발전소 공사를 재개하십시오."

문통은 공론화위원회의 결론이 떨떠름했지만, 즉각 수용한다는 메시지를 내며 이미지 관리에 신경 썼다.

"신고리 5·6호기 건설을 조속히 재개하겠습니다."

문통의 한마디

"월성1호기 가동중단은 언제 결정되나요?"

그저 궁금해서 댓글로 불쑥 던진 문통의 이 한마디가 정권의 향배를 바꾸는 빌미가 되리라곤 이때는 아무도 몰랐다.

2017년 6월 19일, 부산 기장군 한국원자력㈜ 고리원자력본부에서 열린 '고리원전 1호기 영구 정지' 기념식에 이례적으로 문제민 대통령이 직접 참석했다. 대선 후보 시절부터 줄곧 밝혀 온 '탈핵' 의지를 재천명하기 위해서였다.

문통은 결연한 표정으로 기념사를 읽어내렸다.

"……고리1호기의 가동 영구 정지는 탈핵 국가로 가는 출발이자, 안전한 대한민국으로 가는 대전환입니다. 새 정부는 원전 안전성 확보를 나라의 존망이 걸린 국가안보 문제로 인식하고 대처하겠습니다. 대통령이 직접 점검하고 챙기겠습니다. 원자력안전위원회를 대통령 직속위원회로 승격해 위상을 높이고 다양성과 대표성, 독립성을 강화하겠습니다. 또한 원전 정책을 전면 재검토하겠습니다. 원전 중심의 발전 정책을 폐기하고 탈핵 시대로 나아갈 것입니다. 준비 중인 신규 원전 건설 계획은 전면 백지화하겠습니다. 그리고 원전의 설계수명을 연장하지 않겠습니다. 특히 현재 수명을 연장해 가동 중인 월성1호기는 전력 수급 상황을 고려해 가급적 빨리 폐쇄하겠습니다. 설계수명이 다한 원전의 가동을 연장하는 것은 선박 운항 선령을 연장한 세월호와 같습니다……"

문통은 기념사를 통해 탈핵 정책을 흔들림 없이 추진할 것임을 분명하게 선언했다.

2015년 박근애 정부 당시, 정부와 한국원자력은 고리1호기의 계속운전이 1,655억 원의 경제적 이익이 있다는 점을 확인했으나, 국가에너지위원회가 경제성 등을 이유로 영구정지를 권고하였다. 결국 한국원자력은 이사회에서 경제성과 안전성, 주민수용성 등을 종합적으로 검토해 2차 계속운전을 신청하지 않기로 했다. 그래서 2017년 6월 19일, 마침내 고리1호기는 영구정지됐다.

'고리1호기 영구 정지 기념식'이 있고 난 이듬해인 2018년, 실로 어이없는 일들이 청와대를 시발로 벌어지기 시작했다.

2018년 4월 2일, 문미옥 청와대 과학기술보좌관은 월성1호기를 방문하고 돌아와서 청와대 내부 보고시스템에 '월성1호기 외벽에 철근이 노출되어 정비를 연장한다'는 취지의 보고서를 올렸다.

문통은 이 보고서를 읽고는 상황이 어떻게 돌아가는지 궁금하기도 하고 한편으론 조바심도 났다. 작년 고리1호기 영구정지 기념식에서도 '월성1호기를 가급적 빨리 폐쇄하겠다'고 천명했기 때문이다. 그래서 짧게 댓글을 달았다.

"월성1호기 가동중단은 언제 결정되나요?"

질책도 아니고 그저 궁금해서 댓글을 달았는데 청와대는 금세 비상이 걸렸고, 이내 비서진들의 충성 경쟁이 벌어졌다. 자고이래로 왕이 헛기침만 해도 신하들은 알아서 기는 게 당연지사 아니던가.

채희복 산업정책비서관은 청와대 행정관을 부추겼다.

"대통령께서는 월성1호기 가동이 중단된 것으로 알고 계십니다. 월성1호기 폐쇄를 서둘러 결론지어야 합니다. 여러 루트로 조처해야 합니다."

모의謀議

나를 죽이기 위한 어떤 무리의 의지는 몸서리쳐질 만큼 집요했고, 수단·방법은 비열했다. 인간끼리는 원한이 있으면 적개심을 품을 수 있지만, 인간의 피조물인 내가 어찌 감히 그런 생각을 할 수 있을까. 그저 고개를 절레절레 흔들 뿐이다. 나의 생살여탈권을 쥔 그들이 벌인 '월성1호기 경제성 조작' 사건의 전모를 감사원의 감사 결과와 검찰의 공소장을 바탕으로 재구성한다.

"월성1호기 가동중단은 언제 결정되나요?"

문 대통령의 이 한마디로 산업자원부에 불똥이 떨어졌다.

청와대 비서관실 행정관들이 산업자원부 원전산업정책실에 경쟁하다시피 전화를 걸어 과장, 실장들을 나무랐다.

기어이 비서관들도 나섰다. 채희복 비서관이 산업자원부 백운교 장관에게 연락해 독촉했다.

"장관님, 채희복 비서관입니다. 들어서 아시겠지만 지금 난립니다. 저번에 한 번 의논한 적 있던 월성1호기 조기 폐쇄 추진 방안과 향후 계획을 즉각 세워서 비서실로 보고해주세요."

"알겠습니다. 안 그래도 담당자들이 보고서를 만들고 있습니다. 하루만 기다려 주세요."

김수영 사회수석비서관도 이에 질세라 산업자원부 담당자들에게 전화를 돌렸다.

다음날, 상황은 더 악화했다. 원전산업정책실 정상웅 과장이 백 장관에게 '월성1호기 조기 폐쇄 추진 방안'을 보고했다.

"장관님, 월성1호기는 조기 폐쇄합니다. 다만 원안위의 원전 영구 정지 승인이 나올 것으로 예상되는 2020년까지 약 2년간 한시적으로 가동됩니다."

"왜 이따위 한시적 가동 보고를 너거 멋대로 올리고 난리야, 너 죽을래?"

화가 치민 백 장관은 담당 과장을 거세게 질책했다.

"죽고 싶지 않으면 '즉시 가동 중단'으로 보고서를 다시 써서 내일까지 올려."

백 장관은 강압적으로 지시를 내렸다.

이튿날인 2018년 4월 4일, '월성1호기 즉시 가동 중단'이란 보고서가 만들어져 백 장관에게 올라갔고, 그제야 백 장관은 흡족해하며 청와대로 보고서를 송부했다. 그리고 이 보고서는 한국원자력에도 전달됐다. 월성1호기의 가동을 정지하라는 간접적인 압력이었다.

채희복 비서관은 청와대 행정관으로부터 보고서를 받아 열람한 후, 바로 문통에게 보고했다. 문통은 보고서를 읽고 월성1호기 폐쇄 문제가 잘 해결될 걸로 여겼다.

그로부터 며칠 후, 백운교 장관은 원전산업정책실 김영식 실장을 불러 한 번 더 지시를 내렸다.

"한국원자력과 유기적인 협력 체계를 구축해 월성1호기 폐쇄가 차질 없이 진행될 수 있도록 만전을 기하시오."

이에 김 실장은 한국원자력을 은근히 압박했다.

"설비 현황 조사표에 '월성1호기 조기 폐쇄 불가피' 등의 문구를 반드시 넣어서 올려주세요."

"실장님, 저희가 자발적으로 조기 폐쇄 의향을 내면 나중에 주주들이 배임과 손해배상 등 법적 책임을 물을 수 있어 곤란합니다."

한국원자력의 담당 부장은 완곡하게 거절했다.

"박 부장, 보세요. 조기 폐쇄되지 않으면 우리 부처 국장, 과장이 다 옷을 벗어야 하는데 당신들이라고 아무런 일 없겠어요. 정 안 되면 손익분기점을 손대서라도 어떻게든 해보시오."

거듭된 압박에 한국원자력은 할 수 없이 '조기 폐쇄가 불가피하다'는 취지의 설비 현황 조사표를 제출했다.

조작

청와대 채희복 비서관은 산업자원부 김영식 실장에게 은근슬쩍 종용했다.

"'월성1호기 계속운전이 폐쇄보다 손해'라는 결과가 경제성 평가 보고서에 반드시 적시돼야 합니다. 무슨 말씀인지 아시겠지요? 잘하시리라 믿습니다."

김 실장은 채 비서관의 거듭된 채근에 어쩔 수 없이 삼득회계법인에 전화를 걸었다.

"월성1호기의 경제성이 낮다는 것은 회계사님도 잘 아시잖습니까. 어차피 폐쇄될 원전이지만 잡음 없이 가동을 중단시키려면 좀 도와주셔야 합니다. 평가 핵심 변수인 원전 가동률과 전력판매단가를 좀 낮춰주세요."

"그럼, 저보고 수치를 조작하라는 말씀인가요?"

문필모 회계사가 반문했다.

"무슨 말씀을 그렇게. 조작이라기보다는 두루뭉술하게 숫자를 조정해달라는 거지요."

김 실장의 요청에 문 회계사는 말문이 막혀 전화를 일방적으로 끊었다.

이튿날인 2018년 5월 10일, 김 실장이 전화로 거듭 재촉하자 문 회계사는 반발했다.

"요즘은 회계 기관의 중립성과 공정성에 대해 아주 민감한 시기입니다. 2차 경제성 평가 보고서에 적용했던 판매단가 및 70% 원전이 용률을 변경하기 어렵습니다. 저는 못 하겠습니다."

문 회계사가 거절하자 김 실장은 삼득회계법인의 윗선을 통해 압박과 요구를 계속했다.

문 회계사는 '나의 역할은 여기까지다. 더 이상 버틸 수 없다'는 자포자기 심정으로 한국원자력과 산업자원부가 원하는 결과를 도출해 최종보고서를 만들었다.

감사원의 감사 결과에 담긴 '월성1호기에 대한 경제성 조작' 내용을 요약하면 다음과 같다.

〈월성1호기의 계속운전 경제성 평가를 맡았던 삼득회계법인은 2018년 5월 4일부터 14일까지 열흘간 산업자원부 요구에 맞춰 경제성 평가 변수를 두 차례 조작했다. 그 결과 1차 평가 때 3,427억 원에 달했던 월성1호기의 계속운전 시 이익 전망치가 2차 평가 때는 1,704억 원으로 낮아졌고, 3차 평가 때는 224억 원까지 줄었다. 최종 평가 결과가 첫 평가 때보다 약 3,200억 원 적어진 것이다. 경제성을 15분의 1로 줄인 것이다.

이에 따라 1차 평가에서 84.9%였던 원전 이용률은 2차 평가에선 70.0%로, 3차 평가에선 60.04%로 낮아졌다. 전력판매단가는 당초 매년 물가상승률 1.9%를 고려한 kWh당 63.11원이었지만 2차, 3차 평가에선 각각 60.76원, 51.52원으로 낮춰 적용했다. 이를 통해 손익분기점 원전 이용률은 1차 평가 때 20~30%에서 최종보고서에선 55.9%로 높아졌다.〉

한국원자력 한상직 발전부사장은 삼득회계법인을 통해 보고서 내용을 귀띔받고 담당 직원들에게 메시지를 보냈다.

"손익분기점 원전 이용률이 55.9%로 조정됐어요. 모두들 수고했어요."

2018년 6월 10일, 삼득회계법인은 한국원자력에 '월성1호기 경제성 평가' 최종보고서를 제출했다.

'6·13 지방선거'에서 여당이 압승하자, 청와대와 산업자원부는 한국원자력 정재운 사장과 발전부사장 등에게 월성1호기 조기 폐쇄를 종용했다.

6월 15일, 한국원자력은 긴급이사회를 열어 '월성1호기 경제성 평가 보고서'를 근거로 경제성이 부족하다며 월성1호기 조기 폐쇄 즉 가동중단을 의결했다. 이사회에 참석한 13명의 이사 가운데 조성진[71] 비상임이사는 유일하게 반대표를 던졌다.

한국원자력이 자체 분석을 통해 월성1호기가 4조 원의 경제성을 갖는다고 평가했었는데, 문제민 정부가 들어서고 나서 한국원자력이 회계법인을 통해 경제성 평가를 여러 번 진행하는 과정에서 4조 원의 가치가 지속 축소되다가 최종보고서에서 224억 원까지 축소된 것이다.

---

71 경성대 에너지학과 교수. 그는 이사회 직후 사퇴했고, 나중에 국회토론회에 참석해 "이사들의 판단과 결정을 위해 당시 이사회에 제출된 모든 자료는 조작이었다"고 발언한 바 있다. 그리고 한 시민단체가 당시의 '이사회 회의록이 축소·왜곡·조작됐다는 의혹'을 제기한 바 있다.

조국 사태

집권당이 된 '함께민주당'은 이어진 선거에서 연승하자 희희낙락하며 기고만장했다. 그러던 중에 대통령비서실 민정수석을 지낸 '나조국' 부부와 그 일가의 비리 의혹인 이른바 '조국 사태'가 터졌는데 이것이 점차 대통령 탄핵사태에 버금가는 메가톤급 사태로 발전했다.

이 '조국 사태'는 나조국과 그 주변의 무수한 부정부패 의혹들이 제기된 데 따른 국정 혼란과 갈등 등 총체적인 상황을 지칭하는 표현이다. 조국 사태는 극한의 정치적 대립을 낳았다. 나조국을 옹호하는 쪽과 비난하는 측이 거리로 나섰다. 이들이 향한 곳은 서울 서초구 서초동 대검찰청과 서울중앙지검이었다. 당시 수사는 서울중앙지검 특수부가 했고, 대검찰청 반부패강력부장이 지휘했다. 윤성열 검찰총장과 한동운 반부패강력부장이 논란의 중심에 섰다.

민주당은 성난 민심에 아랑곳하지 않고 '조국 수호'를 외쳤다. 그러다가 민심이 점점 민주당을 외면하자 이해천 대표는 2019년 10월, 국회에서 기자간담회를 열고 '조국 사태' 관련 대국민 사과를 했다. "민주당이 검찰개혁이란 대의에 집중하다 보니 국민, 특히 청년들이 느꼈을 불공정에 대한 상대적 박탈감, 좌절감은 깊이 있게 헤아리지 못했다. 이 점 여당 대표로서 무거운 책임감을 느낀다. 이 자리를 빌려 국민 여러분께 매우 송구하다는 말씀을 드린다."고 했다.

하지만 이 사과는 진정 어린 사과라기보다는 21대 총선을 앞둔 '민심 달래기용, 보여주기용'이었다. 총선에서 뜻밖의 압승을 거두자 면죄부를 받았다고 생각했는지 강성당원들이 나서서 나조국 전 장관을 옹호했다.

그러다가 2021년 4·7 재·보궐선거에서 참패하자 민주당은 부랴부랴 '조국 손절'을 선언했다. 이대로 가면 대선마저 질 수 있다는 위기감 때문이었다.

어찌 됐든 이 '조국 사태'의 최대 수혜자는 나조국 일가에 대한 수사를 총지휘한 윤성열 검찰총장이다. 그는 문제민 정부와 민주당으로부터 끊임없는 공격과 탄압을 받았고, 정치 경력이 전혀 없음에도 대중적인 지지 특히 보수층의 맹목적이고도 전폭적인 지지로 일약 대권주자 반열에 올랐다.

문제민 정부의 핵심 과제 중 하나인 적폐 수사를 '윤성열 검찰총장'을 통해 모두 끝내고 나조국 법무부 장관을 거쳐 미래 청사진을 그린다는 애초 문 대통령의 계획이 이 '조국 사태'로 단숨에 무너지면서 문 대통령은 퇴임 후 자신의 결정을 후회했다.

2019년 8월 9일, 나조국 청와대 민정수석이 법무부장관으로 지명되자 언론과 야당의 검증이 시작됐다. 이른바 '사노맹 사건'[72] 옥고 건과 논문에 대한 공세가 먼저였다. 야당이 나조국 법무부 장관 후보자 인사청문회를 앞두고 과거 그의 국가보안법 위반 전력을 겨냥한 파상 공세에 나섰다. 사노맹 사건에 연루돼 반년 동안 옥고를 치른 나 후보

---

72 1990년대 초 혁명적 좌파조직인 '남한사회주의노동자동맹' 조직원들을 국가안전기획부가 일제히 구속 및 수배했던 사건.

자를 두고 법무행정을 다루는 장관 자격이 없다는 게 주장의 요지였다. 그런데 인사청문요청안과 그에 첨부해 재산 관련 서류들이 국회에 제출되면서부터 나조국 후보자에 대한 공격의 방향이 재산 문제로 급선회했다.

8월 14일, '서울경제신문'의 "나조국, 민정수석 시절 사모펀드에 75억 투자약정"이란 단독 보도가 '사모펀드 의혹' 보도의 신호탄 역할을 하면서 '조국 사태의 시발점'이 됐다. 여기에서부터 각종 사모펀드 관련 의혹 보도들이 분화돼 연이어 터져 나왔다.

부인인 정영심 전 동영대 교수가 자신과 두 자식의 이름으로 펀드에 투자한 돈은 10억여 원인데 나머지 돈을 어떻게 마련했는지를 두고 상상력을 동원한 언론들의 집중 보도가 연일 이어졌다. 나조국 후보자 가족을 둘러싼 위장이혼, 부동산 위장거래, 위장전입 의혹과 웅정학원 '위장소송' 의혹 등이 계속 제기됐다. 나 수석이 유재주의 금융위원회 금융정책국장 당시 비리 의혹을 확인하고도 특별감찰반의 감찰을 중단하게 했다는 '유재주 감찰 무마 의혹'도 쟁점으로 떠올랐다.

배우자 정영심 교수는 나조국 후보자보다 더 언론의 집중 조명을 받았다. 정 교수는 단박에 정치적, 사회적 논란의 중심에 섰다. 입시 비리 및 사모펀드 관련 범죄, 증거 인멸 및 은닉 관련 범죄, 동영대학교 표창장을 위조한 혐의 등이 줄줄이 불거졌다.

자녀 둘의 입시 비리 혐의도 터졌다. 딸 나조민은 7대 허위 스펙 기재 및 입시 비리로 대학과 의학전문대학원에 부정 입학했다는 의혹에 휩싸였다. 아들 나조원은 대학원 입학 전형 당시 법무법인 청솔에 소속된 변호사였던 최광욱 함께민주당 의원이 발급한 인턴 확인서를 제출했는데 '인턴 확인서 허위 논란'도 불거졌다.

뻔뻔함의 극치

사람은 누구나 자신의 '내로남불'[73]에 대해 아전인수 격 해석을 한다. 내로남불이 나쁜 것도 아니고, 잘못도 아니다. 단지 재수 더럽게 들통난 게 죄다. 모든 범죄가 그러하듯 '내로남불도 들통나면 유죄, 들통나지 않으면 무죄'다.

여론의 향배가 바뀌고 민심이 돌아선 건 함께민주당과 나조국 부부의 뻔뻔함이다. '386 운동권'을 필두로 자칭 민주·진보진영의 비뚤어진 도덕적 우월감에서 나온 특권의식, 내로남불에 대한 뻔뻔함에 국민이 고개를 돌렸다.

문 대통령과 민주당은 나조국 후보자를 옹호 또는 엄호했고, 잘못된 대응으로 국론이 두 동강 나며 극단의 대치 정국을 초래해 파국을 자초했다. 오판을 되돌려보려 했지만 아뿔싸, '조국의 강'을 건너지도 못하고 '조국의 늪'에 빠져버렸다.

---

73 '내가 하면 로맨스, 남이 하면 불륜'의 줄임말. '내가 사랑하면 로맨스, 남이 사랑하면 불장난'으로 해석하기도 함.

'다들 그러는데 내게만 왜 그래?' 하는 억울한 심정은 일단 접고, 사려 깊지 못했다며 잘못(?)을 인정하고 고개를 숙이고 장관직을 고사했더라면, 나조국 본인이 주장하듯 '멸문지화'의 지경까지는 이르지 않았을 텐데.

민주당 이해천 전 대표가 2023년 11월 29일, 나조국 전 장관의 북콘서트에서 뱉은 말은 정말 의미심장하다. "아마 법무부 장관이 안 됐으면 가족이 그렇게 괴로움을 겪지 않았을 텐데, '검찰 개혁'하겠다는 의지로 장관을 맡았다가 고초를 당하시고……" 이 말을 달리 해석하면, 나 전 장관이 법무부 장관만 안 했으면 각종 비리도 들키지 않았을 텐데 하필 장관을 맡은 탓에 들통났다는 뜻이 아닐까.

당연한 말씀이다. 모든 범죄는 '들통나면 유죄, 들통나지 않으면 무죄'다.

거듭 말하지만, 역사는 승자의 기록이다. 도덕적으로 당당한 자가, 강한 자가 승자가 아니라, 끝내 살아남은 자가 강자이고, '진정한 승자'이다.

도덕적으로 떳떳하면서 강한 자가 비도덕적인 행위를 한 자와의 싸움에서 지면 패자이다. 이상 세계에선 비도덕적 행위가 정당화될 수 없지만 현실에선 정당화될 수 있다. 내로남불은 잘못이 아니다. 들키지만 않으면 말이다. 어느 사람이든 손가락질하며 욕할 자격이 없다.

들키지 않고 처벌받지 않으면 정당한 것이고 승리자이다. 어떤 죄를 짓든 들키면 피의자가 되고, 처벌을 받게 되면 범죄자이고 패자가 되는 것이다. 나조국 교수가 자신만 당하는 데 대한 억울함을 토로하더라도, 도덕적으로 떳떳하다고 아무리 강변하더라도 일단 처벌받으면 범죄자이고, 패배자이다.

　강남 좌파를 자처했던 나조국은 도덕성을 전면에 내세웠던 진보의 위선을 적나라하게 드러냈다. 나 교수를 필두로 그 동지들인 '86세대'(80년대 학번·60년대생)의 운동권 출신들이 도덕적 우월성을 내세워 세 번이나 정권을 잡았지만, 결국은 그들도 기득권화되고 특권층이 됐다는 실망감과 배신감으로 국민이 고개를 돌렸다.

　'86 운동권' 세대가 많은 민주당의 주류들은 뻔뻔하다. 대법원의 확정 판결마저 대통령 탓으로 돌린다. '민주화 운동을 했다'는 훈장을 내세워 권력을 잡고 전리품을 취득한 후, 그 기득권에 취해 내려놓을 생각이 없다. 아니, 그걸 지키면서 더 해먹으려고 갈수록 교활해졌다.

　다시 말해 군사정권에 부응한 세력과 군부독재 세력은 우직하고 저돌적이고 막무가내였고 무지막지했다면, 그 세력에 저항했던 '86 운동권'을 비롯한 이른바 '민주화 운동' 세력들은 용의주도하고 권모술수에 능하고, 도덕적 우월성을 능수능란하게 써먹을 만큼 엉큼했다.

　중도층은 대체로 합리적이면서 이기적이다. 이해타산에 밝으면서도 때로는 공정과 평등, 상식과 원칙을 중요시하는 중층적(重層的) 의식을 지니고 있다. 이에 비해 무당층은 대체로 비판적, 비관적, 냉소적, 염세적 사고가 강하다. 무당층에 밉보이는 당은 백약이 무효다. 다짜고짜로 그 당과 적대적인 당을 밀어준다. 함께민주당의 대선 패배는 중도증과 무당층이 고개를 돌려서다.

　2019년 8월 27일, 윤 검찰총장은 나조국 법무부장관 후보자에 대한 수사를 대대적으로 시작하면서 여권과의 갈등을 자초했다.

나조국 장관 후보자의 내로남불과 뻔뻔함이 더 두드러지고, 희화화된 것은, 언론과 네티즌들에 의해 그가 과거에 했던 발언들이 색출돼 소환되면서부터다.

'조국 사태' 후 갑자기 '나조국 어록'이니 '조만대장경'[74]이니 '조국대장경'이니 하는 용어가 등장했다. 나조국이 오랜 기간에 걸쳐 각종 이슈마다 수시로 의견을 개진했는데 이것을 언론과 네티즌들이 끌어모은 기록을 이렇게 일컬었다. 주로 이슈의 당사자에 대한 신랄한 비판이 많았다.

그런데 어록의 말과 자신의 실제 행동이 정반대여서 부메랑이 돼 제 발등을 찍는 모양새가 됐다. '내로남불'의 끝판왕이자 위선자라는 거센 비난이 쏟아졌다.

대표적인 게 '장학금 지급 기준'에 대해 2012년 4월, 트위터에 올린 글이다.

"장관 후보 딸이 가계 곤란으로 장학금을 5회 받았다니 정말 아니다. 장학금 지급 기준을 성적 중심에서 경제 상태 중심으로 옮겨야 한다. (……) 번역해준 것만으로 논문 공동 저자가 되면 영문과 출신은 논문 수천 권 저자가 되겠네!"

이랬는데 정작 그의 딸은 부산대 의학전문대학원 재학 중 유급을 두 차례나 했음에도 불구하고 6학기 연속으로 200만 원씩 장학금을

---

74 팔만대장경에 빗대어 표현한 것이다.

받았다. 게다가 나 장관 후보자의 신고 재산은 56억여 원이었다. 또 그의 딸은 고교생 때 영어 논문의 공동 저자가 돼 '제1 저자'로 등재됐다.

이뿐만 아니라, 그는 대학 입시용 외국어고는 폐지돼야 한다고 목소리를 높였는데 정작 자녀 둘 다 특목고에 보냈다. 그는 또 "공적 인물에 대해서는 검증과 조롱이 얼마든지 허용된다."고 하더니 자신을 비판하는 언론에 대해 무더기 소송전을 벌였다.

그래서 '나로남불'(나조국이 하면 로맨스, 남이 하면 불륜), '나적나'(나조국의 적은 나조국)란 조롱을 받으며 세간의 입방아에 올랐다.

2019년 9월 6일, 나조국 장관 후보자 일가의 비리 의혹에 대한 검찰 수사가 진행되는 상황에서 국회에서는 법무부장관 인사청문회가 열렸다. 야당 의원들은 사퇴를 요구했지만, 후보자는 수용하지 않았다.

"법무부 장관직을 고사할 의향은 없으신가요?"

"저는 도덕적으로 떳떳합니다. 임명권자의 뜻을 거스를 수 없습니다."

공교롭게도 청문회 당일, 검찰이 동영대학교 표창장을 위조한 혐의로 정영심 전 교수를 기소했다. 위조한 표창장을 딸에게 수여한 것인데, 딸이 부산대 의학전문대학원에 입학하는 데에 쓸 스펙을 마련하려는 의도[75]였다는 것이다.

---

75 훗날 부산대는 나조민의 의학전문대학원 입학을 취소했다.

9월 9일, 국회가 법무부장관 후보자의 임명동의안을 채택하는 데 합의하지 못했음에도 문 대통령은 "본인이 직접직으로 책임질 불법 행위가 드러난 것은 없다."고 하면서 나 후보자는 20년간 이루지 못한 사법개혁과 검찰개혁을 이뤄낼 최적임자라며 법무부 장관 임명을 강행했다. 의혹이 산더미같이 제기된 나 전 수석을 기어이 법무부 장관에 앉힌 것이다.

"이렇게 돼서 국민께 송구합니다. 하지만 의혹만으로 임명하지 않으면 나쁜 선례가 될 것입니다."

문통은 간곡한 어조로 해명했다. 어쩌면 문 대통령으로서는 불가피한 선택이었는지도 모른다. 나조국은 문제민 정부를 상징하는 인물이다. 초대 민정수석에 있으면서 검찰을 비롯한 권력기관의 개혁을 주도했다. 이런 인물이 국무위원에서 낙마하면 문제민 정부로서는 엄청난 타격을 받을 수밖에 없었다.

어쨌든 이러한 선택으로 '평등·공정·정의'로 상징돼오던 문 대통령의 정체성은 급격히 허물어졌다. 나조국 장관을 지키려다 공정과 정의라는 진보의 가치를 잃어버린 것이다. 박 전 대통령을 몰아낸 집권 명분이 소멸하는 결과를 낳았다.

개천절인 10월 3일, 한글날인 10월 9일 서울 도심에서 '나조국 구속, 문 대통령 퇴진'을 요구하는 대규모 집회가 열렸다. 이곳에 모인 사람들은 남녀노소 불문하고 이렇게 외쳤다.

"문제민 대통령은 촛불의 가치를 더는 들먹일 자격이 없고, 박근애 정권을 적폐라 부를 근거가 없다."

나조국이 법무부 장관으로 임명된 이후에도 검찰 수사는 계속됐다. 대검찰청이 법무부 외청이어서 피의자가 장관직에 있다는 사실이 '이해 충돌 소지가 있다'는 지적도 나왔다. 검찰은 이에 아랑곳없이 나조국 본인과 가족을 중심으로 진행하던 수사를 주변 인물로까지 확대했다. 유재주 전 부산시 경제부시장과 최광욱 민주당 의원도 각각 수사 선상에 올라 기소됐다.

극한 대치

소위 '조국 사태'의 정점은 장관 임명 찬반 양측의 대규모 집회에 따른 극단적인 대치와 노골적인 진영싸움이었다. 국론 분열의 극치를 보여줬다는 데서 거대 여당의 책임론이 불거졌다.

나조국이 "나는 조국이다/ 내가 조국이다"고 외치면, 임명 지지 세력들은 "우리가 조국이다!" 고 화답하며 "조국 수호, 검찰 개혁"을 목청껏 부르짖었다.

임명 반대 세력들은 "나조국 사퇴! 조국(祖國)을 욕되게 한 나조국 물러나라!"고 외치다가 급기야 "나조국 구속, 문 대통령 퇴진"을 요구하고 나섰다.

소위 '최순자 국정농단 사태'의 후폭풍으로 박근애 대통령의 탄핵 국면에서 빚어진 국론 분열도 엄청났지만, 이른바 '조국 사태'로 인한 국론분열은 극한 대치와 갈등을 초래했을 뿐만 아니라, 개인적인 인간관계마저 파괴되는 심각한 후유증을 가져왔다. 대표적인 곳이 월성1호기를 비롯해 6기의 원전이 있는, 원자력 허브 도시이자 탈핵운동의 심장인 경주다. 2016년의 '박근혜 대통령 퇴진 촛불집회' 때는 20% 남짓인 진보진영끼리 찰떡궁합을 과시하며 지역집회의 선도적 역할을 했었는데 '조국 수호, 검찰 개혁' 집회가 서울을 비롯해 전국적으로 한창 벌어질 때는 침묵과 방관으로 일관했다. 그만큼 고심과 갈등이 깊었고, 진보를 자처하는 무리에서 나조국을 둘러싼 극단적 평가로 절연하기도 했다.

　가장 조롱을 많이 받으며 개탄의 대상이 된 무리는, 진실을 좇는다며 '문학 합네' 우쭐대는 작가들이었다. 진보라는 환상에 사로잡힌 작가 1,276명이 '나조국 찬성 검찰 개혁 지지 문학인 모임'을 만들었다. 스타 작가인 공지연은 이 모임의 일원으로 성명을 발표하고, 소셜미디어(SNS) 등을 통해 적극적으로 나조국을 옹호[76]했다. 심지어 '나조국의 법무부 장관 임명'에 찬성한 정의실현당에 실망해 탈당 의사를 밝힌 진중권 교수를 원색적으로 비난[77]하며 설전을 벌였다. 공 작가는 자신이 쓴 소설에서 "우리가 싸워야 할 적은 진보의 탈을 쓴 사기꾼들"이라고 언급했는데 과연 '진보의 탈을 쓴 사기꾼'은 나조국일까, 진중권일까, 아니면 작가 자신일까.

76　2024년 1월, 공 작가는 한 언론과의 인터뷰에서 "소셜미디어를 통해 열렬하게 옹호했던 한 사람이 내가 이전까지 생각했던 그 사람이 아니라는 것을 깨닫게 되었다. 그런 사람일 거라고는 정말 꿈에도 상상을 못 했다. 욕을 먹으면서도 그를 감쌌던 건 당시로선 나름의 애국이고 희생이었는데, 내가 아무것도 모르고 떠들었구나 싶었다. 나중에 과오가 드러났을 때 그가 '미안하다', '잘못했다' 한마디만 했어도 이렇게까지 실망하지는 않았을 것."이라며 당시 '나 전 장관 지킴이'를 한 데 대해 후회했다.

77　공 작가는 '나조국 지킴이'를 자처했던 자신을 후회하며 진 교수에게 "미안해 죽겠다"고 했다. 이에 진 교수는 자신의 페이스북에 "사과까지 할 일은 아니고, 이제라도 '공지연'으로 되돌아왔으면 그것만으로도 반가운 일"이라고 화답했다.

1) 나조국 장관 지지 측 집회

2019년 9월 16일부터 나조국 장관을 지지하는 세력들의 집회가 시작됐다. 서울중앙지방검찰청 앞에서 나조국 장관에 대한 검찰 수사에 반발하고, 검찰 개혁을 요구하는 '사법 적폐 청산을 위한 검찰 개혁 촛불문화제'가 사법적폐청산 범국민시민연대 주최로 개최됐다.

집회가 거듭할수록 참가하는 인원이 급증했다. 주최 측은 7차 집회에 200만 명이 참가했다고 주장했고, 8차 집회에서 '최순자 국정농단 사태' 당시 집회 이후 최대 규모인 300만 명이 참가했다고 주장했다.

2019년 10월 9일, 여의도에서 나조국 법무부 장관을 지지하고 검찰 개혁을 촉구하는 '검찰 개혁 시민 참여 문화제'가 열렸다. "우리가 조국이다!"라는 함성이 울려 퍼졌다. 한글날을 맞아 서울 도심에서 '나조국 구속, 문 대통령 퇴진'을 요구하는 대규모 집회를 벌이는 데 대한 맞불 성격의 집회였다.

2) 나조국 장관 반대 측 집회

나조국 법무부 장관 후보자의 각종 의혹에 대한 진상 규명을 촉구하는 대학생들의 촛불집회가 개최됐다. 8월 23일에 고려대학교와 서울대학교에서 개최되었고, 이어서 연세대학교도 9월 19일 조국 법무부 장관의 사퇴를 요구하는 촛불집회를 개최했다.

또한, 각 대학의 촛불집회 집행부가 연합 집회를 제안했고, 이후 고려대·연세대·부산대·단국대 등 50여 개 대학교 재학생들을 중심으로 '전국대학생연합촛불집회' 집행부가 구성되었다.

개천절인 10월 3일, 나조국 법무부 장관의 사퇴를 촉구하는 대학생 연합 촛불집회가 대학로 마로니에공원에서 개최됐고, 광화문에서는 나조국 법무부 장관을 반대하는 국민이 광화문광장부터 서울광장까지 모여들어 '나조국 구속, 문 대통령 퇴진'을 요구했다.

서울대학교 집회 추진위원회는 이날 대학생 연합 집회 대신 광화문광장 집회에 참여했다. 문제민 정부를 규탄하고, 나조국 법무부 장관 사퇴를 촉구하는 집회였다. 주최 측은 '최순자 국정농단 사태' 당시 집회 이후 최대 규모인 300만 명이 참가했다고 주장했다.

법무부 장관직 사퇴

10월 14일 오후 2시, 나조국 장관이 기자회견을 열고 결국 장관직을 사퇴했다. 오전에 검찰 개혁안을 직접 발표한 지 몇 시간도 안 돼 사퇴를 선언한 것이다. 후보자에 지명된 지 67일 만이고, 장관 임명된 지 35일 만이었다. 자신과 가족을 둘러싼 각종 의혹과 이에 따른 검찰 수사, 이로 인해 문제민 정부가 받을 정치적 부담까지 고려한 어쩔 수 없는 결정[78]이었다.

"저는 검찰 개혁의 불쏘시개 역할을 충분히 했다고 감히 자부합니

---

78 그는 당시 수사받는 처지를 '멸문지화'라고 표현했다. 한 유튜브 방송에서는 "과거로 돌아가면 장관직을 고사할 것"이라고 했다.

다. 검찰 개혁을 위한 제도화가 본궤도에 오른 건 맞지만 그래도 아직 가야 할 길이 멉니다. 현실에 안주하고 기득권을 지키려는 세력의 저항이 만만찮습니다. 이제 저보다 더 강력한 추진력을 발휘해 줄 후임자에게 바통을 넘기고자 합니다. 그분께 검찰 개혁의 마무리를 부탁드리고자 합니다."

그는 퇴임사를 통해 자신보다 더 강하게 검찰 개혁을 밀어붙일 수 있는 후임자가 정해지길 희망했다.

구원투수 '추秋다르크'

검찰 개혁 드라이브가 일시 정지되자, 법무부의 구원투수로 추미애 국회의원이 등판했다. 이 대목에서 한번 짚고 넘어갈 게 있다. 추 장관의 강드라이브가 검찰의 기득권을 부수고 검찰 개혁을 완수하려는 순수한 의도였든, 동네 골목대장 깜냥밖에 안 되는 윤 총장을 주저앉히고 대권 후보로 부상하려는 속내였든 간에 추 장관의 검찰 개혁도, 대권 도전의 꿈도 실패로 귀결되고 말았다. 고꾸라진 윤 총장을 디딤돌 삼아 더 높이 올라서려 했던 당사자가 되레 대권을 거머쥘 수 있게 발판을 놔주는 도우미 역할을 한 걸 보면 인생사는 참으로 아이러니하다.

자타공인 '정치 10단' 박지원 의원은 한 언론과의 인터뷰에서 이렇게 말했다.

"한번 작정하면 절대 타협하지 않는 분이다. 추 장관 후보자는 큰 시험대에 들 것이다. 강온의 모습이 국민이 염려하지 않는 방향으로 간다면 추 후보자는 성공하고 앞으로 미래도 있다. 하지만 모든 것을 감정적으로만 대응해 인사권도 함부로 휘두르고 감찰권도 조자룡 헌 칼 쓰듯 마구잡이로 휘두르면 실패한다."고 조언했다. 어쩌면 박 의원의 이런 분석이 탁월했는지도 모른다.

고심에 고심을 거듭한 끝에 검찰 개혁을 마무리할 적임자로 추미혜 국회의원을 발탁한 문통은 결과적으로 장고(長考) 끝에 악수(惡手)를 둔 셈이 됐다. 추 장관의 강경 일변도의 검찰 길들이기가 오히려 역효과를 빚으면서 청와대는 극한 대치로 인한 정치적 부담만 떠안았다.

그랬다. 나조국 장관이 퇴임사에서 밝힌 희망 사항이 현실화했다. 엄청나게 힘센 여전사가, 아니 무시무시한 여걸이 기세등등하게 나타난 것이다.

2019년 12월 5일, 문통은 나조국 장관 후임으로 추미혜 민주당 의원을 새 법무부 장관으로 내정했다. 판사 출신에다 여성 최초 지역구 5선 국회의원이자 첫 대구·경북 출신 제1야당 당수까지 지낸 어마어마한 경력의 장관 후보자가 혜성처럼 등장했다. 나조국 전 장관이 사퇴한 지 52일 만에 '추(秋)다르크'(추미혜와 프랑스 여성 영웅 잔다르크의 합성어)란 애칭을 가진, 추 의원이 검찰 개혁을 완수할 구원투수로 등판한 것이다.

법무부 장관 내정자 지명 소감부터 그미는 당찬 발언을 쏟아냈다.
"사법개혁과 검찰개혁은 이제 시대적 과제입니다. 문제민 대통령이 검찰개혁을 마무리할 적임자로 저를 지명한 이유는 이러한 시대적 요구와 국민적 열망을 함께 이끌어 달라는 당부이자 명령입니다. 많은 저항에 부딪히고 그 길이 매우 험난하지만, 좌고우면하지 않고 검찰개혁을 강하게 밀고 나가겠습니다. 소명 의식을 가지고 최선을 다해서 국민적 요구에 부응하겠습니다."

직설화법과 목표에 돌진하는 스타일로 알려져 있고, '강기(剛氣)로 똘똘 뭉쳤다'는 이야기를 듣는, '원칙과 소신'을 최고의 정치 덕목으로 꼽는 데 주저하지 않는 여장부다운 포부였다. 국회 인사청문회에서도 그미는 당당하게 소신을 쏟아냈다.

추 장관이 공식 임명되기 전인 12월 31일, 서울중앙지검 반부패수사2부는 126일간의 수사를 일단 마무리하고 나조국[79] 교수를 자녀 입시비리와 청와대 감찰 무마 등 11개 혐의로 불구속 기소하고, 부인 정영심[80] 교수를 사문서위조 혐의, 자녀 입시비리와 사모펀드 투자 의혹 등의 혐의로 구속 기소한 후 재판에 회부했다.

2020년 1월 2일, 국회가 추 후보자의 인사청문 경과보고서를 채택하지 않자 문통은 법무부 장관 임명을 재가했다.

---

79 2023년 6월, 기소된 지 3년 넘게 이어진 재판 끝에 1심에서 징역 2년의 실형을 선고받았고, '24년 2월의 2심에서도 마찬가지로 징역 2년의 실형에 추징금 600만 원에 처해졌다. 법정 구속은 되지 않았고, 검찰과 본인 모두 항고했다.

80 2020년 12월, 1심에서 징역 4년, 벌금 5억 원, 추징금 1억 3,800여만 원을 선고받고 법정 구속되었다. 이례적으로 양형기준인 2년 6개월 형보다도 더 강한 형량이 선고됐다. 이어진 항소심 재판에서 징역 4년, 벌금 5,000만 원, 추징금 1,600만 원을 선고받았다. 2022년 1월, 대법원에서 피고인 측 상고가 기각되어 원심의 징역 4년 형 등이 확정돼 기결수로 복역해 오다 2023년 9월 가석방으로 풀려나 불구속 상태로 재판받고 있다.

여야 모두 긴장하면서도 법무부와 검찰 간의, 아니 검찰개혁을 명분 삼아 검찰을 강하게 압박할 추 장관과 월성1호기 수사와 나조국 일가에 대한 수사를 총지휘하고 있는 윤 검찰총장 간의 대전을 흥미롭게 주시하기 시작했다.

추 – 윤 대전 對戰

'강 대 강' 대결로 치달을 게 분명해 보이는 '추 – 윤 대전'이라 그 결과가 어떻게 될지 언론의 억측이 난무할 정도로 이 대전은 전 국민적 관심사였다.

아니나 다를까. 추 장관은 임명장을 받은 지 며칠도 안 돼 곧바로 칼을 휘둘렀다. '추다르크'라는 별명 그대로 거침없었다. 추 장관을 두고 '여걸'이라고 평하기도 하지만, '여전사' 이미지가 더 풍긴다. 다수의 정치평론가는 되통스럽고 심술궂은 인상이 빼어난 미모를 갉아먹는다며 안타까워한다.

하여튼 추 장관은 정치 고수들의 예상대로 여전사답게 인사권 · 감찰권 행사를 통해 검찰 조직 장악에 나섰다.

2020년 1월 8일, 법무부는 대규모 검찰 인사를 단행했다. 나조국 전 장관을 비롯한 현 정부와 청와대를 수사한 검사들을 모두 한직으로 좌천시켰다. '윤성열 사단'으로 불리는 윤 검찰총장의 측근들이 주

대상이었다. 나조국 일가에 대한 수사를 지휘해온 한동운 대검 반부패강력부장, 청와대를 겨냥해 울산시장 선거 개입 의혹 수사를 지휘한 박찬오 대검 공공수사부장, 수사권 조정 업무를 맡았던 이원식 대검 기조부장 모두 지방으로 발령이 났다.

무엇보다 문제민 정부의 '개국공신'이었든 한동운 검사장이 부산고검 차장으로 발령 난 데 대해서는 오래도록 세간의 도마에 올랐다. '최순자 국정농단' 특검에 합류해 적폐 수사의 실무를 맡아 이명박·박근애 전 대통령과 이재영 삼정전자 부회장 등을 모두 구속한 검찰 내 대표적인 특수통임에도 나 전 장관 수사 뒤부터는 청와대와 여당의 '공공의 적'이 돼 결국 팽당하고 만 것이다.

추 장관은 과감하면서도 용의주도했다. 서울중앙지검장에 대표적인 친정부 인물인 이성륜 검사를 앉혀 윤 총장을 견제하도록 조처했다. 이성륜은 문제민 정부 출범과 함께 이뤄진 인사에서 검사장으로 승진 이후 대검 형사부장을 거쳐 반부패부장으로 영전했다가 다시 법무부 검찰국장으로 영전한 지 6개월 만에 파격적으로 서울중앙지검장을 꿰찼다.

이튿날, 일부 언론이 현 정부와 날을 세운 검사들을 모두 지방으로 발령 낸 것을 두고 '보복성 인사, 충격적인 인사'라고 비판하자 그미는 단박에 반박했다.

"검찰총장이 인사 의견을 내라는 내 명을 거역했다. 있을 수 없는 행태다."

추 장관의 발언이 알려지자, 왕정 시대에서나 사용하는 표현인 '거역'이라는 표현에 대해 부적절하다는 비판이 쏟아졌고, 검찰총장에게 인사 의견을 내라고 했는지와 총장 의견을 듣지도 않고 인사를 강행했는지에 대한 진실 공방도 벌어졌다.

이때부터 법무부와 대검찰청이 사사건건 충돌하는 양상이 전개됐다.

1월 23일, 추 장관은 설 연휴 직전에 검사 인사를 다시 감행했다. 이번에는 지청장·차장검사·부장검사 등 257명과 평검사 502명 등 759명에 대한 대규모 전보를 단행했다.

이 대규모 인사를 두고 야당도 검찰 내부에서도 울산시장 선거 개입 등 문제민 정부발 권력형 비리 의혹들을 수사하는 검사들에 대한 문책 및 보복성 좌천이라는 비판이 나왔고, 수사와 공소 유지의 연속성을 위해 인사를 뒤로 미뤄야 한다는 주장이 쏟아졌다.

법무부 공보실이 해명에 나섰다.

"검찰개혁법령의 제·개정에 따라 직접 수사부서 축소 및 조정과 공판중심주의 강화에 대한 대비가 필요하여 형사부와 공판부의 확대를 추진한 것입니다. 현안 사건 수사팀 존속 여부와 아무런 관련이 없습니다."

6월 18일, 강기로 똘똘 뭉쳐진 추 장관은 전혀 개의치 않고 법무부의 해명을 뒤집어버리는 솔직한 발언으로 소신을 지켰다. 국회 법제사법위원회 전체회의에 출석한 추 장관은 야당 의원이 검사 인사에 대해 비판하자 당차게 맞받았다.

"맞습니다. '문책성 인사'입니다. 검찰개혁을 거스르는 검사는 누구든 용납하지 않습니다."

검찰개혁에 대한 자신감의 반영이자, 좌고우면하지 않겠다, 결단코 물러서지 않겠다는 강단이자 고집이었다.

6월 29일, 추 장관은 야당 의원들이 불참한 가운데 열린 국회 법제사법위원회 회의에서 윤성열 검찰총장을 맹공했다.

"윤 검찰총장이 저의 지휘를 따르지 않아 코로나19 방역의 골든타임을 놓쳤습니다. 제때 신천지를 압수수색했더라면 당시 폐쇄회로TV를 통해서 출입한 교인 명단을 확보할 수 있었겠지만, 골든타임을 놓치면서 귀중한 자료를 확보하지 못했습니다. 결국 윤 총장은 제때 방역을 못 한 잘못을 저질렀습니다."

추 장관은 잠시 숨을 고르고 나서 한술 더 떴다.

"이뿐만 아니라 나조국 전 장관 사건에 대해서는 과잉 수사, 무리한 수사가 있었다는 점을 부인할 수 없습니다. 이 사건은 현재 수사 중인 사건이라 더 이상 언급하기 곤란하지만, 검찰의 그러한 수사를 검찰개혁의 대상으로 삼고 있고, 제가 인권 수사 개혁 태스크포스를 가동하는 중이란 사실만 말씀드립니다."

그미는 서슴없이 윤 총장을 몰아붙였다.

"역대 검찰총장 중 이런 말 안 듣는 검찰총장과 일해 본 법무부 장관을 저는 진짜 듣도 보도 못했습니다. 그저 기가 막힐 뿐입니다. 정말 한심한 총장입니다."

그미는 추다르크답게 7개월 만에 다시 인사를 단행했다. 이번에도 정부·여당의 권력형 비리 수사를 견제하는 인사였다. 점점 검찰은 친정부

인사가 요직을 점령했다. 오히려 '추미혜 사단'이라는 평가가 나왔다.

그러자 '변질됐다, 검찰 길들이기나'라고 생각히는 사람이 시나브로 많아졌고, 추미혜의 개혁을 개혁이라 생각하지 않는 사람도 많아졌다. 그럼에도 추 장관은 아랑곳없이 이후의 인사도 추미혜·이성륜 라인을 전진 배치하는 과감성을 보였다.

이때부터 이성륜 검사장이 추 장관을 도와 '윤 총장 찍어내기'에 적극 동참했다. 그는 누가 봐도 문통 라인이다. 문통의 경희대 법대 후배에다 참여정부 시기에는 청와대 민정수석실 특별감찰반장으로 재직하면서 문제민 당시 민정수석비서관을 직접 보좌했다. 윤 총장과는 연수원 동기임에도 대척점에 선 것이다. 윤 검찰총장을 사퇴시킬 목적으로 2020년 10월 채널A 사건과 관련해 당시 한동운 검사장을 감찰한다는 명목으로 확보한 통화 내역 등 검찰 자료가 윤 총장을 감찰하던 법무부 감찰위원회에 전달되는 데 관여했다는 이른바 '찍어내기 감찰 의혹 사건'의 핵심 인물이기도 하다.

추 장관의 계속된 도발과 검찰 길들이기식 인사에 대해 윤 총장은 마땅한 대응 카드가 없어 언론이 기대하던 대전$^{(大戰)}$은 일어나지 않았다. 일단 '추 – 윤 대전$^{(對戰)}$'은 추 장관의 완승이었다.

추–윤 2차 대전

추미혜와 윤성열의 대전은 겉보기엔 법무부 장관과 검찰총장 간의 기

싸움에다 '정치 권력화한 검찰의 근본적인 개혁' 대 '검찰 수사의 중립성과 독립성 사수'라는 나름대로 명분이 있는 싸움이었다. 하지만 실제로는 여당의 대권 후보로 부상하려는 추 장관이 차기 대권 후보 지지율 1위를 차지해 야당의 유력 대권주자로 급부상하고 있는 윤 총장의 상승 기조를 꺾으려고 벌이는 싸움이었다. 한편으로, 문 대통령을 필두로 한 여권 핵심부와 살아있는 권력의 비리에도 엄정하게 대처해 달라는 대통령의 당부를 충심(?)을 다해 이행하려는 윤 검찰총장 간의 맞짱이었다.

법무부와 검찰 간의, 아니 추 장관과 윤 총장 간의 살얼음판을 걷는 듯한 대치와 갈등이 아슬아슬하게 이어지다가 결국은 얼음이 와장창 깨져 극한 충돌과 파국으로 가는 상황이 도래하고 만다.

1) 제1라운드

대선 정국까지 내다본 치밀한 행보였건, 검사로서의 사명감에 불탄 행보였건 윤석열 총장이 '울산시장 선거 개입사건과 월성1호기 경제성 조작 사건'을 본격적으로 파헤치기 시작했다는 점은 시사하는 바가 크다. 연이은 파격 인사로 자신을 검찰 조직의 최고봉인 총장까지 만들어준, 정권의 심장부인 청와대를 향해 총구를 겨누기 시작한 것이다. 털털한 척하면서 주도면밀하게 실행에 옮기는 걸 보면 윤 총장은 문통보다 더 의뭉스럽다.

2020년 11월 24일, 추미애 장관은 드디어 승부수를 던졌다. 호위무사들이 대부분 좌천돼 이빨 빠진 호랑이 신세인 윤 총장을 한 방에 거꾸러뜨릴 회심의 카드였다.

법무부는 윤 총장과 관린된 진정 및 비위 사건에 대한 감찰담당관실의 감찰 조사 결과를 보고받고 나서 윤성열 검찰총장에 대한 징계를 청구함과 동시에 혐의자인 검찰총장에게는 '직무집행정지' 명령을 내렸다. 세간의 평판대로 추 장관의 깡다구는 타의 추종을 불허했다. 그미는 단박에 직무배제 카드를 가차없이 실행에 옮겼다.

그러자 언론들은 '나조국 일가'에 대한 수사가 이뤄진 배경과 이후 경과를 고려해 여러 추측을 내놓았다. 적절한 조처라는 여론과 사실상의 보복이라는 여론으로 나뉘었다. 추미혜는 보수 언론의 비판을 대수롭지 않게 여겼다. 검찰총장은 장관급이지만 그미는 애초부터 검찰은 법무부의 지휘를 받는 산하기관이라는 인식이 확고했다.

추 장관은 적폐의 온상이자 개혁의 대상인 검찰에서만 잔뼈가 굵어진, 검찰총장 깜냥도 안 되는 놈이 임명권자에게 잘 보여 총장이 되더니 독야청청한 듯 우쭐대며 설쳐대는 꼴이 영 못마땅하고 볼썽사나웠다. 일개 검사 나부랭이가 꼴값을 떠는 것 같았다. 문통의 '사냥개 노릇'을 하다 '살아있는 권력에 맞서는 정적'으로 돌변한 그를 단칼에 제압한다면 집권 여당의 유력 대권 후보로 우뚝 설 것으로 믿어 의심치 않았다.

과거의 실수(?)를 만회할 절호의 기회이기도 했다. 노무현 전 대통령의 탄핵소추안이 가결되자 그미는 "노 대통령의 탄핵 사유는 줄이고 줄여도 책으로 만들 정도"라고 말해 노 전 대통령 탄핵에 앞장섰다는 낙인이 찍혀 민주 진영의 미움을 샀고, 정치적 역풍에 시달렸다.

게다가 정치적 체급이 중량급임에도 그에 비해 광역단체장도 못 해 봤고, 오직 한 지역구에서만 국회의원을 하여 정치경력이 단순하다는 핸디캡으로 은근히 속을 끓이고 있던 터였다. 이참에 정치적 내공까지 보여준다면 제20대 대통령선거가 1년여밖에 남지 않은 시점에서 정치적 반등을 꾀할 호기임이 분명했다.

당일 오후 늦게, 추 장관은 긴급 기자회견을 자청했다. 현직 검찰총장의 직무배제가 헌정사상 처음 있는 일이라 기자들이 득달같이 몰려들었다. 그미는 의기양양하게 단호한 어조로 밝혔다.

"법무부장관으로서 검찰총장의 직무 수행을 더 이상 용납할 수 없다고 판단해 징계를 청구하고, 검찰총장의 직무집행 정지를 명령했습니다. 검찰총장은 그 어느 직위보다 정치적 중립에 대한 국민의 신뢰가 중요하고, 그에 관한 의심을 받을 어떤 언행도 해서는 안 된다는 게 헌법과 법률에 명시돼 있음에도 윤 총장은 이를 무시했습니다. 법무부 장관인 저로서는 윤 총장이 더 이상 검찰총장으로서의 직무를 수행할 수 없을 정도에 이르렀다고 판단했습니다."

그미는 사유까지 밝히며 한 번 더 강조했다. 차기 대통령 후보 지지율 조사에서 선두를 차지한 윤 총장의 정치적 중립을 문제 삼았다.

그러자 대검찰청은 바로 입장을 내며 맞받았다. 윤 총장의 항심(抗心)도 만만찮았다. 이번에는 호락호락하지 않고 맞불을 놓았다.

"윤 총장은 검찰의 정치적 중립성을 지키기 위해 그동안 한 점 부끄럼 없이 검찰총장의 소임을 다해왔다. 위법부당한 처분에 대해 끝까지 법적으로 대응하겠다. 이것이 윤성열 총장의 입장입니다."

사태는 전면전으로 치달았다. 양측의 싸움이 불을 뿜었다.

11월 25일 밤, 윤 총장 측은 온라인(전자소송)으로 서울행정법원에 '직무집행정지 처분에 대한 효력 정지'를 신청하며 맞대응했다. 26일에는 서울행정법원에 직무집행정지 처분을 취소해달라는 행정소송을 내 한 번 더 응수했다.

윤 총장 측의 연이은 대응에도 추 장관은 조금도 주저하지 않고 더 세게 밀어붙였다. 11월 26일, 그미는 검사징계법에 의거하여 징계 심의 기일을 2020년 12월 2일로 정하고, 징계혐의자인 윤성열 검찰총장 혹은 특별변호인의 출석을 통지하도록 조처하였다.[81]

동시에 법무부는 판사 불법 사찰 혐의와 관련해 직권남용 권리행사 방해 혐의로 대검찰청에 윤성열 검찰총장에 대한 수사를 의뢰하였다.

그러나 추 장관의 성급한 무리수가, 저돌적인 공격 일변도가 결국 그미의 발목을 잡았다. 윤 총장을 겨냥한 감찰 및 징계 청구과정에서 정상적 절차에 따르지 않은 정황이 속속 드러나면서 반전이 이루어졌다. 중요 감찰 사안에 대해선 의무적으로 개최하게 돼 있던 감찰위원회 규정을 기습적으로 임의규정으로 고친 사실이 알려졌고, 추 장관 편으로 분류됐던 검사들의 내부 폭로도 이어졌다. 법무부 감찰업무를 총괄하는 류혁수 법무부 감찰관이 의사결정에서 배제된 것으로 밝혀졌고, 법무부 감찰관실에 파견됐던 이정희 검사도 "'죄 안됨'이란 보고서를 삭제한" 사실을 폭로했다.

---

81 나무위키의 〈윤석열 검찰총장 정직 사건〉 내용 일부 인용.

이뿐만 아니었다. 검사들이 법 집행의 핵심인 '절차의 불공정성'을 지적하며 집단 반발했다. 전국 59개 일선 검찰청에서 평검사회의가 열려 윤 총장 직무배제 및 징계 청구의 부당함을 지적하며 추 장관에게 반기를 들었다. 조남곤 대검 차장검사와 고검장 모두가 이례적으로 징계 처분 철회를 요구하며 한목소리를 냈다.

결국 2020년 12월 1일, 추 장관의 의도와는 전혀 다른 결과가 나왔다.

외부 인사 위주로 구성된 '법무부 감찰위원회'는 윤성열 검찰총장에 대한 징계 청구와 직무집행 정지, 수사 의뢰 과정에 절차상 결함이 있어 부당하다고 만장일치로 결론을 내리고는, '징계 · 직무배제 부당 의견' 권고사항을 추 장관에게 전달하겠다고 밝혔다. 감찰위원회의 결정은 자문에 불과하기에 징계 결과에 직접적인 영향을 미치지 않았지만, 법원이 곧바로 결정타를 날려버렸다.

서울행정법원은 오후 4시경, 윤 총장이 추 법무부 장관의 직무배제 명령에 반발해 제기한 집행정지 신청을 일부 인용해 '윤성열 검찰총장을 직무에서 배제한 명령의 효력을 임시로 중단하라.'는 결정을 내렸다.

이에 윤 총장은 오후 5시 10분쯤 대검찰청으로 출근해 직무에 복귀했다. 그는 몰려든 취재진들에게 소회를 밝혔다.

"신속하게 결정해주신 재판부에 감사드린다. 대한민국의 공직자로서 헌법정신과 법치주의를 지키기 위해 최선을 다하겠습니다."

이로써 일주일 만에 직무정지 상태는 일단락되었다.

후폭풍이 거세게 몰아쳤다. 고기형 법무부 차관이 책임을 지고 사퇴했다. 징계위원회 위원인 법무부 차관이 사퇴함으로써 법무부는 징계위원회 개최를 위해서는 새로운 후임을 빨리 찾아야 하는 처지가 됐다.

청와대는 사퇴한 법무부 차관의 후임으로 이용우 변호사를 선임했다. 문통의 평소 스타일로 보면 이례적인 속전속결이었다. 제대로 된 검증조차 없이 하루 만에 전격적으로 임명한 것이다. 그런데 이용우 신임 차관이 하필이면 월성1호기 사건의 핵심 피의자로 검찰 수사를 받아 온 백운교 전 장관의 변호인이었다. 이 차관은 윤 총장 해임 여부를 결정하게 될 법무부 검사징계위원회에 당연직 위원으로 참여하는데 '월성1호기 경제성 조작 의혹'을 부정하는 변호 활동을 해 온 법조인이 윤 총장 해임 과정에 관여하게 된 것이다.

이뿐만 아니라 시스템상 대전지검의 월성1호기 사건 수사의 주요 상황도 이 차관이 보고받게 돼 보수언론은 검찰 관계자의 견해를 전하는 방식으로 우려를 표명했다.

"전형적인 이해 충돌이자, 사실상 '청와대와 정권 핵심으로 향하는 수사를 저지'하려는 목적의 인사이다. 대통령이 이를 모르고 이 변호사를 임명했을 리가 없다. 앞서 대전지검이 산업자원부 공무원들에 대한 구속영장 청구 방침을 보고했던 당일에 추미혜 장관이 전격적으로 윤 총장에 대한 직무 정지를 명령한 것만 봐도 이번 인사의 저의를 충분히 헤아릴 수 있다. 법무부 검사징계위원회에서 윤 총장을 해임하라는 문 대통령의 의지로 읽힌다."

보수언론의 노파심에도 윤성열 검찰총장은 주눅 들지 않았다. 직무에 복귀한 윤 총장은 하루 만에 곧바로 반격 카드를 꺼내 들었다. 백 전 장관의 변호인이 법무부 차관으로 임명된 것에 전혀 개의치 않는 결기를 보였다. 월성1호기 사건을 수사 중인 대전지검에 지시를 내렸다.

"구속영장 청구를 보류하고 있었던 산업자원부 공무원 3명에 대한 구속영장을 오늘부로 청구하시오."

윤 총장이 지난해 감사원 감사관과의 면담 하루 전날인 일요일 밤에 사무실로 나와 원전 관련 문건 파일 444개를 파기한 공무원에 대해 '감사 방해' 혐의 등으로 구속영장 청구를 지시한 것은, 향후 검찰 수사가 백운교 전 장관을 거쳐 여차하면 청와대로 향할 수 있다는 윤 총장의 간접적인 경고였다.

이렇게 '추-윤 2차 대전' 1라운드는 윤 총장의 판정승으로 끝이 났다.

2) 용호상박龍虎相搏

추 장관과 윤 총장의 성향은 닮은 듯하면서도 다르다. 저돌적이고 좌고우면하지 않는 성향은 닮았지만, 추 장관이 직진하는 스타일이고 윤 총장은 추 장관에 비해 조금 더 냉철하다. 같은 하늘 아래 두 임금이 있을 수 없듯이 법무부 수장과 검찰총장이 서로 대장 노릇을 하려 들면 상대가 고꾸라질 때까지 싸울 수밖에 없다. 말 그대로 용호상박이 전개됐다. 완승과 판정승을 주고받던 용쟁호투는 윤 총장의 KO승으로 막을 내리게 된다.

12월 16일 새벽, 법무부 검사징계위원회는 윤 총장에 대한 정직 2개월 처분을 의결했다. 여러 징계 사유 중, '판사 사찰, 채널A 사건 감찰 방해, 채널A 사건 수사 방해, 정치적 중립 등 위신 손상' 4가지가 징계 사유로 인정되었다.

당일 오후, 문 대통령은 청와대에서 추 장관을 만나 징계위원회 결과를 보고받고, 제청을 받아 윤 총장에 대한 정직 2개월의 징계를 재가했다. 이 자리에서 추 장관은 사퇴 의사를 밝혔다.[82] 아니, 사퇴 의사를 밝힌 것으로 알려졌다. 어쩌면 장관 자리에 연연하지 않는다는 결단을 보임으로써 자신의 징계 조치의 정당성을 부여받으려는 나름의 판단이었는지도 모른다. 아니면 '물귀신 작전'일 수도 있고, 고심 끝에 나온 승부수일 수도 있고, 그도 아니면 장렬한 전사로 추앙받고 싶은 다목적 포석이었는지도 모른다.

이날 문 통은 대변인을 통해 입장을 밝혔다.

"추 장관 본인의 사퇴 표명과 거취 결단을 높이 평가합니다. 숙고해 수용 여부를 판단하겠습니다."

그런데 이후 상황이 문통과 추 장관의 의중과는 다르게 전개됐다.

12월 17일 0시부로 윤 총장에 대한 정직 처분의 효력이 발생했다.

82 훗날 추 전 장관은 한 언론과의 인터뷰에서 나는 자의로 물러날 생각이 없었는데 문 대통령이 "재보선을 앞두고 검찰 이슈가 퇴장해야 한다며 당에서 요구하니 물러나 주시면 좋겠다."라고 직접 사퇴를 요구해서 그에 따를 수밖에 없었다고 말한 바 있다.

이에 따라 윤 총장은 출근하지 못했다. 그날 밤, 윤석열 총장 측은 온라인을 통해 서울행정법원에 '정직 2개월 징계의 효력을 정지'해달라는 집행정지 신청과 징계를 취소해달라는 행정소송을 냈다.

12월 22일, 서울행정법원에서 윤 검찰총장이 제기한 정직 징계 집행정지 신청에 대한 공판이 열렸다. 그러나 쟁점이 많아 결론을 내리지 못했다.

12월 24일, 서울행정법원 행정 12부는 윤 검찰총장이 추 장관을 상대로 제기한 정직 2개월 징계에 대한 집행정지 신청을 인용했다. 재판부는 법무부가 주장한 윤 총장의 6가지 징계 사유 대부분이 소명이 부족하거나 다툼의 여지가 있다고 밝히며, 직무 정지 처분과 정직 2개월 처분에 대해 모두 효력을 정지시켰다.

문 대통령이 지난 16일 추 장관의 제청을 받아 재가한 윤 총장에 대한 징계 결정을 법원이 뒤집은 것이다. 윤 총장은 8일 만에 복귀하게 됐다. 그는 출근길에 소회를 내놨다.

"사법부의 판단에 깊이 감사드립니다. 헌법정신과 법치주의, 그리고 상식을 지키기 위해 최선을 다하겠습니다."

그러자 야당은 "1년 넘게 이어진 정권의 '윤성열 찍어내기'가 위법하다고 판단한 재판부에 감사드린다. 윤성열 징계를 재가한 대통령은 사과해야 한다."라고 목소리를 높였다.

12월 25일, BH 대변인이 서면브리핑을 통해 윤 검찰총장 징계 정지에 대한 문 대통령의 입장을 전했다.

"법원의 결정을 존중한다. 법원의 윤성열 검찰총장 직무 복귀 결정과 관련해 국민께 불편과 혼란을 초래하게 된 것에 대해 인사권자로서 사과 말씀을 드린다."

문 대통령은 사과하면서도 검찰을 향한 경고 메시지도 냈다.

"법원의 판단에 유념하여 검찰도 공정하고 절제된 검찰권 행사에 대해 성찰하는 계기가 되길 기대한다. 특히 범죄정보 외의 개인정보를 수집하거나 사찰한다는 논란이 더 이상 일지 않도록 각별히 유념하길 바란다."

그러면서 당부도 덧붙였다.

"법무부와 검찰은 안정적인 협조 관계를 통해 검찰개혁과 수사권 개혁 등의 후속 조치를 차질없이 추진해 나가야 한다."

문 대통령은 평소 스타일과는 다르게 법원이 직무 복귀 결정을 내린 지 하루 만에 사과했다. 사실상 패배를 인정한 셈이다. 문통의 의뭉스런 면은 여기서도 적나라하게 드러난다. 국민의맥은 "대통령의 사과, 추미애 향한 마음의 빚인가?"라며 비꼬았지만, 정치권에서도 대통령의 신속한 사과가 뜻밖이라는 반응이 많았다. 이른바 '조국 사태' 때와는 판이한 대응이었다.

나조국 법무부 장관에 대한 '임명 지지 대 임명 철회'로 국론이 양분돼 수백만 명씩 동원되는 맞불집회로 나라가 두 동강이 날 지경에 처했음에도 방관과 침묵으로 일관했던 문통이었다. 그러다가 나조국이 장관직을 사퇴한 지 한 달이 넘은 시점에 '2019, 국민과의 대화'에 출연하게 되자 그 자리에서 마지못해 공식적으로 사과를 표명했다.

"장관으로 지명한 그 취지하고는 어쨌든 상관없이 결과적으로 그

것이 오히려 많은 국민에게 많은 갈등을 주고 국민을 분열시키게 만든 것에 정말 송구스럽습니다."

　이번의 '검찰총장 직무 정지' 사건도 초기에는 문 대통령의 스타일과 비슷한 흐름이었다. 그동안 문통은 윤 총장과 관련한 직접적 언급을 피해 왔다. 추 장관과 윤 총장의 갈등으로 정국이 혼란한 상황에서도 묵묵부답으로 일관했다. 그러다가 지난 16일, 헌정사상 최초로 현직 검찰총장에 대한 징계 제청을 그대로 재가했다. 잘됐다는 안도감과 자신감의 반영이었는지도 모른다. 이때까지만 해도 추 장관이 잘하고 있다고 여겨 특유의 방관 자세로 일관한 것이다.

　어쩌면 자신을 대신해 이전투구를 마다하지 않는 추 장관이 이쁘기도 했고, 안쓰럽기도 했을 것이다. 하지만 문 대통령이 승인한 징계를 법원이 뒤집으면서 상황이 급변했다. 문통은 조국 사태 때와는 여러모로 흐름이 다르다는 것을 퍼뜩 알아차렸다. 그때는 나조국 부부의 잘못된 행위로 비롯된 사태이므로 한발 물러나 있어도 용인됐지만, 이번 사안은 자신이 승인한 것이라 발뺌할 수 없게 됐다. 정치적 부담이 고스란히 자신에게 돌아온다는 걸 재빨리 파악한 것이다.

　문통은 윤 총장 관련 갈등을 빨리 수습하는 게 권위 손상을 최소화하고 레임덕도 줄일 수 있다고 판단했다. 대통령이 몸소 사과하는 모습을 보임으로써 오히려 책임을 법무부 장관에게 떠넘기지 않는 호방한 대통령이란 인식도 심어줄 수 있다는 꿍꿍이셈도 있었다.

　당사자들은 직을 걸고 피 터지게 싸우는데 언론은 청와대와 법무부와 검찰의 기묘한 힘겨루기를 '강 건너 불구경'하듯 느긋하게 흥미롭게 바라봤다. 과연 언론의 호들갑은 대단했다. 기사 제목과 내용들이 가관이었다. 다수 언론은 징상적인 비판 기사를 냈지만, 어떤 언론은 대권의 꿈이 사실상 좌절된 추 장관을 향한 조롱을, 또 어떤 언론은 유력한 대권 후보로 부상하고 있는 윤 총장에 대한 아부성 멘트를 쏟아냈다.

'기세등등하던 추미혜 3연패, 연전연패…… 아무 입장 내지 않아'

'추미혜 3연패… 성탄절 돌아온 윤성열, 월성원전 수사 속도 낼 듯'

'정직 2개월 징계 윤 총장 또다시 기사회생. 그는 지난 1일에도 직무 정지에 대한 서울행정법원 집행정지 결정으로 일주일 만에 다시 출근한 바 있다. 반면, 윤 총장에 대한 징계를 주도한 추 장관과 이용우 차관의 입지는 좁아질 것으로 예상된다. 법원의 결정으로 무리한 징계라는 것이 드러났기 때문이다. 아울러 문 대통령이 징계안을 재가한 만큼 청와대도 정치적인 타격을 받을 수밖에 없다……'

"직무에 복귀한 윤 총장 '월성1호기 경제성 조작 의혹 사건과 청와대의 울산시장 선거 개입 의혹 사건' 등 권력형 비리에 대한 본격적인 수사 지휘할 듯"

"'징계' 윤성열 총장 업무 복귀. 자충수 된 추미혜의 초강수… '3전 전승' 윤성열 입지만 강화[83] "윤성열 총장 연전연승하며 '거물급 인사'로 복귀, 반면 추 장관은 불명예 퇴장 확실시"

---

83 훗날 윤 총장이 검찰총장직을 사퇴하고 야권의 대선후보가 되자, 같은 당 지지층에서도 추미혜에 대해 "어둠의 윤성열 선대위원장"이라고 비아냥댔다.

언론의 예상대로 문 대통령이 '대국민 사과'까지 하게 만든 추 장관을 가만히 내버려 둘 리 만무했다. BH는 사과 표명 당일부터 곧바로 후임 장관 인선 작업에 들어갔다. 민주당 코어(핵심) 지지층에서조차 추 장관의 오판과 패배를 질책하는 상황이라 유력 대선 주자로 부상하려던 꿈은 점점 멀어졌다.

추다르크의 퇴장

대다수 사람은 두 마리의 개(견. 犬)를 머릿속에 키우고 있다. 선입견과 편견이란 개를.

추 장관도 여느 사람들처럼 '검사 나부랭이 주제에 감히…'라는 선입견과 편견에서 벗어나지 못했다. 자신의 입장에서는 대권의 꿈이 산산조각이 났고, 민주당의 입장에서는 윤성열에게서 검찰총장직을 빼앗으려다 그게 빌미가 돼 대통령 자리를 빼앗기고 말았다.

2020년 12월 30일, 청와대는 문 대통령이 판사 출신인 함께민주당의 박범기 의원을 신임 법무부 장관에 내정했다고 밝혔다. 그러면서 추 장관의 사의를 고심 끝에 받아들였다고 덧붙였다.

2021년 1월 27일, 추 장관이 취임 1년 만에 법무부를 떠나며 이임사를 했다. 그미는 이임사 도중 눈물이 나오는 걸 속입술을 깨물며 애써 참아냈다. 만감이 교차했다.

오판과 실패에 대한 회한이었다. 그럼에도 자신의 결과적인 오판이 믿어지지 않았고, 여전히 수긍할 수가 없었다. 추 장관이 보기에 윤 총장은 곧 추락할 게 명약관화였다. 반기문 유엔 사무총장 사례만 봐도 윤성열의 추락은 당연했다.

반 사무총장은 19대 대통령 선거에서 함께민주당이 가장 상대하기 버거운 대선 후보였다. 그런데 흠결이 없다는 게 치명적인 약점일 줄이야. 반 총장이 대선 행보를 하자 언론은 과거 UN사무총장의 신화 속에 주목받지 못했던 그의 부정적인 면모들을 크게 이슈화했다. 그와 동시에 반(反) 반기문 세력의 정치적인 공세가 시작됐다. 처음부터 박연차 게이트가 터졌고, 아들 특혜 의혹도 보도되었다.

제1당인 함께민주당도 가만히 있지 않았다. '최순자 국정농단 사태'로 인한 박 대통령의 탄핵정국에서 탄핵이 인용돼 조기 대선이 치러지게 되면 그야말로 정권 탈취의 호기였다. 반기문 검증 TF를 꾸린다면서 공세를 예고하였다. 민주당에서는 반기문만 끌어내리면 무혈 입성할 수 있다고 판단할 정도로 그는 위협적인 대선 후보였다.

반 총장은 이런 공격적인 정쟁, 이전투구 같은 정치를 해본 경험이 부족했다. 2017년 1월에 귀국하여 1월 25일에 공식적으로 대선 진출을 선언했다. 그러나 귀국 한 달이 채 되지 않은 2월 1일, 대선 불출마를 선언했다. 비판과 견제에 계속 시달린 데다가 자신에게 우호적이지 않았던 여권의 친박근애계가 자신을 미는 아이러니한 상황이 연출되는 혼란스러움을 견디지 못하고 사퇴를 결심한 것이다.

그는 너무 탄탄대로를 걸어서, 순탄하게만 살아서 아니, 정치와는 도저히 어울리지 않는 고결한 사람이어서 쉬이 무너졌는지도 모른다. 이렇게 차기 대선 후보 선호도 1위에 올랐던 반 총장조차도 정신을 가다듬을 새도 없이 대권 후보에서 추락하는데 하물며 검찰에만 몸담은 윤 총장 정도야 단칼에 제압할 수 있다고 추 장관은 판단했다.

윤 총장이 현 정권에 맞섬으로써 일시적으로 야권의 유력 대권주자로 떠오르고 있지만 그미가 보기엔 일시적인 현상에 불과했다. 역대 사례를 봐도 잠시 잠깐 '태풍의 눈'으로 떠올랐다가 태풍이 소멸하듯 금세 사그라든 대권주자가 한둘이었던가. 더구나 정치경력이 전무한 데다 비벼댈 언덕도 없는 친구 아닌가. 더더구나 정치권력 부패의 온상으로 지탄받는 검찰 조직의 수장 아닌가.

그미는 이임사를 듣고 있는 법무부 직원들을 바라보며 이대로 대권의 꿈을 포기할 수 없다고 마음먹었다. 자신의 강점을 이대로 사장(死藏)할 수는 없는 일이었다. 영호남 지역갈등을 해소할 적임자가 아닌가. 자신을 정계에 입문시킨 김대중 선생은 남편이 전라도 출신인 것을 알고는 그미에게 "호남 사람인 제가 대구(출신) 며느리를 얻었습니다. 고맙습니다"라고 말한 바 있었고, 언론에도 자신을 '대구의 딸이자 호남의 며느리'로 부르지 않았던가.

그미는 제2대 함께민주당 당 대표 수락 연설을 떠올렸다. "온 국민을 힘들게 했던 찜통더위가 사라지고 추풍(秋風)이 불기 시작했습니다. 오늘 우리 당에도 분열주의, 패배주의, 지역주의의 악령을 몰아낼 추풍이 왔습니다."라고 호기롭게 선언하던 그때를 떠올리며 내심 권토중래를 도모했다.[84] 다시 거센 추풍을 몰고 와 저항 세력들을 추풍 낙엽이 되도록 만들 것이라고 다짐했다.

"……비록 저는 떠나지만 남아 계신 여러분들이 검찰개혁을 완수 해 주시길 당부드립니다."

그미는 취임사 때처럼 '검찰개혁 완수 의지'를 이임사에서도 밝혔 다. 그러면서 그미답게 중요한 사안마다 해 오던 자평을 빠뜨리지 않 았다.

"사문화되었던 장관의 검찰에 대한 민주적 통제 권한을 행사하여 검찰의 정상화를 촉구하는 분명하고도 불가역적인 역사적 선례를 만 들었다고 감히 자부합니다. 감사합니다."

검찰총장 중도 사퇴

윤성열 총장은 2019년 12월 한 방송에서 "문 대통령에 대한 충심엔 변 화가 없다. 성공을 위해 내가 악역을 맡은 것"이라고 했었다. 이 고백이 그때는 진심이었을 것이다. 상황이 바뀌어 상대(문통이 아닌 문통의 패거리 들)가 자신을 죽이려 들면 살려고 발버둥 치는 게 인지상정이다.

윤 총장이 청와대, 정부·여당과의 갈등과 대립에 스스로 물러났든, 나

---

84 함께민주당의 대선후보 경선에 뛰어들어 본경선(6명)에 진출했다. 실제로 본경선이 시작되자 이주 명의 독주 속에 이낙영이 추격하는 양강 구도가 굳어졌고, 추미혜는 9%의 지지율로 후보 경선을 마 쳤다.

름의 원대한 꿈을 이루기 위한 계산된 중도 사퇴였든 간에 그는 사퇴 후 정치활동을 시작하여 국민의맥에 입당해 경선을 1위로 통과했고, 마침내 제20대 대한민국 대통령에 당선된다.

사실상 '조국 사태'가 이 모든 흐름의 시발점이었고, '월성1호기 수사'를 비롯한 정권을 향한 수사와 그에 따른 여권의 핍박이 사퇴의 결정적 계기로 작용했다. 그래서 항간에 '나조국·추미혜가 윤성열 대통령을 만들었다'는 이야기가 흘러나왔다.

2021년 3월 4일, 여권과의 정면충돌이 겹치면서 현 정권과의 불화가 돌이킬 수 없는 지경으로까지 치닫자 윤성열 검찰총장은 임기를 넉 달여 남기고 전격 사퇴했다. 그는 오후 2시, 대검찰청에 들어서며 사의를 표명하면서 사퇴 입장문을 발표했다.

"저는 오늘 총장을 사직하려 합니다. 이 나라를 지탱해온 헌법정신과 법치 시스템이 파괴되고 있습니다. 그 피해는 고스란히 국민에게 돌아갈 것입니다. 저는 이 사회가 어렵게 쌓아 올린 정의와 상식이 무너지는 것을 더는 두고 볼 수 없습니다. 검찰에서 제가 할 일은 여기까지입니다. 그러나 제가 지금까지 해 온 것과 마찬가지로 앞으로도 어떤 위치에 있든 자유민주주의를 지키고 국민을 보호하기 위해 힘을 다하겠습니다. 그동안 저를 응원하고 지지해주신 분들, 그리고 제게 날 선 비판을 해주신 분들께 감사드립니다."

추미혜 전 장관이 퇴임한 지 한 달여 만에 윤 총장이 갑작스럽게 중도 사퇴하자, 세간에서는 아무래도 내년이 대선이니 출마를 위해 사

퇴한 게 아니냐는 추측이 지배적이었다. 국민의맥 주오영 원내대표는
윤 총장의 사퇴를 은근히 반기는 듯한 발언을 했다.

"불의하고 불공정한 정권이 공권력의 상징인 검찰총장을 축출하는
무도한 짓을 저질렀다. 우리는 윤 총장과 힘을 합쳐 대한민국 헌법을
수호하고, 법치주의 국가를 이루는 데 힘쓰겠다."

반면에 윤성열의 검찰총장 내정을 애초부터 반대했고 그 후로도 수
시로 윤 총장과 대립각을 세워온 오픈민주당 최광욱 대표는 페이스북
에 그의 사퇴에 대해 비꼬았다.

"속이 다 들여다보인다. 대권 욕심에 눈이 멀어 내가 발의했지만,
아직 통과하지도 않은 '판·검사 출마 제한법'에 지레 겁을 먹고 서둘
러 사퇴한 게 분명하다."

실제로 최 대표는 2020년 12월 11일, 검찰청법·법원조직법 개정
안을 대표 발의했다. 친(親)나조국 의원들이 대거 이름을 올린 이 법안
은 '수사·기소의 중립성 및 재판의 독립성 등을 위해 검사와 판사가
퇴직한 후 1년 동안 공직 후보자로 출마하는 것을 제한'하는 게 골자
다. 법안대로라면 다음 대선에 출마하려는 검사나 판사는 3월 9일까
지 퇴직해야 한다. 법안이 발의되자, 야권에서는 친나조국 인사인 최
의원이 일부 여론조사에서 대선 후보 지지도 1위를 차지하고 있는 윤
총장을 콕 집어 겨냥해 '민주주의를 파괴하는 윤성열 출마 금지법'을
냈다고 강력하게 비난했다. 박문식 전 의원도 페이스북에서 최광욱
의원을 비난했다.

"윤성열 죽이기 완결판이다. 군부독재의 수법까지 벤치마킹하면서

전두완의 후예로 등극했다."

검찰총장직을 중도 사퇴한 윤성열에 대한 관심은 뜨거웠다. 누구한 테나 해당하겠지만 윤성열에 대한 평가도 극과 극이다. 특히 조응찬 의원은 윤성열을 평가절하하며 신랄하게 비아냥댔다.

"저는 민주당 소속 의원으로서는 유일하게 윤성열의 검찰총장 임명을 공개적으로 반대했었다. 왜냐하면 수사 목적 달성을 위해서는 법치주의를 헌신짝 버리듯 우습게 여기고, 피의사실 공표 등 탈법행위도 서슴지 않는 사람이기 때문이다. 저도 환갑을 앞두고 있지만 환갑 넘은 사람은 잘 바뀌지 않는다. 독야청청한 양 자신은 적폐 청산의 주체일 뿐 객체는 타인이라고 강변하는 윤성열의 모습은 참 낯설게만 느껴진다."

서울고검 검사장을 역임하며 친정권 성향을 보였던 이성륜 검사는 분노를 쏟아냈다.

"윤성열은 자기 통제가 안 되는 부잣집 중2 같은 사람이다. 검찰총장이라는 사람이 직위를 떠나자마자 바로 대통령에 직행하려 하는 것은 검찰의 중립성 자체를 뿌리째 흔드는 짓이다. 자신의 정치적 야망을 위해 조직을, 검찰 전체를 제물로 팔아먹은 몰염치한 사람이다."

이에 반해, 전국 단위 선거에서 네 차례나 연전연패해 쪼그라들어 집권 계획조차도 마땅치 않았던 보수진영은 윤성열을 향해 뜨거운 구애를 보냈다.

3개월 남짓 두문불출하면서 나름의 내실을 다진 윤성열은 '6·29

선언'을 통해 대권 도전을 기정사실로 했다. '공정과 상식'이라는 시대 정신을 내세워 압도적인 정권 교체를 이뤄내겠다는 윤성열의 출사표는 진보를 표방한 기성 정치 세력의 불공정과 내로남불에 지친 국민, 특히 보수 쪽 국민에게 카타르시스를 줬다.

보수층의 열광적 지지를 받았지만, 정치가 호락호락한 게 아니었다. 초창기부터 정치 초보자의 맹점이 드러났다. '윤석열 X파일' 논란으로 도덕성 리스크가 부각됐고, 과감하고 서툰 화법으로 여러 차례 구설에 올랐다. 국민의맥에 전격 입당한 뒤에는 이준성 대표와의 불화설에 휩싸이며 곤욕을 치렀다.

저돌적이고 좌고우면하지 않는 윤성열의 성향 탓에 치명적인 실책이 연이어 나왔다. 지나치게 강골인 윤 총장의 장점이, 언제든 '단점이자 위험 요소'로 바뀔 수 있다는 우려가 현실이 됐다. '전두환 옹호' 발언으로 여론의 질타를 받고 사과한 후 며칠 안 돼 SNS에 반려견에게 사과를 주는 사진을 올려 또 구설에 휘말렸다. '사과는 개나 줘라'는 의미냐, 라는 논란에 휩싸여 '사과의 진정성'은 물론 대선 후보로서 자질까지 의심받았다.

희한한 점은, 윤성열 후보가 산전수전 다 겪은 당내 경쟁 주자들로부터 파상 공세를 받으면서도 탄탄한 지지율을 유지하는 저력을 보였다는 것이다. 그 이유가 뭘까.

인간이 이기적이고 계산적인 건 어디에서나 누구에게나 해당한다. 자칭 보수 쪽도, 진보 쪽도 마찬가지다. 따뜻한 보수니, 합리적 보수니, 도덕적 진보니, 합리적 진보니 내세우지만 도찐개찐이고 도토리

키재기에 불과하다. 윤 전 총장이 박근애 전 대통령을 위시해 '보수 궤멸에 앞장선 인물'임이 분명하고 그로 인해 징지적 입지를 다진 것임이 분명한데도, 아니 뻔히 알면서도 애써 그 부분은 외면하고 전폭적인 지지를 한다는 건 정권 재창출이란 이기적인 욕심 때문이다.

　윤 전 총장과 비슷한 길을 걷다 중도 사퇴한 최재영 전 감사원장이 윤 후보가 잦은 실수와 연이은 구설로 지지율이 떨어지자 한때 야권의 블루칩으로 기대를 모았지만, 결국 낮은 인지도의 한계를 극복하지 못하고 경선에서 중도 탈락했다. 반면에 윤 후보는 끝끝내 버티며 단점도 장점화하는 저력을 보였다. 특히 '정권 핵심과 맞짱 떠서 지지 않았다'는 이미지는 당원들로부터 전폭적인 지지를 받는 요인이었고, '보수 궤멸의 앞잡이'이란 결점은 '정권교체라는 대의명분' 앞에 무시됐다.

제3장

윤통 본기本紀

윤성열이란 정치 초년생이 일약 대권 후보 반열에 오르더니 제1야당의 대통령 후보가 돼 당선되는 기염을 토했다. 어떤 무리에겐 어처구니없이 황당무계한 결과이고, 다른 어떤 무리에겐 천지개벽처럼 황공무지한 결과이다. 혹자는 배은망덕이라고 윤통을 비난하고, 다른 혹자는 '적폐 청산'이란 명분을 내세워 정권 유지와 정권 연장을 획책한 데 대한 사필귀정이라고 말한다.

윤 후보가 당선되면서 '월성1호기 경제성 평가 조작 의혹'을 수사하는 대전지검의 움직임이 재주목받았다. 그는 나의 바람대로 '탈(脫) 탈원전' 즉 복(復)원전을 천명하며 하나둘 실천에 옮기기 시작했다. 국정과제에 〈에너지 안보 및 탄소중립 수단으로 원전을 적극 활용하고, 원전 생태계 경쟁력 강화, 한미 원전동맹 강화 및 수출을 통해 원전 최강국 도약〉이란 목표를 제시하며 '2030년까지 원전 10기 수출'을 목표로 내걸었다. 고사 위기에 처했던 원자력산업계는 희망에 부풀었다.

나로서는 황송했다. 조만간 나의 신원과 명예 회복이 이뤄질 것 같았고, 내친김에 회생까지도 기대해볼 만했다.

윤통의 사적 기록은 현재진행형이다. 가변적 요소도 많고, 퇴임 후 암군^(暗君)으로 기록돼 암군의 대물림이 이어질지 현군^(賢君)으로 기록될지 예단하기 어렵다. 역사는 승자가 평가하게 마련이므로 차기와 차차기에 정권을 어느 당이 거머쥐느냐에 따라 윤통에 대한 평가가 달라질 것이다. 그렇지만 최근의 흐름을 보면, 암군으로 여겨질 조짐이 보인다. 박근애 대통령 때처럼 대통령의 눈·귀를 가리는 '정보 왜곡'[85] 상황이 자주 발생하기 때문이다. '2030 세계박람회(엑스포)' 유치전의 예고된 패배에 대해 대통령만 몰랐다. '2차 투표에서 역전해 유치 가능'이라는 '오염된 정보'가 올라갔다. 부산(한국)이 리야드(사우디아라비아)에 크게 패할 수 있다는 분석은 오래전부터 나왔음에도 역전 가능성이 있다는 보고가 계속 올라갔고, 결과는 1차 투표에서 조기 완패였다.

앞서 치러진 서울 강서구청장 보궐선거 때도 마찬가지였다. 국민의맥 지지자들조차도 대법원에서 유죄 판결을 받은 전 구청장을 사면·복권까지 해서 또 공천한 것에 대해 황당하다는 반응이 많았다. 자당의 귀책 사유로 치러지는 선거에는 후보를 내지 않는다는 당헌과 당규도 무시했다. 가뜩이나 야당의 텃밭인데 무리수가 통할 리가 없었다. 당과 현장에서 일찌감치 여론이 좋지 않다는 보고가 들어갔지만, 대통령실은 "문제없다"는 보고를 계속 올렸고, '윤심'이 실리면서 선거판이 달아올랐다. 투표 10여 일 전부터 두 자릿수대의 패배를 점치는 구체적인 데이터들이 나왔는데도 다 무시됐다. 대통령의 눈·귀를 가리고 선거에 올인^(all in) 한

---

85 〈尹의 눈·귀 가리는 '정보 왜곡' 중증… '권력의 癌' 국정 파탄 내몬다[허민의 정치카페]〉 문화일보, 2023.12.12. 기사 일부 인용

결과는 17%포인트 차의 참패였다.

이렇게 된 데는 대통령과의 대면(對面)보고 때, 짧게 보고해야 하며 대통령이 싫어할 말은 가급적 피해야 한다는 그들 나름의 불문율이 있었기 때문이라고 한다.

문제는 대통령실만 탓할 수는 없다는 것이다. '원인 제공자'가 윤통이다. 그리고 슬기로운 군주라면 정보 왜곡을 눈치챌 수 있어야 하고, 누가 바른말 하는지도 가려낼 줄 알아야 한다. 그래야 진정한 현군이다.

한·미 정상회담과 '워싱턴 선언'

2023년 4월 26일, 윤 대통령과 조 바이든 미국 대통령은 미국 백악관에서 정상회담을 갖고 '북핵 위협에 대응한 미국의 확장억제 강화 방안' 등을 담은 이른바 '워싱턴 선언'을 채택했다.

그 후에도 한국과 미국은 '핵 사용 시 김정은 정권 종말'이라는 메시지를 거듭 내놓고 있다. '자의적 핵 사용'을 법으로 못 박은 북한의 오판을 막기 위한 차원이다.

▶킬체인(Kill Chain)[86] ▶한국형 미사일방어체계(KAMD) ▶대량응징보복(KMPR) 등으로 구성되는 '한국형 3축 체계'의 강화 필요성이 제기되고 있지만, 문제는 한반도의 전쟁 위기가 고조되고 있다는 점이다. 남한과 북한이 서

---

86 북한의 핵 공격 직전에 선제타격을 가능하게 하는 긴급 표적 처리 체계.

로를 '적'과 '괴뢰'라 부르며 대치하는 상황에서 북의 도발에 대한 우리의 맞대응으로 충돌할 가능성이 커졌다. 직통 연락선마저 끊긴 데다 '9·19 군사합의 효력 정지'로 인해 군사분계선 일대 우발적 군사 충돌로 번질 위험성이 높아졌다.

2022년 5월 21일, 윤 대통령과 조 바이든 미국 대통령은 새 정부 출범 11일 만에 서울 용산 대통령실 청사에서 첫 한·미 정상회담을 가졌다.

양국 정상은 회담을 마친 후 공동성명을 통해 북한 핵·미사일 위협에 대한 양국의 공조 의지를 재확인하고, 경제 안보 강화를 위한 양측 대화 채널 구축에도 합의했다. 또 한·미 동맹을 '글로벌 포괄적 전략동맹'으로 규정하면서 원자력 분야에서도 한미 협력을 강화하기로 했다.

"원전은 탄소제로(0) 전력의 핵심적이고 신뢰할 만한 원천이자, 우리의 청정에너지 경제를 성장시키기 위한 중요한 요소이다. 우리는 글로벌 에너지 안보 증진을 위한 필수적인 부분으로서 원자력의 중요성을 인식하고 있다. 그래서 신형 원자로 및 SMR(소형모듈원자로)의 개발과 수출 증진을 위해 양국 원전 산업계가 함께 노력해 나가기로 했다."

양 정상은 이렇게 선언하면서 "2018년 8월 이후 중단된 한·미 원자력고위급위원회(HLBC) 재가동에도 합의했다."고 밝혔다.

2023년 4월 13일, 북한이 고체연료를 사용한 신형 대륙간탄도미사일(ICBM) '화성－18형'을 발사했다. 첫 시험발사가 '성공'했다고 자랑하면서 화성－18형이 "국가안전 수호에 가장 강력한 핵심 주력 수단"이라고 주장했다.

이에 한국과 미국은 '워싱턴 선언'을 통해 북핵 위협에 대해 경고하며 맞불을 놓았다. 2023년 4월 24일 '한미동맹 70주년'을 맞아 한국 대통령으로서는 12년 만에 국빈으로 미국에 방문한 윤 대통령은 4월 26일에 조 바이든 미국 대통령과 백악관에서 정상회담을 했다. 그러고 나서 이른바 '워싱턴 선언'을 채택했다.

이 선언에서 양 정상은 '한국에 대한 미국의 확장억제 수단에 핵을 포함한 미국 역량을 총동원하여 지원한다'는 점을 명시했다. 핵무기를 탑재한 탄도미사일 전략핵잠수함(SSBN) 등 미군 전략자산을 정기적이고 지속적으로 한반도 주변에 전개하기로 했으며, 그 대신 한국은 핵확산금지조약(NPT)을 준수한다는 기존 방침을 재확인했다. 또 두 정상은 확장억제를 강화하고 핵 및 전략 기획을 토의하며 비확산 체제에 대한 북한의 위협을 관리하기 위한 새로운 협의체인 '핵협의그룹'(NCG) 설립을 선언했다.

북한은 한·미의 경고에도 불구하고 계속해서 군사정찰위성 발사를 시도했다. 2023년 11월 21일, 서해위성발사장에서 정찰위성 '만리경-1호'를 신형 위성운반로켓 '천리마－1'형에 탑재해 발사했다. 8월 24일의 2차 발사 실패 이후 89일 만에 정찰위성 정상 작동 여부와 별개로 발사에는 성공했다. 합동참모본부는 이날 저녁 "북한 정찰위성이 궤도에 진입한 걸로 평가한다."라고 밝혔다.

북한의 군사정찰위성 발사는 탄도미사일 기술을 활용한 어떠한 발사도 금지한 유엔 안전보장이사회의 '대북 결의 1874호(2009년 6월12일)'의 명백한 위반이었다.

이번에는 우리 정부도 좌시하지 않고 맞대응했다. 국방부가 공식 발표했다.

"22일 오늘 오후 3시부로 9·19 군사합의 1조 3항을 '효력 정지' 한다."

국방부가 효력 정지한 '1조 3항은 군사분계선 남북으로 20km(서부지역)~40km(동부지역) 공역에 비행금지 구역을 설정'하는 내용이다. 1972년 7·4 남북공동성명 이후 남북합의서의 효력을 우리 정부가 처음으로 공식 정지시킨 것이다.

북한의 김정은 국무위원장은 "북남 관계는 더 이상 동족관계, 동질관계가 아닌 적대적인 두 국가관계, 전쟁 중에 있는 교전국 관계로 고착됐다. 한국은 우리의 주적, 전쟁 피할 생각 없어… 기회 온다면 초토화해버릴 것"이라는 말을 내뱉으며 '무력 점령 의지'를 드러냈다.

이에 신원식 국방부 장관도 국회 국방위원회 전체 회의에 참석해 다짐했다.

"북한이 '9·19 군사합의 효력 정지'를 빌미로 도발을 감행한다면 즉각, 강력히, 끝까지 응징할 것입니다."

'제2 원자력 르네상스'시대

유럽발 '에너지 위기'에다 기후 위기를 맞아 탄소중립이 지구촌의 최대 과제로 부상하면서 미국·유럽연합(EU)을 비롯해 세계 각국이 미래 에너지 시장의 '게임 체인저'로 꼽히는 소형모듈원자로(SMR)를 주목하고 있다. 게다가 러시아의 우크라이나 침공으로 에너지 위기가 더욱 고조되면서 '에너지 안보의 중요성'이 더욱 커지자, 다시 원전에 눈을 돌리는 국가들이 많아졌다. 영국이 2050년까지 신규 원전 10기를 건설하겠다고 발표하고 벨기에, 프랑스 등이 기존의 원전 축소·폐쇄 계획을 거둬들이는 등 제2의 '원전 붐'이 일고 있다.

EU의 행정부 격인 유럽집행위원회는 원자력 발전과 천연가스에 대한 투자를 기후변화 대응에 친화적인 '녹색 투자'로 분류하는 내용의 녹색 분류체계 규정안을 공식 발의해 사실상 원전을 친환경으로 분류하는 파격을 보였다. 탄소중립 목표에 따라 온실가스 배출량이 상대적으로 낮은 원전과 천연가스를 EU가 과도기적 대체 수단으로 인정한 것이다.

이런 가운데 한·미 정상회담에서 두 정상이 원자력과 방산 분야에서도 실질적 협력을 약속해 이제 원자력산업은 날개를 달게 됐다.

미국은 현재 세계에서 가장 많은 93개의 원전을 운영하는 최대 원전국이다. 차세대 원전으로 꼽히는 SMR 기술력에서도 세계에서 가장 앞선 것으로 평가된다. 우리나라는 원전 후발국이지만 원전 공급망을 유지하고 있는 몇 안 되는 나라다.

한·미의 원자력 공조로 우리나라는 미국의 외교력을 이용한 원전 수출 영토 확장을, 미국은 무너진 원전산업 생태계 복원을 기대하고 있다.

이렇게 원전 산업은 바야흐로 부흥기를 맞고 있다. 특히 SMR은 원전 강국들이 세계 시장 선점을 위해 기술개발에 총력을 기울이는 차세대 원전이다.

이런 흐름에 대해 국내외 환경단체들은 "지금 전 인류에게 필요한 것은 원전이 아니라 안전"이라고 강조한다. 이들은 SMR이 기술 및 경제성 측면에서 경쟁력이 없고, SMR 역시 사용후핵연료를 발생시킴에 따라 동일한 위험을 가진 다수의 위험시설을 만들자는 것에 불과하다는 입장이다.

유럽발 에너지 위기는 2021년 9월, 아일랜드의 해상풍력 발전량 저하와 함께 시작돼 점차 글로벌 에너지 위기로 확대됐다. 해상풍력으로 전력을 수출하던 아일랜드 지역의 풍속이 약화하면서 EU 내 타 국가로 전력 수출을 중단했고, 영국에서도 풍속 저하로 인한 생산량이 급감하면서 MWh당 20~40유로에 머무르던 도매 전력가격이 150~200유로까지 뛰어오르면서 1차 에너지 위기가 시작됐다.

2021년 10월, 에너지 수요량이 높은 겨울철을 앞두고 석탄과 석유, 천연가스 등 주요 에너지 원자재 가격이 100~300%까지 폭등했고, 중국에서의 대규모 정전 사태와 물가 인상이 전 세계로 확산할 수 있다는 우려가 커지자 선진국들이 서둘러 사재기에 돌입해 에너지값의 폭등을 부채질했다.

2021년 12월, 글로벌 에너지 위기가 더욱 악화하며 유럽의 도매 전력가격이 연일 급등했다. 프랑스, 스위스, 오스트리아, 이탈리아 등에서 시장 가격이 MWh당 300유로를 돌파했다. 영국은 483유로까지 치솟았다. 기록적인 급등이었다.

높은 에너지 가격과 역대급 인플레이션은 유럽 경제에 악영향을 미쳤다. 물가지수가 급등하자 시멘트·철강·비료·제조업 등 유럽 에너지 집약 산업은 감산 또는 생산 중단, 구조조정에 돌입했다.

설상가상으로 2022년 2월 24일, 러시아가 우크라이나를 침공하면서 발발한 전쟁은 에너지 위기를 더욱 심화시켰다. 유럽 에너지 시장의 러시아 의존도가 60%가 넘다 보니 가뜩이나 해상풍력 발전량 저하로 힘겹게 버티던 EU는 더욱 난감한 상황이 됐다. 특히 천연가스가 문제였다. EU에서 사용하는 천연가스 수입의 40%가 러시아산이었다.

러시아는 우크라이나와의 전쟁 이후 유럽으로 향하는 가스관을 잠그는 등 '에너지의 무기화'에 힘을 쏟았다. 10% 정도의 소량만을 남긴 채 사실상 가스 공급을 끊어버리자, 다급해진 EU는 에너지 '수입선 다변화'를 통해 에너지난을 해결하려고 발버둥쳤다.

이러한 글로벌 에너지 위기는 석유 한 방울 나지 않는 우리나라에도 치명타를 안겼다. 한전은 수십조 원의 적자에 허덕이고, 덩달아 전기·가스요금 등이 대폭 오르면서 서민들은 물가 인상의 도미노 현상으로 시름에 잠겼다. 다행히 2023년부터 '우크라이나 사태' 이후 급등했던 석유와 LNG 등 에너지 원자재 가격이 하향 안정화로 바뀌면서 한전의 적자 폭도 줄어들고 있다.

에너지난에다 에너지의 무기화로 '에너지 안보'가 중요해지자 원전이 다시 대세로 떠올랐다. 세계 주요국은 대형 원전의 신규 건설뿐만 아니라 탄소중립 시대를 이끌, 상대적으로 안전한 소형원전(SMR) 개발에 전력을 쏟고 있다. 최근에는 원전 선진국들이 SMR보다 더 작은 마을 단위에 전기를 공급할 수 있고, 대형 트레일러에도 적재할 수 있는 'MMR(초소형 모듈원자로: Micro Modular Reactor)'을 주목하기 시작했다. 미국, 캐나다, 일본 등은 MMR이 차세대 분산에너지원이 될 수 있다고 보고 2023년 말부터 개발에 적극 나섰다.

우리나라도 윤성열 정부가 들어서면서 건설을 중단했던 신한울 3·4호기의 건설을 추진 중이고, 설계수명이 만료되는 원전이 '안전성 확보'가 된다면 계속운전을 승인한다는 계획이다. 또한 'i-SMR(혁신형 소형모듈원자로)' 기술개발을 위해 '문무대왕과학연구소'를 건설 중이고, 이와 연계해 'SMR 국가산업단지'도 조성하고 있다. 바야흐로 국내도 '탈(脫) 탈원전' 시대로 접어든 것이다.

탈핵진영과 환경단체가 아무리 극렬히 반대해도 원전은 좀비처럼 재생과 확산을 거듭하며 확실한 대체에너지가 생길 때까지 끈질기게 가동될 것이다. 따라서 원전의 위험성에 대한 논란도 수그러들지 않을 것이다.

미래의 에너지라 일컫는 꿈의 '핵융합 에너지'가 확실한 대안으로 자리매김할 때까지 원전은 기저 전원으로 중추적 역할을 할 수밖에 없는 게 현실이다.

남 타령

　윤통은 제왕적 대통령을 안 하겠다면서 청와대를 벗어나 용산에 집무실을 꾸려 '대통령실'이라고 명명했다. 일본 총독의 관저이기도 했던 '청와대(靑瓦臺)'가 주는 '불통(不通)·권위주의·구중궁궐·왕정' 등의 부정적 이미지를 벗어던지고 새 출발을 하겠다는 의지의 표명이었다. 의도는 그럴듯했다.

　그런데 역대 어느 대통령보다도 제왕적으로 국정을 운영한다는 비판도 나오고 있다. 수직적이고 독단적인 행동에다 무엇보다 '제 탓이요'는 없고 남 탓 즉 '남 타령'이 심하다. '전 정권 탓, 전 정부 탓'을 가장 많이 하고 야당 탓, 관료 탓, 공무원 탓 등이 그 뒤를 잇는다.

　이런 부정적 요소가 쌓인다면 윤 대통령을 뽑아준 사람들조차 등을 돌릴 테고 그렇게 되면 문 대통령처럼 5년 만에 정권을 내주는 수모를 당할 뿐만 아니라, 암군으로 기록될 것이 자명하다.

　소위 '개딸'들도, 함께민주당 인사들도, 검찰 정권의 피해자로 자처하는 나조국도 윤성열 탓, 한동운 탓, 검찰 탓을 엄청나게 해댄다. 실로 어금버금한 수준이고 피장파장이지만, 윤성열은 일국의 대통령이니 그들과 단순 비교하면 안 된다.

　모 칼럼니스트는 어느 신문을 통해 윤통에게 매섭게 충고했다.

　"윤 대통령의 남 탓, 남 타령에 이제 신물이 난다. 걸핏하면 전 정권 탓, 거대 야당 탓을 하더니 이제는 한술 더 떠 '관료 탓'을 한다. 과거

행태를 답습하거나 무사안일에 빠진 '고위공무원 탓!'까지 했으니 다음은 누구 탓을 할까. 만만한 대기업 탓? 국민 탓? 언제까지 남 탓만 할 텐가. 취임 1주년이 지났으니 이제부터는 '제 탓이요!' 해야 한다.

윤 대통령은 경상도 말로 포시랍게 자란 남자다 보니 매사에 스스럼없었고, 자신감이 넘쳤다. 그렇게 당당하고 거침없던 윤통이 왜 남 탓을 할까. '자신감 상실'인가? 그렇다면 국민은 '어이 상실!'이다. 골목대장 노릇과 대통령 노릇은 격으로도, 질과 양으로도 엄연히 천양지차다. 대통령 제대로 할 자신 없으면, 대통령 못 해 먹겠으면 내려놓고 골목대장 하러 가면 된다. 그게 아니라면 매사에 남 탓 말고 당당히 헤쳐나가라. 난관을 헤쳐나가라고 권력을 주는 것이다……"

그동안 윤통의 남 탓, 남 타령에 신물이 났던 많은 국민이 이 칼럼에 고개를 끄덕였다. 지당하신 말씀이다. 자고로 '충언 역이 이어행'(忠言 逆耳 利於行)이라 했다.

'제2의 조국 사태'

함께민주당이 연이은 악재로 휘청댔다. 도덕성에 타격을 준 '전당대회 돈봉투 사건'에 이어 나남국 의원이 가상자산에 투자한 것이 알려지면서 시작된 이른바 '나남국 사태'가 '제2의 조국 사태'로 비화하는 것 아니냐는 위기감이 민주당에 확산됐다. 나 의원의 '86억 원 코인 보유' 논란이 일파만파로 커지자, 민주당은 이 사태가 청년층 표심을 자극해 2024년

4월 10일에 치러질 22대 총선의 악재로 작용할까 노심초사했다.

　2023년 5월 5일, 나남국 의원이 한때 대량의 위믹스 코인을 보유했다는 한 언론사의 첫 보도가 '나남국 사태'의 시발이었다.

　이어서 언론사들이 일제히 유사한 보도를 내놓았다.

　"15억 원이라고 재산 신고했던 나남국 함께민주당 의원이 위믹스 코인 60억 원어치를 보유하고 있었으며, 가상화폐 거래 실명제 직전인 2월 말에서 3월 초 사이에 이를 인출했다."

　이때부터 점점 의혹이 증폭됐다. 코인 60억 원어치를 보유한 사실을 공개하지 않은 것도 도마에 올랐고, 국회 상임위원회 활동 중에도 코인 거래를 한 의혹 등이 불거지면서 비판이 확산됐다. 코인 수익이 당초 60억에서 80억 원 이상이라는 의혹까지 제기되자, 민주당 안팎에서는 나 의원이 정치적 책임을 저야 한다는 목소리가 높아졌다.

　민주당의 비주류 의원들이 한목소리로 요구했다.

　"코인 보유 논란은 청년들에게 좌절감을 안겨주는 행동이다. 돈 봉투 의혹이 '86그룹'의 도덕 불감증을 상징한다면, 40대 청년 정치인의 코인 논란은 2030 세대의 이탈을 부르는 기폭제가 될 것이 분명하다. 지도부가 징계 절차에 착수해야 한다."

　한 정치평론가는 나 의원을 신랄하게 꼬집었다.

　"시대 변화에 둔감한 기성세대와 달리 가상 주식, 가상 투자 등의 분야에 친숙해 변화를 선도하는 40대 국회의원이 '출세도 하고 돈도 벌고!' 도둑이나 마찬가지 아닌가?"

그럼에도 나 의원은 떳떳하게 굴었다. '조국 사태' 때처럼 내로남불의 전형을 보였고, 뻔뻔함도 그대로였다. 국민 정서를 거슬린 것에 대해 나 의원도 국민에게 사과하거나 의혹을 인정하지 않았다. 그는 끝까지 당당했다.

"지난 일주일 허위 사실에 기반한 언론보도가 마구 쏟아져 나왔다. 법적 책임을 묻고 맞서겠다."

그러고는 이 사태를 정권 탓으로 돌리며 반문했다.

"개인의 민감한 금융정보와 수사 정보를 언론에 흘린 것은 윤성열 라인의 '한동운 검찰' 작품이라고 생각된다. 이준성이 코인을 하면 자랑이 되고, 내가 하면 문제가 되는가?"

5월 14일, 함께민주당 이주명 당 대표가 윤리감찰단 감찰을 긴급 지시하는 등 상황이 불리하게 돌아가자, 나남국 의원은 페이스북을 통해 자진 탈당을 선언했다.

"오늘 사랑하는 민주당을 잠시 떠납니다. 더 이상 당과 당원 여러분께 부담을 드리는 것이 옳지 않다고 판단합니다. 저는 앞으로 무소속 의원으로서 부당한 정치 공세에 끝까지 맞서 진실을 밝혀내겠습니다."

파장은 이어졌다. 보유 가상자산이 상위 0.02% 이내에 들어가는 큰손이라는 점도 논란이 됐다. 나 의원은 이른바 '돈 버는 게임', 즉 'P2 E(play to earn)' 방식으로 합법과 불법의 담장을 타던 게임업체들의 코인에 투자금을 몰빵(집중 투자)했는데 서민들은 권력을 악용했다고 여겼다. 다른 전통 자산과 비교해 큰 가상자산의 '규제차익'을 누려온

게임업체에 올라타 반사 이익을 누리려던 권력자의 일탈 행위로 본 것이다.

자진 탈당 선언을 두고도 '위장 **탈당**, 꼼수 탈당' 논란에 휩싸였다. 나 의원이 사태가 수그러들면 복당하겠다고 밝혔는데 '징계 회피용 탈당은 제명 또는 향후 5년간 복당할 수 없다'는 당규를 적용할 수 없게 된 것이다.

민주당 비주류의 한 중진 의원은 이주명 대표를 비판했다.

"이 대표가 어떻게든 나 의원의 탈당을 막고 바로 징계 절차에 들어갔어야 했다. 그래야 당명을 어기고 탈당했다는 기록을 남길 수 있었는데 이 대표 자신의 측근에 대한 온정주의 탓에 그러지 못해 심히 유감스럽다."

점입가경이었다. 전형적인 내로남불에다 '제 편 감싸기'가 이어졌다.

진보 성향인 천주교 정의구현사제단 소속 지성영 신부가 민주당을 탈당한 나남국 의원을 즉각 옹호하고 나섰다. 그는 사회관계망서비스(SNS)에 신자에게 설교하듯 세상을 향해 일갈했다.

"우리나라에는 헌법·형법·민법·상법 외에도 국민정서법이라는 묘한 법이 작동한다. 언론이 만들어 내거나 유도해 만드는 법이다. 나 의원은 법을 어긴 게 아니다. 그저 제 돈으로 투자한 것이고 평소 검약한 사람으로 알려져 있는데 보수언론이 나 의원을 몹쓸 사람으로 매도했다. 누구든지 욕망이 없는 자, 나남국에게 돌을 던져라. 나 의원이 수도자도 아니고 스님도 아니고 신부도 아니다. 진보는 돈 벌면 안 되는가? 진보는 부자 되지 말라는 법이 있는가? 보수를 참칭하는 무리가 대장동에서 '50억 클럽'을 만들어도 그들 앞에서 설설 기던 기자들이 가증스럽게도 만만한 나 의원을 '이때다'하고 승냥이처럼 물어뜯는다. 비열한 작태다."

나남국 의원이 탈당했음에도 여론 흐름이 더 나빠지자, 민주당은 마지못해 나 의원을 국회 윤리특별위원회에 회부했는데 '제 식구 감싸기' 행태가 여기에서도 일어났다. 윤리특위의 심사 과정에서 나 의원이 상임위원회 도중 코인 거래를 200번 이상 한 사실이 드러나자, 결국 7월 20일 윤리심사자문위원회는 거액의 코인(가상자산)을 보유하고도 이를 신고하지 않고 상임위원회 활동 중에도 코인 거래를 한 나 의원에 대해 최고 수위 징계인 '의원직 제명'을 권고했다.

8월 22일, 나 의원이 윤리특위 징계 표결 직전에 차기 총선 불출마를 선언하자, 징계를 의결하려던 소위는 '숙고의 시간이 필요하다'는 민주당의 제안에 따라 표결을 연기했다.

8월 30일 다시 나 의원에 대한 제명안을 무기명 표결에 부쳤지만, 가결 3, 부결 3 동수로 가결 정족수인 과반에 못 미쳐 부결됐다. 결국 나 의원의 '친정'인 함께민주당의 동정표로 제명안이 부결된 것이다.

한편, 2023년 12월 29일 국민권익위원회는 '21대 국회의원 가상자산 전수조사 결과'를 발표했다. 무소속 나남국 의원이 전체 1,118억 원을 거래해 전체 매수·매도액의 90%를 차지했다. 이 기간 가상자산을 매수하거나 매도한 내역이 있는 현역 국회의원은 11명이지만, 거래 대부분은 나남국 의원이 차지했다. 나 의원의 매수 누적액은 555억 원으로 전체의 89%였고, 매도 누적액은 563억 원으로 전체의

89%였다.

가난 코스프레

이른바 '나남국 사태'로 인해 세간에 난데없이 '가난 코스프레'가 회자했다. '궁핍'을 정치인으로서의 마케팅 수단으로 활용해 서민 흉내를 낸 것에 대한 희화화(戱畵化)였다.

구멍 난 운동화를 신고, "매일 라면만 먹는다"는 등의 발언으로 자신의 '궁핍'을 홍보해온 나남국 의원이 거액의 코인을 보유한 사실이 알려지면서 함께민주당 소속 정치인들의 과거 '가난 코스프레'가 재조명됐다. '구멍이 난 신발 사진'의 원조 격인 박완순 전 서울시장부터 찢어진 페라가모 구두의 박영순 전 중소기업부 장관, '거지갑(甲)'이란 별칭의 박수민 의원 등이 모두 민주당 출신이어서 입방아에 올랐다.

이 가운데 박 시장을 제외하면 대부분 한국인 가구당 평균 자산(2022년 3월 말 기준, 5억 4,772만 원)을 훨씬 웃도는 재산을 보유해 비웃음을 샀다.

나남국 의원은 2019년 한 유튜브 채널의 '소개팅' 콘셉트 촬영에서 상대 여성의 좋아하는 음식 질문에 라면으로 끼니를 때운다고 답변했다.

"매일 라면만 먹어요. 그렇게 산 지 한 7, 8년은 된 것 같아요. 하루에 한 끼도 못 먹을 때가 많았어요."

그는 코인 자산이 60억 원 이상이었던 2022년에도 후원금을 모금하면서 궁핍한 삶을 강조하며 후원을 거듭 당부했다.

"돈이 없어서 호텔 대신 모텔 생활을 주로 합니다. 국회의원이라고 호텔에 가서 잔 적이 거의 없고 저렴하고 깨끗한 모텔을 이용합니다. 작년 지방선거 부산 지원 유세 때는 방 두 개 따로 안 빌리고, 모텔에서 보좌진이랑 셋이 함께 잤습니다. 많이들 후원해주십시오."

초선 장영태 의원 역시 '흙수저'로 자처하며 궁핍을 마케팅 수단으로 활용했다. 장 의원은 2020년 총선에서 민주당의 '인재 육성 제1호 청년'으로 출마해 서울 동대문구에서 당선됐다. 당시 신고한 재산이 부친 재산과 합쳐 총 2억 8천만 원인데 그중 자기 재산은 1,000만 원 남짓이라고 해 주목을 받았다.

공영방송 KBC는 공식 유튜브를 통해 장 의원의 가난을 홍보해줬다. 2020년 4월 당선인 신분이던 장 의원을 주인공으로 내세워 〈'짠내 갑' 노총각 영태씨. 흙수저의 금배지 단 이야기〉를 방영했다. 영상에서 장 의원이 선거 운동을 마치고 좁은 원룸으로 돌아와 아버지와 가난했던 과거를 회상하거나 또래보다 늦은 대학 생활 이야기, 강의 사이사이에 벼락 아르바이트를 하던 사연 등이 화면을 장식했다. 그는 영상 막바지에 "너무 없이 사는 모습을 적나라하게 보여줘서 결혼을 할 수 있을지 걱정된다."라는 심경을 비쳤다.

장 의원은 2022년 4월 한 언론과의 인터뷰에서도 흙수저로서의 궁핍한 삶을 강조했다.

"저는 아직도 지역구인 동대문구의 반지하 주택에 거주하는 오리지날 흙수저입니다. 20대 삶은 창문 없는 반지하 고시원 인생이었습니다. 대학 등록금과 생활비를 벌기 위해 별의별 일을 다 해 봤습니다."

가난 코스프레로 장영태 의원보다 더 '인기짱'이 된 남자는 박수민 의원이었다. 지지자들이 붙인 별명이 '거지갑^(甲)'이다. 꾸미지 않은 모습으로 의정활동을 하면서 국회 본회의장에서 잠을 자는 등의 에피소드가 알려지며 유명해졌다. 지지자들이 급증하자, 박 의원은 곽 우유에 꽂은 빨대를 입에 문 채 쪼그려 앉아 있는 모습이 담긴 사진을 홍보물에 넣고 그 밑에 '박수민의 든든한 후원자가 되어 주세요'라는 문구를 넣었다. 다른 홍보물에는 박 의원이 만 원짜리 지폐 한 장을 들고 쌍용자동차 해고 노동자를 응원하는 문구를 적은 사진을 넣기도 했다.

2017년에 박 의원은 아예 '돈 달라는 남자'라는 타이틀로 후원금 요청 동영상을 올렸고, 48시간 만에 3억 4,858만 원이 모이자 한도 초과로 모금을 중단했다. 2018년에는 '돈 달라는 남자 리턴즈'라는 타이틀로 "작년 정치후원금 감사히 잘 썼습니다. 그런데 모아주신 후원금이 바닥났습니다. 다시 한번 여러분께 도움을 요청합니다."라며 후원금을 모금했다.

'함께도마뱀'의 꼬리 자르기

누구나 잘못을 저지른다. 아니 저지를 가능성이 있다. 범죄자인지 아닌 지는 구별하기 어렵지만, 승자와 패자의 구별은 너무나 쉽다. 죄가 있어 범죄자가 되고 패자가 되는 게 아니라, 운이 나빠 들통나 기소가 돼 범법 자로 판결받으면 범죄자가 되고 패자가 되는 것이다. 그래서 인간사에서 는 과정은 별 의미가 없고 결과가 중요하다.

'조국 사태' 때 공정에 민감한 MZ세대를 비롯해 다수의 국민이 분노한 건, 나조국 교수 부부와 자녀들의 '뻔뻔함' 때문이었다. 잘못이 미운 게 아니라 뉘우침 없는 태도에 치를 떤 것이다. 뉘우치는 시늉이라도 하지 않는 뻔뻔함에 실망한 2,30대와 대학생 자녀를 둔 4,50대가 나조국 가족 을 외면한 것이다.

과거 부패 단골이었던 꼴통보수들이야 편법과 불법, 비리를 밥 먹듯이 일삼다 보니 으레 그러려니 했지만, 상대적으로 우월한 도덕성을 지닌 민주주의를 쟁취해낸 진보적 운동권들이 권력의 중심부에 들어와 특권 층이 된 후, 그 기득권을 지키기 위해 꼴통보수들이 하던 짓거리를 답습 하니 국민이 실망한 것이다.

그래도 보수진영은 과거 청산을 위해 나름대로는 안간힘을 쓰고 있지 만, 86운동권과 그 후배들이 진용을 갖춘 민주화 세력들은 대통령 탄핵 국면 덕에 쉽게 정권을 되찾고부터는 특권을 계속 유지하기 위해 더 교 묘하게 진화했다. '가난 코스프레'까지 해대며 극성지지층을 악용하고 때 론 '국민의 준엄한 명령'이란 명분을 내세워 국민을 이용하기도 한다.

함께민주당의 2021년 전당대회 돈봉투 의혹의 정점 인물인 송명길 전 대표에 이어 이 사건의 핵심인물인 윤만석·이성민 의원도 자진 탈당을 선언했다. 며칠 뒤, 나남국 의원도 거액의 코인 보유 논란으로 자진 탈당을 선언했다. '탈당 도미노'였다.

"함께도마뱀의 꼬리 자르기"가 이어진 것이다. 제 편 감싸기도 여전히 횡행했다. 민주당 내에서도 '반성 없는 온정주의'에 대한 비판이 커지고 있다. 비이주명계의 한 의원은 "도덕적 해이에 대한 온정주의로 자정능력을 상실한 채 민낯을 드러내고 있다. 친명그룹(친이주명계)도 86그룹의 온정주의 같은 나쁜 문화를 이어받았다."며 개탄했다.

2023년 4월 23일, '함께민주당 2021년 전당대회 돈 봉투 살포' 의혹의 정점으로 지목된 송명길 전 대표가 프랑스 파리에서 기자회견을 갖고 일단 고개를 숙였다.

"돈봉투 사태에 대해서는 전혀 알지 못하지만, 모든 정치적 책임을 지고 오늘부로 민주당을 탈당하겠습니다. 모든 문제를 해결하고 민주당에 복귀할 것입니다. 즉시 귀국해 검찰 조사에 당당히 응하고, 끝까지 책임지고 사태를 해결하겠습니다."

당의 직전 대표가 자진 탈당을 선언하자, 민주당 지도부는 곤혹스러워하면서도 "존중한다."라는 입장을 내놨다. 이에 대해 국민의맥은 "꼬리 자르기 탈당, 꼼수 귀국, 모르쇠 사과로 사건의 진실을 덮을 수 없다. 송 전 대표 탈당으로 민주당 책임은 끝이라는 건가. 국민의 눈높이와 괴리가 너무 크다. 민주당은 더 늦기 전에 당 차원의 조사와 문책을 서둘러 공당으로서의 책임지는 모습을 보여야 한다."라며 검찰의 철저한 수사를 거듭 당부했다.

민주당 정창래 최고위원은 송 전 대표의 탈당에 대해 기자들이 "꼬리 자르기 아니냐?"고 묻자, "송 전 대표가 꼬리면 누가 몸통이냐?"고 반문하며 옹호했다.

정 최고위원이 선봉에 서자 당내 주축인 86그룹이 "검찰의 기획수사다. 검찰 독재정권의 부당한 탄압에 맞서 싸워야한다."라며 86그룹의 맏형격인 송 전 대표를 우르르 엄호하고 나섰다.

열흘쯤 뒤인 5월 3일, 윤만석·이성민 의원이 민주당을 탈당했다. '돈 봉투 살포 의혹'에 연루돼 거취 표명 압박을 받던 두 의원이 이른바 '쇄신 의원총회'를 불과 네 시간여 남기고 자진 탈당을 선언했다.

"저희는 오늘부로 선당후사의 마음으로 민주당을 탈당하는 결단을 내렸습니다. 법적 투쟁으로 진실을 밝혀 나가는 데 최선을 다하겠습니다."

이에 대해 이주명 대표는 "두 분이 떠나신다니 가슴 아프지만 '선당후사' 정신으로 정치적 결단을 내린 것이라 판단됩니다."라고 소회를 밝혔다.

그러자 일각에서 이주명 대표식 '내로남불'이라는 비난이 쏟아졌다.

다시 열흘쯤 뒤인 5월 14일, 이주명 당 대표가 국민 여론을 의식해 나남국 의원의 '코인 투자 의혹'에 대해 윤리감찰단 감찰을 긴급 지시하자, 나 의원은 주군(?)의 뜻을 받들어 자진 탈당을 선언했다. 이번에는 이주명 대표 대신 친명계와 강경파가 '친명 핵심'인 나 의원 감싸기에 나섰다.

먼저 총대를 멘 국회의원은 22대 총선의 지역구 공천에 목매는 친명계의 이은영 의원이었다. 이 의원은 비명계에 대한 불만을 노골적으로 드러내며 마치 나조국을 비호하듯 나남국 의원을 엄호하고 나섰다.

"진보라고 꼭 도덕성을 앞세워야 하느냐. 우리 당은 너무 도덕주의가 강해서 탈이다."

박상준 의원이 뒤를 이었다.

"우리 당이 왜 이렇게 수세적인가. 도덕성 따지다가 우리가 만날 당한다."

두 의원이 앞장서자, 15일 새벽부터 전날에 '재창당의 각오로 반성과 쇄신하겠다'며 민주당 의원 전원 명의로 낸 결의문이 무색할 만큼 친명계를 중심으로 '나남국 지키기'가 이어졌다.

민주당의 '제 식구 감싸기'는 국회 본회의에서 절정에 다다랐다. 탈당해 무소속이 된, 돈 봉투 사건의 '키맨'으로 알려진 윤만석·이성민 두 의원에 대한 체포동의안을 부결시켜 버렸다.

2023년 12월 18일, 법원은 송명길 전 대표의 구속영장을 발부했고, 검찰은 2024년 1월 4일에 그를 정치자금법 위반 등 혐의로 구속기소 했다.

민주당은 직전 대표가 구속됐는데도 "탈당한 개인이다. 당의 공식 입장은 없다."라며 거리두기를 했다.

이주명 대표도 기자들의 질문에 침묵으로 일관하자, 원로 한 명은 지도부를 나무랐다.

"정치권의 도덕성에 타격을 입힌, 우리 당 전당대회 때 벌어진 돈 봉투 살포 사건이고, 이 사건과 관련해 최소 20명의 국회의원이 연루 의혹을 받는 데도 탈당했다는 핑계로 '남의 일'로 모르쇠 하니 정말 뻔뻔하다. 이런 식이면 국민이 보시기에, 민주당은 참으로 뻔뻔한 정당이라고 여기게 된다."

국민의맥에서의 '조국 사태'

'제2의 조국 사태'로까지 비화하던 이른바 나남국 사태가 좀 잦아든 시점인 2023년 10월, 공교롭게도 여당인 국민의맥에서 나남국 사태에 버금가는 아니, 이 사태보다 훨씬 심각한 '김태호 보궐선거 재출마 사태'가 터졌다.

서울 강서구청장 보궐선거는 '24년 4·10 총선의 전초전이자 20대 대선의 양강 후보 간의 '대리전이자 연장전'으로까지 불리며 세간의 호기심을 자극하고 가십거리도 풍부해 선거 기간 내내 시끌벅적했다. 그러다 보니 역대 지방선거와 재보궐선거를 통틀어 사전투표율이 최고였을 만큼 유권자들의 관심이 높았다.

야당의 강세지역이긴 하지만 어느 정도 접전이 될 거라는 예상과 달리 함께민주당 후보가 완승을 거두자, 대법원에서 유죄로 인정한 범죄인을 사면·복권시켜 준 윤 대통령도, 대통령 눈치 보느라 김태호를 공천해준 국민의맥 지도부도 항간의 비웃음을 샀다.

공익제보를 했는데 억울하게 유죄판결을 받았다고 항변할 수는 있겠지만, 그건 자당의 논리이고 주장일 뿐이다. 중도층과 무당층이 수긍하지 못할, 아니 자당의 당원들조차도 고개를 갸웃거린 무리한 공천으로 창피와 굴욕을 맛본 것이다. 수직적 당정 관계가 낳은 참담한 결과물이었다.

한 호사가는 이 상황을 빗대 '바보야, 문제는 대통령이야'라고 비아냥댔다. '공정과 상식'을 내세워 집권한 윤통이 '원칙과 상식'을 저버린 것이다.

그랬다. 문제는 윤 대통령이다. 윤통의 강골 성향이 언제든 위험 요소로 바뀔 수 있다는 우려가 현실이 된 사건이다. 아마도 사법고시를 9수 끝에 합격한 것 말고는 살아오면서 거의 쓴맛을 본 적이 없는 윤통이었는데 이 선거에서는 그의 맹목적인 저돌성이 쓰라린 좌절로 돌아왔다.

안 좋은 일이 불거질 때마다 '전 정권 탓, 남 탓'으로 돌리던 윤통은 마침내 공식 석상에서 처음으로 자기 탓[87]이라며 반성하고 국민에게 사과했다. 진정성 있는 건지 아닌지는 차치하고.

2023년 8월, 국민의맥 지도부는 강서구청장 재보궐선거를 앞두고 딜레마에 빠졌다. 김태호 전 구청장이 2018년 검찰 수사관으로 청와대 특별감찰반에 파견돼 근무하던 시절, 특감반의 감찰 무마 의혹을

---

87 윤 대통령은 강서구청장 보궐선거 참패 이후 "민생 현장으로 더 들어가 챙겨야 한다. 국민은 늘 무조건 옳다. 어떤 비판에도 변명해서는 안 된다."라고 말했다.

폭로한 것이 '공무상 비밀 누설죄'로 인정돼 대법원에서 징역 1년에 집행유예 2년의 형이 확정되면서 '구청장 직위 상실'로 치러지는 선거였다.

당초 국민의맥은 당 소속 정치인이 원인을 제공해 보궐선거가 치러지면 책임을 진다는 차원에서 '무공천' 방침을 고수해왔다. 당규에도 '당 소속 선출직 공직자의 공직선거법 위반 등으로 인하여 재·보궐선거가 발생한 경우 중앙당 공천관리위원회는 최고위원회의의 의결을 거쳐 당해 선거구의 후보자를 추천하지 아니할 수 있다'고 명시돼 있다.

그러나 김 전 구청장의 행위에 대해 국민의맥은 '범죄가 아닌 공익신고 혹은 내부고발'이라고 주장해 온 만큼, 후보를 내지 않으면 김 전 구청장의 유죄를 인정하는 셈이 돼 지도부는 고민에 빠졌다. 특히 김 전 구청장이 1심에서 유죄를 선고받았음에도 2022년 선거에서 그가 당선됐으니 더욱 난감한 상황이 된 것이다.

"사면·복권되자마자 김 전 구청장을 보궐선거에 재출마시키는 것은 정치적 부담이 큽니다."

"내년 총선을 앞두고 민심만 악화시킬 수 있습니다."

최고위원들이 공천을 만류했다. 반론도 만만찮았다.

"가뜩이나 여기저기서 '국민의맥 수도권 위기론'을 퍼뜨리고 있는 상황에서 다른 후보 냈다가 패하면 총선을 앞두고 수도권 위기론이 더 거세질 수 있습니다."

여러 논란에도 불구하고 국민의맥 지도부는 고민 끝에 김태호를 공천했다. 항간에는 대통령실 눈치를 보던 지도부가 결국 윤심(윤 대통령의 의중)을 거스를 수 없어 공천장을 줬다는 소문이 돌았다. 이에 함께 민주당은 김태호의 재출마에 맹공을 퍼부었다.

"김 전 구청장이 자신의 구청장직 상실로 인해 발생한 10월 보궐선거에 출마한다는 것은 정치적 책임감이라고는 털끝만큼도 없는 후안무치하고 염치없는 짓이다."

강서구의 유권자들도 비난에 가세했다.

"조국 사태 때 내로남불과 뻔뻔함을 그렇게 욕하더니 집권당이 되니 권력에 도취해 법치도, 정치 도의도, 국민도 무시하는 오만방자한 작태를 보이는 국민의맥에 대해 실망을 넘어 분노한다."

본격적인 선거전이 시작되자 선거 열기는 한층 달아올랐다. 민주당의 이주명 당 대표까지 선거 현장에서 뛰었다. '10·11 강서구청장 보궐선거'는 지역 일꾼을 뽑는 기초단체장 선거지만 정부·여당과 야당에 대한 평가가 표심을 좌우하는 선거이고, 총선을 앞두고 서울과 수도권 민심을 가늠해 볼 수 있는 바로미터이기도 해 여야 모두 총력전을 펼쳤다.

선거 결과는 무리수를 둔 국민의맥의 완패였다. 여당의 김태호 후보가 제1야당인 민주당 진교운 후보에게 17%로 차로 참패했다. 한 야당 지지자는 인터넷상에 "예견된, 당연한 결과다. 주권자를 능멸한 죄에 대한 벌을 받은 것이다."라며 고소해했다.

윤핵관의 추락

국민의맥 이준성 대표가 윤 대통령과 대립하다 사퇴하자, '윤핵관'(윤성열 핵심 관계자)의 최고 실세인 김기형 대표 체제가 탄생했고, 윤통은 사실상 친정 체제를 구축했다. 그러자 일각에서는 윤 대통령의 노골적인 당무 개입에 대해 '정당민주주의에 대한 그릇된 인식을 갖고 있다.'며 국회의원 0선 대통령의 한계라고 지적했다. 혹자는 '골목대장 기질의 발로'라고 비아냥댔다.

국민의맥이 서울 강서구청장 보궐선거에서 참패하자 총선에서의 수도권 위기론이 확산했다. 여권 전반의 변화 요구로 혁신위원회가 출범했고, '지도부·중진 용퇴' 요구로 이어져 화살은 자연스레 '윤핵관'으로 향했다.

국민의맥 인요안 혁신위원장은 당 개혁을 위해 솔선수범하고 희생하라며 지도부·친윤(친윤성열)·중진의원들의 불출마나 수도권 험지 출마 내용을 담은 혁신안을 제시했다. 하지만 혁신위원장의 제안은 강한 저항에 부딪혀 불발됐다. 혁신위원회가 별 성과도 없이 종료되자, 윤 대통령의 당무 개입을 막지 못한 윤핵관에게 화살이 향했다.

2023년 12월 12일, '친윤 실세 중의 실세'로 꼽혀 '찐윤'으로 불리던 장재원 의원이 국회에서 기자회견을 열고 기득권을 내려놓겠다며 전격 불출마를 선언했다.

"운명이라고 생각한다. 22대 국회의원 선거에 출마하지 않겠습니다. 윤성열 정부의 성공보다 절박한 것이 어디에 있겠습니까? 총선 승리가 윤성열 정부 성공의 최소한 조건입니다."

장 의원이 결단을 내리자, 국민의 시선은 버티고 있던 윤핵관의 상징 김기형 당 대표에게 쏠렸다.

12월 13일, 결국 김기형 당 대표가 당내 혼란에 대한 책임을 지고 자진사퇴했다. 그런데 대표직 사임만 밝히고 총선 출마에 대해서는 언급하지 않아 대통령실과 미묘한 엇박자를 보였다. 윤 대통령은 김 대표에게 총선에 불출마하고 대신 당 대표를 계속 맡아 총선을 이끌어달라고 주문한 것으로 알려졌는데 김 대표가 다른 선택을 한 것이다.

어쨌든 윤핵관의 실세 두 사람의 낙마로 친윤들의 운신의 폭도 좁아졌다.

제6부

운명의 수레바퀴

...

　20대 대선의 연장전이자, 21대 대선의 전초전이랄 수 있는 22대 총선이 임박하자 21대 대선의 유력한 후보로 민주당 이주명 대표와 국민의맥 비상대책위원장이 된 한동운 전 법무부 장관이 떠올랐다.

　이주명 대표는 20대 대선에서 0.73%P라는 간발의 차이로 밀려 석패한 대선후보여서 거대야당의 여전한 대선주자이지만, 한동운 전 장관은 말 그대로 정치 초짜이다. 그럼에도 여권의 대선 주자로 우뚝 섰으니 고개를 갸웃거릴 국민도 많을 것이다.

　소리만 요란한 빈 깡통이 될지, 속이 알찬 거물이 될지 지켜볼 일이다. 반짝스타로 '노철수 신드롬'을 일으켰던 노철수 의원(국민의당 대표 역임, 국민의맥 소속 국회의원)처럼 높이 비상할 듯하다 급추락할지 아니면 윤통도 민주당의 핍박으로 거물이 됐듯이 한 전 장관도 비슷한 과정을 밟게 될지 누구도 장담하지 못한다.

　과연 삶의 수레바퀴는 어떻게 굴러갈까, 어디로 굴러갈까. 인간 운명의 소용돌이가 어떻게 휘돌지 정말 예측 불가다.

제1장

이주명 열전列傳

　아마 역대 대선 후보 중 함께민주당의 이주명 대표만큼 우여곡절 많은 파란만장한 삶을 살아온 후보도 드물 것이다. 또한 이 대표만큼 화려하면서도 독특한 경력에, 많은 전과 기록에, 맹목적인 강성지지층을 가진 정치가도 없을 것이다. 이런 만큼 호불호가 극명하게 갈린다. 별명도 다양하고 유별나다. 여성 팬덤 개딸들의 아빠라는 의미의 '개아빠', 팬카페 주명이네 마을 '이장님', 신격화된 '갓주명'이란 긍정적인 별명에다, 전과도 많고 재판받는 게 많음을 빗댄 '이죄명(李罪明)'란 부정적 별명도 지니고 있다.

　소년공(少年工) 생활을 하며 검정고시를 통해 중졸·고졸 학력을 취득한 뒤 법대에 진학했고 사법시험에 합격 후 안남시 일대에서 인권변호사 겸 시민사회운동가로 활동하다 안남시장, 경기도지사를 거쳐 마침내 제1당의 대선 후보가 됐다.

　오직 '검사 생활'이란 외길만 걷다가 야당의 대선후보가 된 국민의맥 윤성열 후보와 20대 대선에서 맞붙어 분패했다. 하지만 패배한 대선후보가 은둔 생활이나 해외 잠행, 정계 은퇴 등을 하는 관례를 깨고 열렬한 지지층의 '졌잘싸'[88] 성원을 업고 곧바로 2022년 6월의 인천 계양구 보궐선거에 출마해 국회의원에 당선됐다. 여세를 몰아 2022년 8월의 민주당 전당대회에서 77.77%라는 역대 최고 득표율로 제6대 당 대표에 당선되는 기염을 토했다.

이 '이주명 열전'이 훗날 '이통 본기(本紀)'로 바뀔지 그냥 열전으로 남을 지는 그에게 닥친 '사법 리스크'를 어떻게 헤쳐 나가느냐에 달렸다고 해도 과언이 아니다.

'인간만사 호사다마(好事多魔)'라 했던가. 이주명 대표는 당 대표 당선 4일 만에 공직선거법 위반 혐의로 검찰의 소환조사 통보를 받은 이후 '방탄 정당, 방탄 국회'라는 꼬리표를 떼지 못했다. 대선 과정에서 고 김민구 안남도시개발공사 개발1처장을 모른다고 말해 허위 사실을 공표한 혐의로 2023년 3월부터 재판을 받고 있고, '유례·대정동 개발 특혜 의혹'과 '안남 FC 불법 후원금 의혹' 등으로 공직선거법 위반 및 특정경제범죄 가중처벌법상 배임, 특정범죄 가중처벌법상 제3자 뇌물, 위증교사 혐의로 기소된 상태다.

2023년 2월, 이 대표에 대한 첫 체포동의안 표결에서 찬성 139명, 반대 138명, 무효 11명, 기권 9명으로 가까스로 부결되면서 이 대표 리더십이 크게 흠집이 났다.

---

88 '졌지만 잘 싸웠다'의 줄임말

반란 - 방탄 뚫리다

2023년 8월 31일, 이주명 대표는 취임 1주년 기자간담회에서 '윤성열 정부의 전면적 국정 쇄신을 요구'하며 무기한 단식이란 승부수를 던졌다. 공직선거법 위반 및 배임, 제3자 뇌물, 위증교사 등 혐의로 기소되자 검찰의 영장 청구에 대비한 포석이었다. 20일 넘게 단식이 이어지면서 함께민주당의 분위기는 '체포동의안 부결'로 기울었다.

검찰이 백향동 용도변경 논란 건, 대북송금 혐의 사건, 위증교사 혐의 사건 등으로 이 대표에 대한 영장을 청구하였고, 이에 국회법에 따라 9월 21일에 체포동의안을 표결하기로 했다.

이 대표는 자신에 대한 체포동의안 표결 처리가 하루 앞으로 다가오자, 오후에 자신의 페이스북을 통해 공개적으로 부결을 독려했다.

"체포동의안 가결은 정치검찰의 공작 수사에 날개를 달아주는 것이다."

같은 당의 국회의원들은 지난 6월의 국회 교섭단체 대표 연설 때의 '불체포특권 포기 선언'을 떠올리며 당혹감에 사로잡혔다.

"구속영장을 청구하면 제 발로 출석해 영장실질심사를 받고 검찰의 무도함을 밝히겠습니다."

민주당 소속 의원들은 이 대표가 이 공언으로 박수를 받았는데 본인 입으로 석 달 만에 이것을 번복하면 당도 당 대표도 모양새가 엉망이 된다고 여겼다.

국회는 9월 21일, 본회의에서 이 대표 체포동의안을 무기명 표결에 부쳤다. 찬성 149표, 반대 136표, 기권 6표, 무효 4표로 체포동의안이 통과됐다. 의결에 필요한 출석의원(295명)의 과반(148명)을 가까스로 넘긴 박빙의 가결이었다.

처음부터 가결 당론을 정한 국민의맥과 정의실현당의 찬성표에다 여권 성향 무소속과 소수정당 의원이 찬성했다고 가정하면, 민주당 의원 중에서 최소 29명이 찬성표를 던진 것으로 분석돼 민주당은 발칵 뒤집혔다. 기권·무효표까지 합치면 39명 정도가 반란에 가담한 것이다. 이렇게 헌정사상 최초로 야당이자 제1당 당대표의 체포동의안이 가결되는 사태가 발생했다.

이날 밤, 민주당의 원내대표 등 지도부와 사무총장은 체포동의안 가결에 책임을 지고 총사퇴했다. 이주명 대표의 1년간에 걸친 '방탄 공성전(攻城戰)'은 결국 내부에서 무너졌다.

야권 원로인 유민태 전 국회 사무총장은 CBC 라디오에서 전날 밤부터의 어수선하고 혼란스러웠던 분위기를 전했다.

"이 대표가 SNS에 올린 메시지의 역풍이 생각보다 대단했다. 메시지로 인해 '방탄 정당' 낙인 우려가 더 커지면서 의원들이 찬성표를 던졌다. 부결 독려 메시지가 나오자 의원들은 깜짝 놀라는 분위기였고, 심리적 분당 사태로까지 갔다. '이 대표와 더는 당을 같이 못 하겠다'는 볼멘소리가 여기저기서 터져 나왔다고 들었다."

초조해진 이 대표의 공개적인 부결 독려가 결과적으로 극적인 자충수가 됐다. 이 대표가 오랜 단식으로 정신이 혼미해져 판단력이 흐려진 탓일 수도 있다. '당당하게 가겠다. 가결시켜 달라'고 했다면 표결 결과도 달라졌을지도 모른다. 어쩌면 이 대표는 가결을 예견하고 부결해주기를 애타게 호소했는지도 모른다.

체포동의안 가결의 후폭풍과 후유증은 실로 대단했다.

국회의사당 바깥에 모여서 촛불을 들고 체포동의안 부결을 외치던 이 대표 지지자들은 가결 소식이 전해지자 충격에 휩싸여 동요했고, 이에 분노한 강성 지지자들이 국회의사당 난입을 시도했다.

일부 지지자들이 내려간 셔터를 강제로 올리고 진입을 시도하다 경찰에 의해 제지당했고, 국회의사당역 6번 출구의 셔터가 파손됐다. 경찰이 만일의 사태에 대비해 3천여 명의 경찰력을 대기시켜 두는 바람에 큰 불상사는 일어나지 않았다.

국회로 가는 길이 막히자, 이른바 '개딸과 양아들'은 "민주당사라도 부수자!"라며 여의도 민주당사로 방향을 틀었다. 민주당 당사 앞에는 금세 100여 명의 지지자들이 모여들었다. 흥분한 몇 명이 격한 발언을 쏟아냈다.

"이주명 대표는 지키지 못했지만, 가결 표를 던진 '배신자'들을 응징하자."

"민주당사 불 지르자! 싹 죽여버리자."

이들은 방패 벽을 쌓은 경찰들을 밀치며 당사 진입을 시도하다 경찰과 충돌했다. 오후 5시 31분경, 지지자 한 명이 경찰을 폭행해 현장에서 '공무집행방해 및 재물손괴 혐의'로 체포되었다.

그날 밤, 온라인 커뮤니티 상에 비명계 국회의원 14명의 실명을 거론하며 '살인 예고 글'이 올라왔다.

이튿날부터 민주당은 분란에 빠졌다. 친명계가 다수인 최고위원들은 자리를 계속 지켰고, 반면에 비명계인 박 원내대표는 물러났다. 더구나 강경파인 정창래 최고위원이 당 대표 대행을 맡게 돼 당내 분란의 새로운 불씨가 됐다.

"제 나라 국민이 제 나라를 팔아먹었듯이 같은 당 국회의원이 자기 당 대표를 팔아먹었다. 적과의 동침이다. 용납할 수 없는 해당 행위다."

정창래 대행이 최고위원회의에서 이렇게 발언하자, 친명계가 본회의 가결투표의 '해당 행위자'를 색출하자며 동조했고, 이른바 '살생부'까지 나돌아 친명계와 비명계의 갈등은 최고조에 다다랐다.

'방탄 정당'이란 오명을 뒤집어쓰면 차기 총선에서 필패할 것을 염려한 수십 명의 민주당 의원이 일으킨 반란은 일단 성공했다.

'주명이네마을 이장' 기사회생

약 20.9만 명의 회원을 보유한 '주명이네 마을'은 이주명 민주당 대표를 지지하는 팬카페인데 이른바 '개딸, 양아들'의 집합소이자 정치 스트레스 화풀이 장소다. 주로 강성 지지층이 몰려 있는 곳이다. 그러다 보니 이 카페를 두고 '혐오정치의 산실'이라고 비난하는 국민도 많다.

개딸, 양아들의 해석도 진영마다 제각각이다. 옹호하는 층에서는 '개혁의 딸' '개념 있는 딸' '양심의 아들'이라 해석하지만, 비호감 층에서는 '성질이 개 같은 딸, 개념 없는 딸, 양아치들'로 폄훼한다.

하여튼 이 마을의 이장은 당연히 이주명 대표이고, 마을 주민은 개딸, 양아들이 대부분을 차지한다. 이 카페는 인터넷상에서 핫(hot)한 곳 중 하나이고 이 마을의 이장은 뉴스에서 가장 핫한 인물이다. 긍정적이든 부정적이든 간에.

'방탄 단식'이란 비판에도 아랑곳하지 않고 단식을 지속하던 이장은 위기감을 느끼고 다급하게 부결 호소 메시지를 내 역풍을 초래했다. 경계선에 있던 중립 의원들이 불체포특권 포기 선언을 뒤집는 부결 메시지에 실망해 가결로 돌아서면서 주명이네마을 이장의 체포동의안은 극적으로 가결됐다.

언론의 반란표에 대한 온갖 이유 분석을 차치하고라도 '방탄 정당'이란 오명을 쓰게 되면 총선 필패'라는 인식이 같은 당 의원들로 하여금 '이기적인 선택'을 하도록 만든 것이다. 인간은 누구나 이기적인데 더구나 정치인은 오죽할까.

2023년 9월 27일, 민주당 이주명 대표가 구속 위기에서 벗어났다. 국회의 체포동의안 극적인 가결로 위기를 맞았던 이 대표는 검찰이 청구한 구속영장이 법원에서 기각되면서 극적인 반전으로 기사회생했다.

이 대표는 장기간 이어오던 단식을 24일 만에 중단하고 영장심사에 지팡이를 짚은 채 서울중앙지법에 출석했다. 국가 의전 서열 8위인 제1야당 대표가 법원의 영장 심사를 받은 것은 처음이다. 그는 검찰의 주장을 직접 반박하면서 과도한 검찰권 행사에 억울함을 피력했다.

유창운 영장 전담 부장판사는 9시간이 넘는 심문을 마친 뒤 다시 7시간 동안 고심을 거듭한 끝에 이 대표 측의 불구속 수사 주장을 받아들였다.

유 부장판사는 "위증교사 혐의는 소명되는 것으로 보인다. '백향동 개발사업 특혜 사건', '대북송금 사건'에 대해선 혐의에 다툼의 여지가 있다. ……피의자의 방어권 보장 필요성 정도와 증거인멸 염려의 정도 등을 종합하면 불구속 수사의 원칙을 배제할 정도로 구속의 사유와 필요성이 있다고 보기는 어렵다. 또 별건 재판에 출석하고 있는 피의자의 상황, 피의자가 정당의 현직 대표로서 공적 감시와 비판의 대상인 점 등을 감안할 때 증거인멸의 염려가 있다고 단정하기는 어렵다."라고 판시했다.

여러 의혹의 정점으로 의심되는 이 대표의 신병을 확보해 안남시장, 경기도지사 시절 이뤄진 각종 비리행위의 전모를 밝히려던 검찰의 계획에 제동이 걸렸다. 반대로 극적으로 구속을 피한 이 대표는 당내 리더십을 회복하고 2년간 자신을 전방위로 압박해온 검찰에 반격할 계기를 마련했다.

검찰은 두 차례 구속영장 청구 끝에 민주당의 '방탄 국회' 시도를 뚫고 영장 심사 기회를 얻어냈지만, 법원에 이 대표의 구속 필요성을 설득하는 데 실패해 수사 정당성에 큰 타격을 입고 수사 계획을 전면 재수정해야 할 처지가 됐다.

'견강부회(牽强附會)'[89]

2023년 3월 9일, 이주명 대표의 측근으로 경기지사 시절 초대 비서실장을 지냈던 정 모 씨가 숨진 채 발견됐다. 그가 남긴 유서에는 이 대표에게 "이제 정치를 내려놓으시라⋯ 집안이 풍비박산 났다⋯ 더 이상 희생은 없어야 한다."는 등의 내용이 담긴 것으로 전해졌다. 보도에 따르면, 사망한 정 씨는 '안남FC 불법 후원금 의혹' 사건과 관련해 검찰 조사를 한 차례 받았다고 한다. 경찰은 현장에서 나온 유서, 정황 증거 등을 토대로 그가 극단적인 선택을 한 것으로 보고 있다.

이에 대해 이 대표는 정 씨의 죽음을 안타까워하면서 견강부회식 해석을 내놓았다. "검찰 특수부가 없는 사실을 조작하니까 억울해서 극단적인 선택을 하는 게 아니겠느냐?"고 반문했다.

이주명 대표의 구속영장이 기각되자, 한 정치평론가는 칼럼을 통해 이 대표 주변 인물들의 죽음을 거론하며 개탄했다.

"세상은 불공평하고, 삶은 모순으로 가득 찼다. 이주명 대표 같은 경우 직간접적으로 그의 사법 리스크에 관련된 인물들이나 주변 인물들이 5명이나 죽었음에도 그는 구속도 되지 않고 멀쩡하게(오랜 단식으로 인해 건강은 나빠졌지만) 여전히 건재하며 대표 자리를 지키고 있다. 정말 아이러니하다. 도대체 어떠한 말 못 할 비밀이 그리 많기에 다섯 명째 소중한 생명이 세상을 떴는지 오직 한 사람만 안다. 이제 이 대표가 입을 열어야

---

89 사리에 맞지 않은 말을 억지로 끌어다 붙여 자기에게 유리하도록 함.

한다. '내가 다 책임지겠다.'고 나서서 더 이상의 희생을 막아야 한다. 이 게 인간으로 해야 할 도리다."

이주명 대표의 구속영장이 기각되자 여야는 아전인수식 해석과 견강부회를 남발하며 서로에 대한 날 선 공방을 이어갔다. 관점과 해석이 극명하게 갈려 국민은 혼란스럽기만 했다.

민주당은 영장 기각을 '무죄 판결'이라고 우기며 '대통령 사과와 법무부 장관 파면'을 요구했다. 국민의맥은 이에 대해 "위증교사 혐의는 소명되는 것으로 보인다고 판사가 밝혔으니 이주명 대표는 '무죄'가 아니라 '유죄'다. 적반하장도 정도껏 하라."고 맞받아쳤다.

민주당 권칠성 의원이 "법원이 영장 심사를 하면서 '백향동 아파트 특혜 개발' 혐의 등에 대해 '직접 증거가 부족하다'고 했다"고 하자, 한동운 법무장관은 "그 사건으로 구속된 사람이 많고 이 대표에 대한 구속영장이 기각됐다고 무죄를 받은 것처럼 말할 수는 없다"고 답했다.

국민의맥에서 "이주명 대표가 당 대표라는 이유로 증거인멸의 염려가 없다, 이렇게 유 판사가 봤는데 이것은 방탄의 손을 들어준 것이다."라고 유 판사를 비난하자, 민주당 박범기 의원은 "영장의 기각 사유를 읽어보니, 이렇게 수미일관하며 논리가 정확한 것은 제가 최근본 적이 없다."라고 유 판사를 옹호했다.

국민의맥 김기형 대표는 페이스북을 통해 "뺑소니 운전자의 신병이 불구속됐다고 무죄라고 큰소리칠 게 아니라, 반성하면서 재판받기

전에 피해자에게 용서를 구하며 자숙하는 것이 정상이다. 위증교사죄는 증거를 없애고 조작하는 적극적 증거인멸 행위이고, 그 자체만으로도 실형 감인데, 도리어 증거인멸의 우려가 없다며 영장을 기각한 것은 애초부터 이 대표를 봐주기로 작심하지 않고서는 설명이 되지 않는다."라고 쏘아붙였다.

김 대표는 그러면서 "드루킹 재판 때도 당시 김영수 경남지사는 다툼의 여지가 있다는 논리로 구속영장이 기각됐지만, 결국 실형을 선고받고 구속된 바 있다. 영장 기각으로 이 대표의 사법 리스크가 '해소'된 것이 아니라, 오히려 내부 깊숙한 곳에 '시한폭탄'을 설치한 것에 불과한데도 희희낙락하고 있으니 한심할 따름이다."라고 비꼬았다.

검찰도 법원의 판결에 대해 자의적으로 해석하며 유감을 표명했다.

"판사가 '위증교사 혐의는 소명되는 것으로 보인다'고 판단한 것은, 증거인멸을 현실적으로 했다는 것인데도 '증거인멸 염려가 없다'고 판단하고, 주변 인물에 의한 부적절한 개입을 의심할 만한 정황들을 인정하면서도 증거인멸 염려가 없다고 판단한 것은 둘 다 앞뒤가 모순된다."

'이심송심(李心宋心)'

2024년 1월 4일, 함께민주당 전당대회 돈봉투 살포 의혹 등과 관련해 송명길 전 대표가 결국 구속 상태로 재판에 넘겨졌다. 돈봉투 살포의 최대 수혜자인 그는 2021년 당 대표로 뽑힌 전당대회를 앞두고 6,000여만 원을 의원 등에게 살포하는 과정에 개입한 혐의를 받는다. 후원 조직을 통해 기업인 등으로부터 불법 정치자금 7억여 원을 받은 혐의도 있다. 구속을 결정한 판사가 "혐의가 소명되고 증거인멸도 우려된다."고 했다.

그런데 그는 "전당대회를 '당내 잔치'라고 표현하며 이게 무슨 중대 범죄라고 지랄을 하느냐"고 목청을 높였다. 송 전 대표와 국민의 법 감정 사이에는 인식의 괴리가 너무나 크다는 걸 알 수 있다.

총학생회장 출신인 송 전 대표는 '86 운동권'의 대부이자 '맏형'에 해당한다. 2000년 민주당 공천으로 국회에 들어와 5선을 했고, 인천시장과 180석 집권당 대표까지 지냈다. 그의 구속은 '내로남불 의식의 정점'에 대한 벌이고, 동시에 엇나간 일부 '86 운동권' 세대에 대한 경고였다. 이로써 '86 운동권' 특유의 도덕적 우월주의로 자신들은 언제나 정의롭고, 세상의 중심이라고 여기던 의기양양과 기고만장이 대폭 꺾이는 계기가 됐다.

2022년 6월, 송 전 대표가 의원직을 사퇴하고 서울시장 선거에 출마했다. 같은 날 치러진 보궐선거에 이주명 대표가 송 전 대표의 지역구였던 '인천시 계양구'에 출마했다. 이 대표는 '대선에서 패배하고 바로 선거에 나서는 게 적절하냐'는 비난을 무릅쓰고 국회의원에 당선됐다. 그래서 호사가들은 '짜고 치는 고스톱', '이심송심(李心宋心)[90] 시나리오의 재연'이라고 빈정댔다.

2023년 12월 19일, 2021년의 함께민주당 전당대회 '돈봉투' 의혹 사건의 정점인 송명길 전 대표가 정치자금법 · 정당법 위반, 특정범죄 가중처벌법상 뇌물 혐의로 마침내 구속됐다. 서울중앙지법의 유창운 영장 전담 부장판사는 검찰이 송 전 대표에 대해 청구한 구속영장을 발부하면서 그 사유를 밝혔다.

"피의자가 거액의 불법 정치자금을 수수하고 당 대표 경선과 관련한 금품 수수에 일정 부분 관여한 점이 소명되는 등 사안이 중하다. 인적 · 물적 증거에 관해 수사 과정에서 확인된 피의자의 행위, 제반 정황에 비춰 증거인멸 염려도 있다."

이에 대해 민주당의 친명계는 여전히 '검찰 탓'을 했다. 안문석 의원은 "당 대표를 지낸 사람을 이렇게까지 탄압하고 이게 꼭 구속까지 갈 사안이냐? 검찰공화국의 한 단면을 보는 것 같아 씁쓸하고 울분이 치솟는다."라고 했다. 김만석 의원은 "대한민국 최대 과제는 검찰 독재 종식이다."며 이를 갈았다.

송 전 대표는 자신의 저서 '송명길의 출사표' 출판기념회에서 한동운 법무부 장관을 향해 "이런 건방진 놈이… 어린놈이… 조롱하고 능멸하고 이런 놈을 그냥 놔둬야 되겠냐. 물병을 던져버리고 싶다."는 막말을 쏟아냈다. 그리고 '2024년 총선 불출마 선언'을 번복하고 비례정당을 만들겠다고 선언까지 했다.

---

90 이심송심은 2021년 전당대회에서 친명계가 송 전 대표를, 지난 대선 경선 때는 송 전 대표가 사실상 이 대표를 지원하면서 벌어진 논란이다. 이 논란은 이 대표가 대선 패배 후, 송 전 대표 지역구였던 인천 계양을 선거에 출마하면서 거듭 불거졌다.

피의자 신분임에도 신당 창당 운운하며 기고만장해 욕질하고 비판질하며 낄낄대다가 기어코 구속된 '86 운동권' 대부의 볼썽사나운 모습은 참 '웃픈' 정치 현실이다. 야권의 '30·40세대'도 "언제까지 해먹을 생각이냐?"며 반발했다. 수십 년 동안 정치적 기득권을 누린 세대가 기득권을 연장하려고 발버둥 친다는 인식이 '86세대 청산론'으로 번졌다.

후폭풍도 거세게 몰아치고 있다. 송 전 대표 측에게 돈 봉투를 전달받은 것으로 의심되는 다른 민주당 의원들에 대한 검찰 수사가 탄력을 받게 돼 소환조사가 임박했다.

민주당은 '책임론'에 휩싸이며 내홍에 빠졌다. 민주당 원외 인사들이 참여한 자발적 시민모임 '민주주의 실천연대'는 성명서를 통해 "민주당은 반성할 몫이 엄청나다. 이미 탈당한 송명길의 범죄혐의에 대해 민주당 당원, 지지자, 원외 인사, 그리고 스피커들은 침묵하거나 몰염치한 정치 공세에 편승해왔음을 반성하고 국민께 사과해야 한다. 돈 봉투 살포의 최대 수혜자는 송 전 대표이지만, 그의 대표 당선의 최대 수혜자는 이주명 대표가 아닐까, 여겨진다. 그래서 세간에서 '이심송심'이라고 하는 거다."라고 날을 세웠다.

이주명 대표 지지자들이 많이 활동하는 '온라인 커뮤니티 클리세'에는 난데없이 '판사 탄핵'의 글이 올라와 왈가왈부했다.

세상인심만큼 변화무쌍한 게 없다. 구속영장을 발부한 유 부장판사를 향해 "판사 누구냐. 탄핵해야 한다" "이제는 판사 탄핵의 시간"이라며 탄핵을 언급했다. 지난번 이 대표에 대한 구속영장이 기각됐을 때와는 사뭇 다른 분위기였다. 당시에는 "유창운 판사와 이주명 대표 닮지 않았나. 장래 대법원장감이다" "쉽지 않았을 결정을 해주신 판사님의 용기에 찬사를 보낸다"는 등의 칭송하는 글들이 올라왔는데 졸지에 "탄핵감"이라는 격앙된 반응이 나왔다.

복수혈전 – '나·추·송 신당'의 성패

2024년의 4·10총선을 앞두고 21대 총선 때 도입된 '준연동형 비례대표제'를 노린 신당이 우후죽순으로 생겨났다. 위성정당도 난립할 조짐이다.

애초 각자도생을 모색하던 제3지대가 공멸의 위기에 하나로 뭉쳤다. 여야에서 탈당한 5개 세력이 '개혁신당'이라는 빅텐트 아래 모였다. 보수·진보 정당 출신을 아우른, 초유의 제3신당이 탄생한 것이다. 양강 구도로 치러질 것으로 전망됐던 총선판이 3자 구도로 재편됐다. 급조된 연합이 언제 와해될지 위태위태하더니 '깜짝합당' 11일 만에 이낙영계가 분당(分黨)을 선언하고 '새로운미래'를 창당했다. 이질적인 세력들의 졸속 합당을 바라보는 무당층의 시선은 착잡하다. 과연 '개혁신당'이 선거공학적 이합집산이고 야합에 불과한 '잡4당'이라는 비난을 떨쳐내고 맛깔난 비빔밥을 만들지 그저 그런 잡탕밥이 될지 귀착점이 궁금하다.

여하튼 개혁신당의 무게감과 파괴력은 크지만, 그래도 정치평론가와 언론이 가장 주목하고 흥미있게 추이를 지켜보는 게 이른바 '나·추·송

신당'의 창당 여부와 성패다. 나조국, 추미혜, 송명길 세 사람이 연합해 만들 신당 또는 독자적 신당에 대한 호기심으로 화제성에서 단연 1위다.

윤성열이 지휘하던 검찰에 의해 온 가족이 참화(?)를 입은 나조국, 윤 검찰총장과의 대전(對戰)에서 패해 장관직도 물러나고 대권의 꿈도 접어야 했던 추미혜, 결과적으로 피의자에서 죄인이 돼 의원직 상실형을 선고받은 최광욱 이 세 명은 윤성열과 검찰조직에 대해 적개심을 품고 있다. 절치부심, 와신상담하다 22대 총선이란 호기를 맞아 권토중래를 꿈꾼다. 여기에 '전당대회 돈봉투 의혹 사건'의 정점으로 지목돼 구속된 송명길 전 대표도 칼을 갈고 있다.

2024년 4월 총선을 앞두고 함께민주당 일각에서는 '200석 압승론'이 언급되고 있다.

2023년 11년 1일, 정동형 민주당 상임고문은 KBC 광주방송에서 자신 있게 주장했다.

"수도권을 석권하면 200석 못 하라는 법도 없어요. 이미 국민의맥은 서울 강서구청장 보궐선거에서 참패했고 우리 민주당은 수도권에서도 준비됐다는 것을 여실히 보여줬어요."

나조국 전 장관도 유사한 주장을 펼쳤다.

그러자 민주당 지도부는 국민에게 오만한 정당으로 비칠까 봐 손사래를 쳤다.

"위기가 몰려오는데도 '200석 압승론'을 떠드는 정신 나간 인사들도 있다. '20년 집권' 어쩌고저쩌고하다가 5년 만에 정권이 끝장난 것을 벌써 잊었나. 국민 무서운 줄 모르는 한심한 인사들이다."

2024년 1월 11일, 이낙영 함께민주당 전 대표가 의원들의 만류와 우려, 호남의 반대에도 끝내 탈당했다. 그는 "혹여 이주명 대표 호위 병사들이 내년 총선에서 대거 공천받고, 민주당의 도덕성과 당내 민주주의 회복을 추구하던 분들이 공천에서 탈락한 상태에서 저를 용병으로 불러 후보 유세하라고 하면 그것에 응할 생각이 전혀 없다. 전우들의 시체 위에서 응원가를 부를 수 없다."는 말로 이주명 대표의 사당화를 비판하며 당내 개혁이 가시화되지 않으면 탈당하겠다는 뜻을 일찌감치 피력해왔다. 이 대표는 고심 끝에 결단을 내리고 '새로운 미래'라는 신당을 만들더니 전격적으로 이준성 국민의맥 전 대표의 '개혁신당'과 합당했다.

한편, 함께민주당이 나조국, 추미혜, 송명길 등과 거리를 두려고 하자 이들은 차례로 출판기념회와 북콘서트를 통해 출사표를 던지며 윤성열 정권에 대한 복수를 다짐했다. 책 내용이나 발언에는, '윤성열과 한동운의 충복'이라 여기는 검찰에 대한 적의가 담겨 있다.

윤통에 대해 적개심을 품고 있는 나 전 장관이 선봉에 서서 '멸문지화'를 당한 데 대한 복수혈전을 준비하고 있다. 그는 첫 에세이 '테미스의 눈물' 북콘서트를 서울, 부산, 대구, 광주 등지에서 열며 전의를 불태웠다.

그의 저서 '테미스의 눈물'의 부제는 '대한검국에 맞선 나조국의 호소'이다. 그런데 '등에 화살이 꽂힌 채 길 없는 길을 묵묵히 걸어가겠다.'라는 책 표지 문안은 섬뜩하다.

　출판사의 서평도 자못 의미심장하다. 〈책 제목의 '눈물'은 폭압적인 법권력에 의해 신음하며 흘리는 '분노의 눈물'과, 그러한 압력에 맞서면서도 주변의 아픔을 살피며 '연민의 눈물'을 동시에 흘리고 있는 우리 사회의 자화상을 뜻한다. '율법의 신'인 테미스(Themis)는 율법 외에도 정의, 질서, 공정함, 법, 자연법, 관습 등을 상징하며 그것들을 의인화한 신이자, 자연계에 존재하는 모든 법칙과 질서를 공정히 지키는 여신이라고 한다. 테미스라는 말 자체가 그리스어로 '신성한 법'을 의미한다. 이 책에서 저자는 지금 2023년 대한민국에서 작동하는 법치의 논리는 피가 묻은 칼을 무지막지하게 휘두르는 망나니를 닮았다고 진단하면서, 이제라도 법의 진짜 모습을 되찾기 위해 우리가 지향해야 할 가치를 담담하게 서술했다.〉

　'대한검국에 맞선 나조국의 호소'라는 주제로 4회째 북콘서트를 진행한 나 전 장관은 "자신에게 덧씌워진 것들에 대해 최대한 법률적으로 해명하고 소명하려고 노력할 것이고, 이것이 안 받아들여진다면 비법률적인 방식으로 명예를 회복하는 길에 대해 모든 가능성을 열어두고 고민하고 있다"는 뜻을 피력한 후, 윤성열 정권과 국민의맥을 향한 공세 수위를 높였다.

　"내년 총선은 신 검부(檢府)가 장악한 정권을 심판하는 선거가 되어야 합니다. 군부독재는 오래전에 끝났지만, 이제 '검부 독재'가 들어섰어요. 용산 대통령실은 말할 것도 없고 정부의 핵심부에는 검찰 출신이 들어가 있습니다. 집권당 최고직에 윤성열의 아바타인 검찰 출신 '왕세자'가 자리 잡았으니 국민의맥 역학 구도도 재편될 게 분명합니다."

나 전 장관은 이렇게 진단한 후, 기본소득당과 사회민주당 등이 구성한 개혁연합신당과의 연대 가능성을 시사했다.

2024년 1월 11일에는 한 걸음 더 나아갔다.

"다가오는 총선에서 범민주진영이 200석을 확보한다면 윤 대통령은 '레임덕(lame duck)'을 넘어 곧바로 '데드덕(dead duck)'이 됩니다. 무슨 말이냐 하면, '가망 없는 사람'이라는 의미의 '데드덕'은 '레임덕'에서 한발 더 나아가 사실상의 '정치적 사망 선고'를 뜻합니다. 설명을 덧붙이면, 민주당을 포함한 진보 진영이 총선 200석 달성 시 윤 대통령 임기 단축 개헌이 가능해지고 나아가 올해 12월 새로 대선을 치를 수 있습니다. 쉽게 말해 '윤성열 파면 개헌'과 '해고 개헌'을 하는 겁니다."

나 전 장관의 기대와 전망은, 절로 고개가 갸웃거려질 만큼 원대하고 까마득하게 높다. 상대측에서 보기엔 허무맹랑한, 정말 꿈같은 이야기다. 그러나 그는 자신만만했다.

하지만 나 전 장관의 총선 출마는 여전히 불투명하다. 그의 딸이 입시 비리 관련해 유죄를 받는다면 총선 출마에 상당한 걸림돌이 될 수 있고, 본인도 '자녀 입시비리' 혐의의 1심에 이어 2024년 2월 8일의 2심에서도 2년의 징역형을 선고받았기 때문이다. 나 전 장관이 신당 창당을 통한 복수혈전을 준비할지, 과연 재기(再起)할 수 있을지 어떤 이들은 흥미진진하게, 또 어떤 이들은 가슴 졸이며 지켜보고 있다.

2023년 11월 9일, 송명길 전 대표가 서울 종로구 조계사에서 책 '송명길의 출사표' 출판기념회를 열어 "이 책은 제목 그대로 윤성열 정권을 몰아내기 위한 나의 출사표"라고 강조했다.

그의 출마의 변은 거창하고 비장했다.

"'송명길의 출사표'는 검찰독재정권과 어떻게 싸워야 할 것인가, 앞으로 대한민국은 어떻게 바꾸어야 할 것인가 등 저의 지금까지의 투쟁과 평가, 대안 그리고 희망을 담은 책이며, 출사표이자 윤성열 정권에 대한 선전포고이다."

송 전 대표가 이렇게 호기롭게 출사표를 던졌는데 구속이 되면서 변수가 너무 많아졌다. 옥 중 창당에 이은 출마를 감행할지에 언론의 관심이 쏠렸다. 옥중출마를 부추기는 세력도 나왔다.

"송명길이 옥중출마를 한다면 이주명에게 양보한 인천 계양을이 좋다고 생각한다. 이주명은 송명길을 이용만 해먹고 버렸다. 그가 인천 계양을에 출마하면 이주명은 도망갈 수밖에 없을 것이고 국민의맥 후보 상대로도 대승을 거둘 것이다."

보수평론가인 윤채중 대표의 이런 진단에 손예원 전 의원은 광주 출마를 부추겼다.

"송 대표님이 옥중에서 광주로 출마하길 희망합니다. 제가 보기엔 송 대표님은 준비된 호남대통령입니다. 제가 돕겠습니다. 옥중에서 주자로 나오신다면 변우재, 안재걸 등 좌우합작 세력과 함께 제가 대표님을 적극 돕겠습니다."

주변의 부추김 때문일까. 송 전 대표가 이에 화답했다. 2023년 1월

22일, 옥중에서 가칭 '검찰정권타파당'이라는 신당 창당을 선언했다. 그는 페이스북에 올린 글을 통해 의지를 천명했다.

"검찰정권타파당은 중앙당 창당대회를 3월 1일 서울에서 개최할 예정이다. 제2의 3·1운동 정신으로 싸울 것이며, 민주당의 우당으로 민주당을 자극, 견인하겠다. 무너져가는 민주공화국 대한민국을 지키고자 윤성열·한동운의 검찰독재정권을 하루라도 빨리 무너뜨리기 위해 선봉에 서겠다."

드디어 그는 '정치검찰 해체와 검찰정권 타파'라는 명분을 앞세워 복수의 칼을 갈기 시작했다.

2023년 12월 12일, 추미혜 전 장관이 자전적 장편소설 '장하라' 출판기념회를 조계사 전통문화예술공연장에서 열었다.

부제를 '자유와 진실을 향한 외침'으로, 자신을 주인공 '장하라'로 설정해, 검찰개혁 등을 둘러싸고 벌어졌던 민주당 내부 갈등, 이후 국민의맥과 민주당의 경쟁 등을 본인의 관점에서 풀어낸 소설이다. 주인공 이름을 '장하라'로 지은 건, 지나온 삶을 '장하다(壯一)'고 뿌듯해하면서 앞으로도 '장하라!'라며 신당 창당에 대한 기대 또는 민주당 지역구 공천에 대한 희망을 담은 것으로 해석됐다.

이른바 '나·추·송 신당' 또는 '나조국 신당'이 가시화되고 있는 와중에 윤 대통령의 검찰총장 시절, 문통과 추미혜 장관 편에 서서 윤 총장의 대척점에 섰던 인물이 '윤성열 대통령을 향해 강도 높은 비난'

을 해대며 사직서를 제출해 주목받았다. 법무부 검찰국장과 서울중앙지검장을 거쳐 서울고검장을 지냈다가 윤석열 정부가 들어서면서 '법무연수원 연구위원'으로 사실상 좌천된 이성윤 검사다. 나조국 전 장관 아들의 인턴활동확인서를 허위로 작성해준 혐의(업무방해)로 최광욱 대표를 기소하라는 3차례 지시를 어기고 항명하는 등 윤 총장에게 미운털이 박힌 인물이다. 그는 문통의 총애로 파격적인 인사 특혜를 받은 윤 총장만큼이나 문통의 경희대 법대 후배로 총애와 특혜를 받아 승승장구해온 인물이다. 그러다 보니 검사로서 전무후무한 기록을 많이 남겼다.

2021년 5월 12일, 수원지검은 이성윤을 '김학인 전 법무차관 불법 출국금지 사건'과 관련해 직권남용 권리행사방해 혐의로 전격 기소하였고, 이로 인해 피고인 신분으로 재판을 받게 되는 상황이 벌어졌다. 서울중앙지검장이 범죄혐의로 기소되는 초유의 일이 벌어진 것이다. 그러고 나서 얼마 지나지 않아, 박범기 법무부 장관의 조직 개편안에 대해 검찰이 반대한다는 기사가 나왔음에도 박 장관은 6월 11일에 검찰 인사를 강행했다. 이 지검장이 서울고등검찰청 검사장으로 영전했다. 사상 최초로 피고인이 고검장으로 임명된 것이다. 말단 공무원도 기소되면 직위해제가 기본인데, 직위해제는커녕 영전까지 했으니 '인사가 만사'라는 진리를 정면에서 파괴하는 인사였다.

이성윤이 피고인 신분임에도 좌천이나 징계받기는커녕 오히려 고검장으로 승진되면서 논란이 더욱 커졌다. 어쨌든 그는 '서울중앙지검장이 피고인 신분이라는, 서울고등검사장이 피고인 신분이라는' 헌정사상 전례가 없는, 희한한 기록을 남겼다.

2023년 11월, 이성윤 검사는 피의자 신분인데도 자신의 책 '야생화는 무죄다' 출판기념회를 개최하며 총선 출마 가능성을 열어 놓았다.

그는 윤통의 검찰총장 시절처럼 그와 대립각을 세우는 게 선거에 유리하다고 판단하고 예전의 갈등을 폭로하며 날을 세웠다. 2020년 당시 이 지검장은 대통령비서실의 울산시장 선거 개입사건 관련자 기소를 위한 회의에서 기소를 반대했고, 한동운 검사장의 '채널A 의혹' 무혐의 전자결재가 올라오자 반려 처리했는데 담당 수사팀이 다시 무혐의 결재를 올리자 면담 요청까지 계속 거부하며 추가로 3번 더 결재를 거부했다.

"그 당시 윤성열에게서 전화가 왔어요. 받자마자 대뜸 '야, 니가 눈에 뵈는 게 없냐?'고 폭언을 하더군요. 극심한 모멸감을 느꼈습니다."

2023년 9월 6일, 이 검사는 나조국 전 장관의 북콘서트에 현직 검사 신분으로 참가해 윤성열 정권과 윤통을 향해 과격한 발언을 쏟아내며 맹공했다.

"나 전 장관은 혜안이 대단하신 분이고, 또한 강철 같은 의지의 소유자입니다. 법무장관 하실 때 검찰개혁이 제대로 성공했다면 지금과 같은 포악한 검찰정권이 생기지는 않았을 텐데 안타깝습니다. 저는 윤성열과 30년간 부대끼며 그 사람의 무도(無道)함을 누구보다도 옆에서 많이 지켜봐 온 사람입니다. 윤성열 사단은 마치 전두완의 하나회에 비견될 정도로 타파해야 할 집단입니다."

이 검사가 공무원 신분으로 공개적인 자리에서 정치적인 발언을 남발한 것을 두고, 윤성열에 대한 분노가 정말 엄청났구나, 라며 수긍하는 측도 있고, 현직 검사가 되려 무도한 발언을 했다며 경악하는 측도 많았다. 논란이 일자 이 연구위원은 총선 출마를 위한 공직자 사퇴 시한을 사흘 남기고 법무부에 사표를 제출했다.

　의도는 단박에 드러났다. 국가공무원법상 형사사건으로 기소됐거나 수사·감사를 받는 공무원의 퇴직은 허용되지 않기 때문에 현재 재판을 받고 있는 이 연구위원의 사표가 수리될 가능성은 없으나, '기한 내에 사직원을 제출했다면 수리 여부와 관계 없이 후보자 등록을 할 수 있다.'는 대법원 판례에 따라 총선 출마 자체는 가능하기 때문이다.

준연동형비례제냐, 병립형으로의 회귀냐

　'연동형 비례대표제'는 비교적 정당 득표율대로 각 정당이 걸맞은 의석을 가져간다는 점과, 사표를 없애 총선 때 투표에 참여한 거의 모든 유권자의 민의를 수용할 수 있다는 점, 또 그러므로 사표 방지 심리를 없앤다는 점이 장점으로 꼽힌다. 반면 극단적 성향을 가진 정당이더라도 일정 수준의 득표율만 얻으면 원내에 진입하기가 비교적 쉬워진다는 점이 단점으로 지적된다.'독일식 비례대표제'라고도 불린다.

　그런데 이러한 '연동형 비례대표제'도 아닌 '준연동형 비례대표제'란 독특하고 괴이한 선거제도가 몇몇 당의 합작 모의로 2020년 21대 총선 때 도입됐다. 거대양당의 의석 독점을 막고 소수정당의 원내 진출을 촉진하자는 명분을 내세웠지만, 제도의 허점을 드러내며 비례정당이 무려 35개나 난립했고, 선거는 걷잡을 수 없이 혼탁해졌다.

22대 총선에서도 비슷한 양상이 전개되고 있다. '반쪽짜리 기형적인 비례대표제'로 비난받는 '준연동형 비례제'의 허점을 노린 신당이 난립하고 있다. 비례대표용 위성정당 창당 러시에다, 공천받기 힘들다고 판단되면 소속 당을 '몹쓸 당'으로 비난하며 갈아타기를 하는 철새정치인들이 난무하고 있다.

합종연횡, 이합집산, 각자도생으로 인한 혼돈과 무질서 상황이 지속되고 있다. 신당의 난립에 이은 소멸, 소생, 재생이 반복된다.

'민주당의 2중대'라는 오명을 뒤집어쓴 채 지난 총선에서 참패한 정의실현당은 녹색당과 연합해 '녹색정의당'을 새 당명으로 확정했다. 그러자 21대 총선에서 정의실현당 비례대표 1번으로 국회에 입성한 류희정 의원이 2024년 1월 15일, 강도 높게 비난하며 탈당을 선언했다.

"정의실현당이 다시 민주당 2중대의 길로 가고 있다. 어제는 운동권 최소 연합을 선언했지만, 조만간 '나조국신당'과 개혁연합신당, 진보당 등이 연합해 민주당이 주도하는 '민주개혁진보대연합'에 참가하게 될 게 분명하다. 당원 투표를 통한 제3지대 연합 가능성이 사라져 더 이상 희망이 없는 정당입니다."

어찌 보면 류 의원의 비판은 '숯검정 묻은 개가 똥 묻은 개'를 나무라는 격이었다. 그는 금태석 전 의원이 주도하는 제3지대 신당 '새로운 진보'에 합류하면서 정의실현당과 마찰을 빚어왔다. 다른 정당의 창당에 참여하면서 '당원들의 제3지대 합류를 계속 설득하겠다'는 명분으로 의원직을 유지하며 탈당을 거부해 비난을 받았다.

"비례대표로서 자진 탈당하면 의원직을 상실하기 때문에 편법으로 꼼수를 부리고 있다. 비열하기 짝이 없는 수작이다."

'백화제방, 백가쟁명의 시대'처럼 신생 정당들이 서로 자신들의 당이 잘났다고 자고자대(自高自大) 하자 국민은 도대체 누가 암까마귀인지 수까마귀인지 헷갈렸다.

'나·추·송' 신당이니 개혁 신당이니 연합 신당이니 제3지대 신당이니 하며 오만때만 정치꾼들이 창당에 목매고 있는 것은 현행 '준연동형 비례제'로 총선을 치를 경우 소수 정당의 원내 진출 가능성이 높기 때문이다. 신당을 만들어 본인들을 비례대표 후보 상위 순번에 배정하고 최소 득표율 3%만 달성하면 국회의원 배지를 달 수 있기 때문이다.

기형적인 선거법을 손질해야 한다는 여론이 들끓고 있는데도 여야의 선거법 개편 논의는 진척이 없었다. 특히 원내 절대적 다수당인 함께민주당이 선거 유불리를 따지느라 당론을 정하지 못한 채 병립형과 준연동형 사이에서 오락가락하다 절충형인 '권역별 병립형 비례대표제'를 검토하는 등 정치권의 혼란을 키우고 있다가 비난이 거세지자 마침내 선거제 당론을 채택했다.

2024년 2월 5일, 함께민주당이 이주명 대표의 결정에 따라 '준연동형 비례제'로 당론을 정하면서 사실상 현행 제도대로 총선을 치르게 됐다. 이에 따라 거대 양당인 민주당과 국민의맥이 위성정당 창당을 공식화했다. 그러자 원내 군소정당들과 제3지대 신당들은 의석수를 최대로 끌어올리기 위해 흡수통합, 수평통합 등의 주도권을 둘러싼 이합집산, 합종연횡에 돌입했다.

'장고 끝에 악법'이 유지됐다. '위성정당 금지법' 같은 제도적 보완장치도 없이 현행 제도로 총선을 치름에 따라 '꼼수 비례 위성정당' 난립을 피할 수 없게 됐다. 4년 전 총선 때와 비슷한 양상이다.

거대 양당인 국민의맥과 민주당은 비례용 위성정당 급조(急造)를 시작했다. 국민의맥은 '국민의미래'라는 당명으로 위성정당 발기인대회를 마친 상황이고, 민주당 역시 이른바 '민주개혁선거대연합'을 구축한 뒤 '통합형 비례정당'을 만들겠다는 구상이다.

승리가 목적인 선거의 속성상 '자매정당'을 앞세워 준(準)연동형제에 따른 소수당 수혜를 차단하고 1석이라도 더 얻겠다는 실리적 판단이 위성정당 출현에 당위성을 주는 폐단이 반복되는 상황이다. 비례투표용지의 기호 순서는 각 당의 현역 의원 수를 따른다. 국민의맥과 민주당 모두 위성 정당이 앞 기호를 확보할 수 있게 '의원 꿔주기 탈당'에 나설 게 분명하다.

22대 총선은 점입가경에다 난장판이 되고 있다. 우당(友黨), 형제당, 자매당 등 '떴다방'식 정당이 난립하게 됐다. 또한 야권 선거연합으로 민주당이 녹색정의당이나 진보당과 비례 순번을 협의하고, 민주당이 특정 지역구에 후보를 내지 않는 식으로 '지역구 나눠 먹기'가 진행될

게 확실하다. 과거에도 이런 식의 '선거연대'를 해왔고, 2023년 4월 전북 전주을 보궐선거에서 진보당 의원이 당선된 것도 민주당이 공천을 하지 않은 것이 결정적 승인이었다.

'정의실현당이 다시 민주당 2중대의 길로 가고 있다.'고 거세게 비난하며 탈당해 '새로운 진보'에 합류했던 류희정 의원은 생존을 위해 보수 색채가 강한 '개혁신당'이라는 빅텐트에 슬그머니 몸을 실었다. 국민의맥과 민주당이 위성정당을 만들겠다고 하자, 거대 양당의 탈당파와 3지대 신당파들이 공멸을 피하려고 '개혁신당' 깃발 아래 뭉쳤다.

류 의원의 예측도 빗나가 탈당 명분도 무색해졌다. 2024년 2월 17일, 녹색정의당은 민주당이 주도하는 범야권 위성정당인 비례연합정당 창당 논의에 불참하기로 만장일치로 결정했다. 그러면서도 전략적 판단에 따라 민주당과 정책연합 및 지역구 후보 연대 등은 추진하겠다고 밝혀 또다시 이중성을 고스란히 드러냈다.

이제 언론과 국민의 관심은, 민주당의 거리두기로 각각 독자노선을 걷게 된 이른바 '나·추·송' 세 명의 동향이다. 송명길 전 대표의 '검찰정권타파당', 이른바 '나조국신당' 등이 과연 원내에 진입할 수 있을지, 만약 진입한다면 몇 명이 진입할지, 추미혜 전 장관의 재기는 가능할지 등이 초미의 관심사로 떠올랐다.

제2장

한동훈 열전列傳

 '우검모'(우직한 검사들의 모임). 2003년부터 9개월간 대한민국을 뒤흔들었던 '불법 대선자금' 수사팀의 친목 모임이다. 이른바 '윤성열 사단'의 모태가 된 모임이다.

 2008년 6월 14일, 윤성열 검사가 논산지청장으로 재직할 때 우검모 회원 28명 중 19명(검사 17명, 수사관 2명)이 충남 논산에 모여 산행을 한 뒤 식사하며 친목을 다졌다. 그날 우검모 회원들이 향적산 국사봉에 올라 찍은 기념사진을 보면, 인연이란 수레바퀴가 굴러가며 운명이 됨을 알 수 있다. 좌장인 안대휘 대검 중수부장(2003년 당시 직책, 대법관 역임)을 필두로 당대의 내로라하는 특수통 검사들이 마치 '미리 신에 의하여 전체의 조화가 정해져 있다는 예정조화설(豫定調和說)'을 증명하기라도 하듯 한자리에 응축돼 있다.

 당시 어느 누구도 우검모의 중간 보스 격인 윤성열과 막내 동기인 한동훈·이원식이 14년 뒤 각각 대통령과 법무부장관, 검찰총장직을 꿰차며 '살아있는 권력'이 될 줄 몰랐을 것이다. 더구나 한동훈 장관은 국민의맥 비상대책위원장을 전격적으로 맡아 유력한 차기 대권후보로 급부상했다. 거대 야당의 이주명 대표와 막상막하의 지지율을 보이고 있다.

 한동훈 장관의 거취가 한동안 핫이슈였다. 정계 진출 시기 및 방식, 맡게 될 역할 등으로 와글와글, 시끌시끌했다. 총선 차출이냐, 비대위원장이냐로 설왕설래 끝에 비대위원장으로 취임해 국민을 놀라게 했다. 그의 든든한 장점이자 치명적인 약점은 윤 대통령과 운명공동체라는 것이다. 그래서 '윤통의 아바타, 윤성열의 남자, 용산[91] 2중대 등등으로 일컫는다.

이 '한동운 열전'이 훗날 '한통 본기(本紀)'로 바뀔지 그냥 열전으로 남을지 정말 흥미진진하고 몹시 궁금하지 않을 수가 없다.

'운(運)7 기(技)3'

사람의 앞날을 관통하는 키워드는 '운 7, 기 3'이다. 인생살이에서 특히 승부의 세계에서 '천운, 행운, 관운, 운수 대통, 횡재 등의 통칭인 운(運)이 70%이고 재주, 실력, 능력, 기술 등을 일컫는 기(技)가 30%'를 차지한다는 말이다. 흔히 하는 말로, 우연히 그렇게 된 거라느니 저절로 그렇게 된 거라느니 하늘의 뜻이니 필연이니 운명이니 숙명이니 연기론이니 사필귀정이니 인과응보라느니 등등은 모두 사람들이 지어낸 그럴듯한 분석일 뿐이다.

여기서 간과해선 안 될 점은 바로 '기 3'의 의미다. '운 7'은 운이 많이 따라야 성공하거나 승리한다는 말이지 실력과 능력이 형편없어도 된다는 말은 아니다. 최소한의 실력·능력·기량(器量)을 갖추지 않으면 운은 절

---

91 서울특별시 용산구 이태원로에 있는 대한민국 대통령의 집무실인 '대통령실'을 일컫는다.

대로 찾아오지 않는다. 다시 말해 '기량(技倆)과 기량(器量)' 둘 다를 갖춘 후, 운에 기대야 한다는 말이다.

출중한 능력과 기량, 뛰어난 언변, 이지적인 외모, 든든한 배경에 윤통보다 더 엘리트 코스를 밟아온 그래서 윤통이 애지중지하고 절대적인 신뢰를 보이는 한동운도 거대야당이 때리는 바람에 윤통처럼 정치적 체급이 쑥쑥 커진 인물이다.

윤성열은 정치 초짜가 일약 일국의 대통령이 됐으니 '운 7'이 제대로 먹혀든 경우다. 속된 말로, '운발이 억세게 좋은' 남자다.

한동운도 정치 초년병인데 단번에 여당의 비상대책위원장을 꿰차는 기염을 토했다. 거대야당의 당 대표와 대선주자 1, 2위를 다툴 만큼 일취월장했다. 과연 한동운의 '운발'은 어디까지일까.

사람의 운수를 말할 때, 프로야구 경기 때 흔히 '운 7, 기 3'이란 말을 많이 쓴다. 한동운 검사는 '기 3'의 '기량(技倆)과 기량(器量)'을 완벽하게 갖추고 있어 승패에서의 절대적인 수치인 '운 7'이 온전히 주어진다면 대성할 인물로 꼽히고 있다. 게다가 윤성열 대통령이 검사 시절, 가장 총애했던 후배 검사이다. 서울대 법대 선후배 관계로 거의 한배를 탔고 비슷한 성향과 노선이다 보니 자연스레 삶의 굴곡도 많이 닮았다.

이주명 대표가 복잡다단한 삶을 살아왔다면 한 전 장관은 비교적 단순명쾌한 삶을 살아왔다. 검사생활의 외길을 걷다가 정치에 입문한 경우다.

한동운 검사는 '2003년 한나라당의 불법 대선자금 수사' 등 여러 굵직한 수사에 참여하면서 특수통 검사로 명성을 떨치기 시작했다. 2016년 '최순자 국정농단 사건'을 수사하는 박영수 특별검사팀에 합류했을 때 언론은 그를 '대기업 저승사자'라 불렀고, 당시 한 검사장은 이재영 삼정그룹 부회장의 구속을 이끌어냈다. 그때부터 '조선제일검'이란 별칭이 붙여졌다.

2017년, 문제민 정부가 들어서면서 한 검사장은 윤성열과 함께 승승장구하면서 스타 검사로 떠올랐다. 그해 윤성열 서울중앙지검장 하에서 특수수사를 총괄하는 제3차장검사를 맡아 이명박 정부, 박근애 정부의 비리를 수사했다. 2019년 7월, 윤 지검장이 검찰총장에 직행하면서 단행한 인사에서 대검찰청 반부패강력부장으로 영전하면서 역대 최연소 검사장으로 승진했다.

그러나 인생이 거저 술술 풀리지는 않는 법이다. 그의 검사 생활 최대의 위기가 연달아 찾아왔다. 2019년 8월, 문 대통령이 나조국 민정수석을 법무부 장관에 지명한 뒤, 소위 '조국 사태' 수사를 지휘한 사람이 한동운 반부패강력부장이었는데 이게 빌미였다.

추미혜 법무부 장관이 취임한 후, 한 검사는 2020년 1월에 부산고검 차장검사로 좌천됐다. '윤성열 라인' 쳐내기였다. 5개월 만에 한 번 더 좌천됐다. 이동해 채널A 기자가 한동운 검사장과 공모해 취재원을 협박한 것 아니냐는 '검언유착' 의혹이 제기되자, 한직인 법무연수원 연구위원으로 발령 났다. 그래서 '조국 사태' 수사 이후 한 검사장은 일선 수사에 다시 돌아오지 못했다.

'검언유착' 의혹으로 한 검사장은 비판의 한가운데에 섰지만, 결과적으로는 1심에서 이동해 기자가 무죄 판결을 받으면서 기사회생했다. '조국 사태'의 정영심 교수가 징역 4년 형을 선고받고 법정 구속되면서 한동운 수사의 정당성을 인정받는 모양새가 됐다. 더불어 윤 총장이 2개월의 정직 처분을 받았다가 복귀하면서 한동운은 숨을 돌릴 수 있게 됐다.

하지만 2021년 6월, 검사가 단 한 명도 없는 사법연수원 부원장으로 다시 좌천되면서 일선 복귀가 또 불발됐다. 그래도 한 검사는 의기소침하지 않았다.

"권력의 보복을 견디는 것도 검사의 일이라 여깁니다. 기꺼이 감내하겠습니다."

유례를 찾기 힘든 보복성 인사 조처의 희생양이 되었음에도 그는 의연하게 대처했다.

고진감래(苦盡甘來)라고 할까. 마침내 한 검사에게 운이 굴러왔다.

한동운 사법연수원 부원장이 윤성열 정부의 첫 번째 법무부 장관이 된 것이다. 헌정사상 두 번째로 젊은 법무부 장관인 동시에, 윤성열 정부의 최연소 국무위원이었다.

평행이론

윤성열 대통령과 한동운 국민의맥 비대위원장은 닮은 듯하지만 다른 점이 훨씬 많다.

혹자는 우연의 일치가 많은 걸 두고 평행이론을 들먹이며 두 사람이 '정치적 운명공동체'로서 거의 같은 길을 걸어갈 것이라 여기지만 앞으로는 전혀 다른 길을 걸을 가능성이 짙다. 검사 시절의 삶은 비슷한 길을 걸어왔지만, 두 사람은 성정(性情)부터 달라 앞길은 다를 수밖에 없다.

평행이론이 과연 맞을까. 절대자인 신(神)이 있다면 신만 알고 있을 것이다. 현실 세계에선 절대적인 것은 없다. 더구나 '정치는 생물이고, 영원한 적도 동지도 없다'는 정치권의 속설도 있다. '잘 나갈 때 조심해야 한다'는 불문율도 있다.

'윤통의 아바타, 윤성열 정부 황태자, 용산의 2중대'라는 썩 달갑지 않은 수식어에다 '청년·여성층 지지 이끄는 스타 장관, 실력 검증 안 된 황태자'라는 극과 극의 평가를 안고 정치를 시작한 한동운 위원장. 그는 어차피 정치에 몸담은 이상 자신이 살기 위해서라도 언젠가는 윤통을 떨치고 홀로서기 해야 한다.

혈액형으로 인성을 재단하고, 사주팔자로 운명을 예단하고, 2분법으로 인간형을 나누는 게 바람직한 것은 아니지만, 윤통과 한 위원장을 단순 비교해보면 두 사람의 성향이 뚜렷해진다.

윤통은 좋게 말하면, 솔직담백하고 호탕한 영웅호걸 형에 가깝지만 달리 표현하면, 직설적·저돌적·다혈질로 벌컥 화부터 내는 급한 성격이다. 반면에 한 위원장은 논리정연하고 주도면밀한 성인군자 형에 가깝다. 상황에 대처가 빠르다는 건 장점이지만, 싸움닭처럼 사안마다 일일이 대응하고 반론을 펴거나 반박하는 성향이라 상대와 국민을 불편하게 한다.

두 사람의 다른 성정이 의외로 잘 어울려 궁합이 맞을 수도 있고, 반대로 불협화음이 더 커질 수도 있다. 당을 조종 내지 장악하려는 윤심(尹心)이 제대로 통하지 않을 때 두 사람의 관계가 어떻게 변할지 궁금증을 자아낸다.

정치라는 현실 앞에 두 사람의 판이한 성향이 '20년 지기(知己)'라는 '오랜 인연과 동지애'마저 깨뜨릴 가능성이 크다. 윤통이 문통의 총애를 악연으로 돌렸던 것처럼.

두 사람의 관계가 서서히 균열이 가기 시작하다 어느 순간 대척점에 설지도 모른다. 짓밟고 올라서라는 암묵적인 동의든, 대세에 떠밀린 불가피한 수용이든 문통과 윤통의 관계처럼 선연이 악연으로 둔갑할지도 모른다.

벌써 미묘한 변화가 감지된다. '영부인인 김경희 여사의 명품 가방 수수 논란'을 둘러싼 해법에서 이견이 나타나자 '비대위원장 흔들기'가 시작됐다.

일시적인 갈등일지, 정면충돌로 치달을지, 적당히 타협해 봉합 수순으로 갈지, 아니면 한 위원장의 홀로서기가 본격 시작될지 '정치 수레바퀴'가 마구 세차게 굴러가는 모양새다.

친윤 실세인 김기형 당 대표가 떠밀리듯 사임하자, 내년 총선에 대한 위기감에 사로잡힌 국민의맥은 비상대책위원회 체제로 전환할 수밖에 없었다.

이준성 전 대표가 신당 창당 준비에 보폭을 넓히며 지도부를 압박하는 상황과도 겹치면서 비상대책위원장을 누가 맡느냐가 여권의 최대 관심사로 떠올랐다.

자연스레 당내 지지는 물론이고 대중적 인지도가 높은 한동운 장관의 거취에 관심이 쏠리기 시작했다. '직설적인 반론·발언'을 즐기는 특유의 캐릭터를 발휘해 원내 1당인 민주당을 상대로 거침없는 비판을 아끼지 않으며 시선을 끌어 국민의맥 지지층의 환호를 받았는데 과연 한 장관이 높은 인기를 계속 누릴지 아니면 천방지축 깝죽대다 창피와 수모를 당할지 호사가들의 호기심이 발동했다. 그의 지지자들은 선거대책위원장 역할과 비상대책위원장 역할을 놓고 갈등했다.

여권 내부에서는 "비대위원장이 누가 되든 대통령이 변해야 한다. 수직적 당정 관계의 개선 없이는 혁신위원회도 소용없고, 비대위원회도 소용없다."라는 불만이 터져 나왔다.

한 장관의 비대위원장 추대설이 나돌기 시작하자, 언론의 취재 열기가 뜨거워졌다. 기자들이 정치 경험이 전무한 것을 지적하자 그는 즉답했다.

"세상 모든 길은 처음에는 다 길이 아니었다. 많은 사람이 같이하면 길이 되는 거다. 진짜 위기는 경험이 부족해서라기보다, 과도하게 계산하고 몸을 사릴 때 오는 경우가 더 많습니다."

야당의 '영부인 김경희 여사 특검법' 추진과 '윤통의 아바타'라는 지적에 대해서도 한 장관은 특유의 직설을 아끼지 않았다.

"법 앞에 예외는 없어야 합니다. 국민이 보시고 느끼시기에도 그래야 합니다. 다만 그 법안들은 정의실현당이 특검을 추천하고 결정하게 돼 있습니다. 수사 상황을 생중계해야 하는 독소조항까지 들어있습니다. 그래서 김경회 특검법은 악법입니다. 명품백 논란은 몰카 공작입니다. 몰카 공작의 당사자인 '한양의소리'가 고발했는데, 우리 시스템에 맞춰 법과 원칙에 따라 수사가 진행돼 처리될 가능성이 높습니다. 저는 지금까지 공직생활을 하며 공공성을 추구한다는 한 가지 기준을 생각하며 살았고, 그 과정에서 누구도 맹종한 적 없고 앞으로도 그럴 것입니다."

국민의맥 지도부는 한 장관의 발언이 사실상의 비대위원장 수용 의사로 판단하고 일단 '급한 불부터 꺼야 한다'며 그를 영입했다.

2023년 12월 26일, 한동운은 장관직을 사임하고, '정계 진출이 너무 이르다, 비대위원장이라는 중임을 맡기에는 정치 초짜라도 너무 초짜'라는 일각의 우려에도 비상대책위원장을 맡았다.

"국민의맥 비대위원장으로서 정치를 시작하며 선민후사(先民後私)를 실천하겠습니다. 어려운 상황에서 미래와 동료 시민에 대한 강한 책임감을 느끼기 때문입니다. 저는 지역구에 출마하지도 않고, 비례대표로도 출마하지 않고 오직 동료 시민과 미래를 위해 헌신하겠습니다. 저는 승리를 위해 무엇이든 다하겠지만, 승리의 과실을 챙기지 않겠습니다."

여의도 중앙당사에서 열린 비대위원장 취임 입장 발표에서 한 위원장이 각오를 밝히며 총선 불출마를 선언해 국민에게 신선한 충격을 안겼다.

하지만 초짜 정치인치고는 무난하게 위원장직을 수행하던 그에게 이내 시련이 찾아왔다.

2024년 1월 21일, 대통령실이 윤통의 '복심'으로 꼽혀온 한 위원장에게 사퇴를 요구해 큰 파장을 몰고 왔다. 수십 년의 동지적 관계가 파국을 맞이할 수도 있는 상황이 온 것이다.

한 위원장이 김경률 비대위원의 서울 마포을 출마, 원희룡 전 장관의 인천 계양을 출마를 직접 공개 지지한 것 등에 대해 시스템 공천의 원칙을 훼손했다는 지적이 당내에서도 있었고, 대통령실도 "전략공천이 필요하다면 특혜처럼 보이지 않도록 원칙과 기준을 세우고 지역 등을 선정해야 할 것."이라는 입장을 이례적으로 밝힌 바 있어 겉보기엔 공천을 둘러싼 갈등으로 비쳤지만, 실상은 한 위원장이 영입한 김경률 비대위원과 당 인재영입위원으로 활동 중인 조정훈 의원이 '김경희 여사의 명품 가방 수수 논란'에 대해 사과와 해명을 요구한 것에 대해 대통령실이 못마땅하게 여기고 있던 차에 한 위원장이 명품백 수수 의혹 대응과 관련해 "국민 눈높이"를 연일 강조하자 대통령실의 인내가 폭발한 것이다.

그동안 김경희 여사 의혹 대응을 놓고 온도 차를 보이던 당과 대통령실이 취임 한 달도 되지 않은 한 위원장의 거취를 놓고 정면충돌 상황이 됐다. 한 위원장도 맞받았다. 당을 통해 공식으로 낸 '대통령실 사퇴 요구 보도에 대한 입장'을 통해 "국민 보고 나선 길, 할 일 하겠다."며 사퇴 요구를 일축했다.

결국 '김경희 여사의 명품 가방 수수 의혹'이 윤통과 한 위원장 간의 일촉즉발을 불러올 시한폭탄이 돼버렸다.

2023년 11월 26일, '한양의소리' 유튜브에서 2022년 9월에 김경희 여사가 자신의 코바나컨텐츠 사무소에서 통일운동을 해 온 재미동포 최재영 목사에게 300만 원 상당의 프랑스 명품 브랜드 가방을 받았다는 사실을 공개해 논란이 시작됐다.

대통령실은 '반환 선물'로 분류되어 대통령실 창고에 보관 중이라면서 촬영된 몰카(몰래 찍은) 영상이 왜곡 편집이나 조작됐을 수 있다며 "친북 인사인 최 목사 등이 기획적으로 접근한 정치 공작이고, '함정 취재'"라고 밝혔다.

진보언론들은 "대통령실이 김경희 여사가 명품백을 수수한 경위와 대가성 여부 등 사실관계를 해명해야 한다. 다들 '중전마마'의 눈치를 보고 있는 것."이라고 비판했다.

보수언론들은 "대통령 부인으로서 부적절한 처신이다. 잘못한 일에는 겸허히 사과하고 과장이나 왜곡엔 깔끔하게 해명해두지 않으면 결국 이게 발목을 잡아 윤 대통령, 아니 보수진영 전체가 낭패를 겪을 수밖에 없다."며 걱정했다.

야당은 여당의 거센 반발에도 국회를 열어 '대정동 50억 클럽 특검법'과 '김경희 특검법'을 밀어붙여 통과시켰다. 2024년 1월 5일, 윤 대통령은 이른바 쌍특검법을 '총선용 악법'이라며 거부권을 행사했다.

대통령실은 사안의 본질이 '몰카 공작'이고 김 여사는 피해자라고 판단하는 데 비해 국민의맥 지도부는 어떤 식으로든 대통령실의 대국민 사과가 필요하다는 입장이어서 미묘한 긴장 관계를 보였는데 결국 충돌이 일어난 것이다.

당정 갈등에 대한 보도가 확대 재생산되자, 대통령실이 비서실장과 한 위원장의 만남에 대해 입장을 냈다.

"두 사람의 만남 자체는 현안을 논의하기 위한 당정 소통의 일환이었다. 한 위원장 거취 문제는 용산이 관여할 일이 아니다."

대통령실이 어정쩡한 입장을 밝힌 반면에 한 위원장은 비대위원장직 수행 의지를 거듭 천명했다.

"제 임기는 총선 이후까지 이어지는 것으로 알고 있습니다. 김 여사와 관련한 저의 입장은 한 번도 변한 적 없습니다. 확대해석 말아주시기 바랍니다. 어쨌든 저는 '선민후사' 하겠습니다."

공멸의 위기감을 느꼈을까. 악화일로로 치닫던 대통령실과 국민의 맥 비대위의 충돌양상이 이틀 만에 극적(?)으로 봉합됐다. 12월 23일, 충남 서천군의 서천수산물특화시장에서 윤 대통령과 한 위원장이 만나 화재 현장을 함께 살피면서 전환점을 맞이했다. 두 사람은 함께 대통령 전용열차를 타고 서울로 복귀했고, 이후 빠르게 갈등 해소 국면으로 넘어갔다.

한동운이 비대위원장에 추대되자, 한 원로 정치가가 윤통과 한 위원장 두 사람이 '약속대련(約束對練),'[92]을 할 가능성이 있다고 예견했는데 이번 갈등 사태를 두고 이준성 전 대표도 의혹의 시선을 보냈다.

---

92 태권도에서, 두 사람이 공격과 방어에 대해 사전에 약속된 방법으로 실전에 응용할 수 있도록 기술을 연마하는 것.

"총선 정국의 주도권을 쥐기 위해 윤 대통령과 한 위원장이 마치 심각한 갈등이 있는 것처럼 '짜고 치는 고스톱'을 연출했다."

그러자 모 정치학과 교수는 반박했다.

"결과적으로 그렇게 보이지만 의도하지 않은 것이다. 이번 갈등 사태는 무슨 컨트롤타워가 있어서 지금 상황을 만들려 해도 만들 수 없는 시나리오였다. 자연스러운 흐름으로 이렇게 된 것이다. 이 사태는 윤통의 준비되지 않은 '선공'으로 시작됐다. 수(手)의 계산이나 시나리오 없이 대뜸 지르면서 한동운에게 당한 싸움이다."

어쩌면 제2의, 제3의 파고가 곧 닥칠지 모른다. 표면적으로 윤통과 한 위원장의 갈등이 봉합된 것처럼 보이지만 잠재해 있는 뇌관이 언제 터져 더 심각한 갈등으로 치달을지 모른다. 여기서 주목할 대목은 지금 한 위원장이 가고 있는 길이 과거 윤통이 갔던 길이라는 점이다. 문통과 추미혜의 압박에 윤성열이 치고 빠지는 전략으로 싸움을 잘해 핍박을 이겨나가니 '정권의 희생양'이라며 동정과 함께 지지여론이 일어나 대권주자로 우뚝 선 것이다.

한 위원장도 윤통이 걸어온 길을 답습하고 있지만, 차이점도 있다. 윤통이 오랜 기간 압박을 받으며 하나하나 이겨내면서 대권주자로 올라섰다면, 한 위원장은 '윤통의 황태자'라는 프리미엄으로 비교적 수월하게 고도성장을 이룬 케이스다. 그만큼 낙폭이 클 수밖에 없다. 추락할 때는 날개가 없다. 자칫 삐걱하면 나락이고, 운수대통하면 대권의 길이다. 과연 운명의 수레바퀴는 어떻게 굴러갈까.

'월성2·3·4호기'의 운명

한동운 위원장은 여당의 대권주자로 부상해 현재 야당의 이주명 대표와 지지율 1, 2위를 다투고 있다. 내가 거대 양당의 유력한 차기 대선주자로 자리매김하고 있는 이주명과 한동운의 동향에 지대한 관심을 가질 수밖에 없는 절박한 사정이 있다.

나는 이제 소생의 희망은 거의 접었고, 윤 대통령에게 걸었던 명예 회복도 포기한 상태지만, 나에게는 '월성 2·3·4호기'로 불리는 동생들이 있어 그들의 안위를 염려하지 않을 수가 없다. 내 동생들은 '26년, '27년, '29년 순차적으로 설계수명이 만료된다. 수명을 연장해줄지 말지를 바꿔 말해 내 동생들의 목숨줄을 둘 중 한 명이 쥐게 될 공산이 크므로 두 사람의 움직임을 주목하지 않을 수가 없다.

이주명 대표는 20대 대선후보 때 원전을 줄이는 '감(減)원전'을 정책공약으로 내놓았다. 문 대통령의 탈원전 정책과 윤 대통령의 원전 확대 정책의 중간 지점에 해당한다. 국민의맥은 2027년의 21대 대선에서 정권 재창출에 성공하면 윤 대통령의 원전 정책을 그대로 답습할 가능성이 크다.

함께민주당이 정권을 뺏으면 상황이 조금 달라진다. 야당이 된 지금은 민주당이 윤 대통령과 대립각을 세우며 '탈원전'을 고집하고 있지만, 집권하게 되면 국민 여론을 의식하지 않을 수가 없어 탈원전보다는 점진적인 '감(減)원전'을 추진할 가능성이 크다.

아무튼 이래저래 내 동생들의 앞날은 안갯속이다.

'대법원 사법농단 의혹 사건' 1심 판결

2018년부터 논란이 된 이른바 '사법행정권 남용 사건' 또는 '양승대 대법원 사법농단 의혹 사건'에 대한 1심 판결이 무려 5년여 만인 2024년 1월 26일에 나와 잔잔하지만 미묘한 파문을 던지고 있다.

유독 대한민국은 정치적 사안마다 평가도 첨예하게 갈리고, 대응도 천양지차다. 양 전 대법원장에게 주어졌던 모든 혐의에 대해 무죄판결이 내려지고, 함께 기소된 법관 상당수도 무죄를 선고받자 거대 양당의 반응도 엇갈렸고, 공방도 묘하게 흘러가고 있다. '사법농단 의혹 사건' 검찰 수사를 진두지휘했던 윤통과 한동운 위원장이 동지에서 적이 되었기에 민주당의 타깃이 두 사람에게 향했다. 그 당시에는 문 정권의 충복 노릇을 한 셈이었는데 이제 처지가 달라지자 공수가 바뀌었다. 얄궂은 운명인지 '운명의 아이러니'인지 인간사는 정말 알다가도 모를 일이다.

이른바 '양승대 대법원 사법농단 의혹 사건'[93]은 2017년 2월에 이탄휘 판사(현 민주당 의원)에 대한 보복 인사가 이뤄졌다는 의혹이 제기되면서 처음 불거졌다. 이 사건을 요약하면, 양 대법원장의 숙원사업이었던 상고법원 도입을 위해, 대법원장의 수족인 법원행정처를 앞세워 행정부, 입법부에 불법적 로비를 하고 상고법원 도입에 반대하거나 비판적인 법조계를 전방위적으로 사찰하여 외압을 가했으며, 내부

---

93 나무위키에서 인용

의 비판적 판사들은 주요 보직에서 배제하는 등 사법행정권을 남용하고, 심지어 청와대와 '재판거래'까지 했다는 의혹과 이를 둘러싼 논란이다.

하지만 그 당시 이 사건을 바라보는 거대 양당의 시각은 판이했다. 여당인 민주당은 사법농단이라며 철저한 진상조사를 요구했다. 대법원 자체 '진상조사위'가 세 차례나 꾸려졌고 '3차 진상조사위'가 "특정 법관들에 대한 성향 등을 파악했다는 점은 크게 비난받을 행위이지만, 형사상 조치는 취하지 않기로 했다."라는 결론을 내렸지만, 김명주 대법원장이 이를 뒤집고 검찰 수사가 필요하다고 밝혔다.

2018년 9월 13일, 문 대통령이 대법원에서 열린 '사법부 70주년' 기념행사에 참석해 "의혹은 반드시 규명돼야 한다."고 하자, 김 대법원장은 "검찰 수사에 적극 협조하겠다."고 했다. 당시 행사장에는 문무열 검찰총장도 배석했다. 여당은 사법농단의 정점인 양 전 대법원장을 구속기소해야 한다고 주장했다.

마침내 문통을 위시한 여권과 대법원과 검찰의 합작으로 검찰 수사가 시작됐다. 윤통이 당시 중앙지검장이었고, 한동운 위원장이 중앙지검 3차장이었다. 서울중앙지검은 법원행정처를 10시간 압수 수색했고, 100명이 넘는 판사들을 소환 조사했다. 결국 양 전 대법원장은 2019년 1월 대법원장 출신으로는 헌정사상 처음으로 구속됐다.

이에 대해 야당인 한국자유당(국민의맥 전신)은 반발했다. 문 정권이 진보세력으로 사법부를 교체하려는 시도에서 나온 사태라며 검찰은 무리한 기소를 중지해야 한다고 천명했다. 그러면서 "이탄휘 판사와 이수정 부장판사(현 민주당 의원)가 행동대장이며, 법원 장악을 위해 문 대통령이 지침을 내리고 김 대법원장이 화답하고 검찰이 총견 노릇을 한다."고 비난했다.

아무튼 이 '사법농단 사태'로 재판에 넘겨진 양 전 대법원장은 1심에서 무죄를 선고받았다. 서울중앙지법은 직권남용권리행사방해, 공무상비밀누설 등 47개 혐의로 기소된 양 전 대법원장에 대해 "공소사실에 대한 범죄의 증명이 없다."며 무죄를 선고했다. 검찰이 양 전 대법원장의 혐의를 입증하지 못했다는 것이다.

재판부는 재판 개입 혐의의 대표 사례로 지목된 '강제징용 재상고 사건 재판 개입'과 관련해 "검찰이 제출한 증거만으론 재판 개입이 있었다고 보기 어렵다"고 판단했다. '판사 블랙리스트' 혐의에 대해서도 "법원 사무기구 핵심 및 예규 직무 수행을 위한 것으로, 의무 없는 일을 하게 한 것이 아니다"고 판시했다.

문제는 1심 판결까지 5년 이상이 소요됐는데 항소심과 상고심이 남아있어 대법원 확정판결까지는 오랜 시간이 걸릴 수밖에 없다는 것이다.

1심 판결에 대한 반응은 제각각이었다. 역시 '영원한 적도 동지도 없다'는 속설이 맞아떨어졌다. 여당이 된 국민의맥은 "사법부의 판단을 존중한다. 문제민 정부의 무리한 사법부 장악에 대한 사법부의 정당한 판결"이라며 사법부를 옹호했고, 당시 검찰은 "검찰의 역할을 충실히 진행했던 것"이라며 은근히 윤 대통령과 한 위원장을 엄호했다.

반면 민주당은 사법부에 대한 공격 대신 "세기적 재판에 국민 관심이 크고 정치적 해석과 억측이 많을 것으로 생각한다. 당시 윤성열 서울중앙지검장과 한동운 3차장께서 명확하게 입장을 밝히는 게 순서이고 국민에 대한 의무"라며 윤통과 한 위원장을 물고 늘어졌다.

일부 언론이 1심 판결을 두고 "당시 검찰이 무리한 수사를 했다."고 보도하자, 법조계 일각에서는 "사법부가 스스로 면죄부를 주는 행태다. 사법부의 제 식구 감싸기가 도를 지나쳤다."라고 반발했다.

제22대 총선

역사의 수레바퀴는 하염없이 굴러간다. 선연이든 악연이든 사람끼리 얽히고설킨 수레바퀴도 끊임없이 굴러간다. 많은 이들이 세상은 썩었고, 정치는 더 썩었고, 인간은 타락했고 민주주의는 더 타락했다고 한탄한다.

하지만 곰곰이 생각해 보면, 세차지는 않아도 유유히 흐르는 강물처럼 참다운 민주주의를 향한 진보와 진화는 시나브로 진행되고 있다. 이 세상이 이 사회가 진보되고 진화할 것이라는 믿음조차 없다면 산다는 게 너무 서글프지 않을까.

2024년 4월 10일의 총선은 20대 대선의 연장전이자 21대 대선의 전초전이다. 또한 월성1호기와 관련돼 부침을 겪거나 흥망성쇠 한 여러 인물의 재결투나 대리전도 전개된다. 지난 정권과 현 정권에서 쓰라린 아픔을 겪고 '복수혈전'을 벼르는 무리도 허다하다.

22대 총선의 관전 포인트 이모저모를 조명해본다.

　제22대 국회의원 선거가 재·보궐선거와 동시에 시행된다. 민주당은 서울 강서구청장 보궐선거에서 득표율에서 17%나 앞서며 이기자, 잔뜩 고무돼 있다. 이대로면 역대 선거로 봐도 국정 중간평가 성격이 강해 정권심판론이 우세할 게 확실하고, 실제 여론조사도 정권심판론이 높게 나오므로 21대 총선처럼 압도적 과반 달성의 꿈에 부풀어 있다. 거야(巨野)의 재현이 가능하다는 것이다.

　문제민 정부 시절 민주당 당 대표를 지내며 "민주당이 20년간 집권하는 계획을 세워야 한다. 앞으로 민주당이 대통령 열 분은 더 당선시켜야 한다."고 읊어댔다가 5년 만에 정권을 빼앗기는 창피를 당한 이해천 전 대표가 공교롭게도 때맞춰 설레발을 떨었다. 2023년 12월, 세종시에서 열린 당 행사에서 자신만만하게 전망했다.

　"민주당 1당 안 뺏긴다. 단독 과반이냐, 아니면 지난 총선처럼 180석을 먹느냐가 관건일 뿐이다. 지난 총선에서 수도권에서 103개를 먹었다. 내년에 70개만 먹어도 최소 154석이 돼 단독 과반이다."

　이에 앞서 11월에는 송명길 전 대표도 "내년 총선에서 '반윤(反尹)연대'를 꾸려 의석수 200석을 확보, 윤성열 대통령을 탄핵해야 한다."고 호기롭게 주장했다. 200석은 대통령 탄핵소추가 가능한 '절대 의석'이다.

　민주당의 핵심 지도부였던 이들의 이런 자신감과 오만은 어디서 나올까. 강서구청장 선거는 '윤 대통령의 독선과 오판'을 등에 업고 손쉽게 이긴 승리이지 민주당이 잘해서 이긴 선거가 아니다. 국민 여론이 정권 심판론이 약간 우세하지만, 정권 안정론 또는 거대야당 심판론도 만만찮다.

한 선거구에서 한 명의 대표자를 뽑는 '소선거구제의 특징이자 폐단'은 '승자독식 구조'이다. 몇 표라도 많으면 당선되는 제도이다. 형식이 내용을 지배한다. 21대 총선에서는 이 '승자독식'으로 민주당이 수도권에서 압승해 거대야당이 됐지만, 22대 총선에서는 이 제도 때문에 자칫하면 정반대의 결과를 초래할 수도 있다.

유권자들이 거대 야당의 폭주와 오만에 대해 엄중한 심판을 내릴지, '검찰공화국, 검찰독재정권'라는 일각의 평가에 호응해 정권 견제의 칼을 빼 들지, 아니면 과거의 사례처럼 양쪽에 회초리를 드는 '절묘한 선택'을 하면서 제3지대에도 적당히 힘을 실어줄지 그 귀추가 주목되는 흥미진진한 총선이다.

제3장

외전外傳 : 비화秘話, 비화悲話

대한민국의 원자력발전소는 '동네북'이다.

원자력산업의 진정한 발전을 위해 원자력정책과 원자력 사업의 전반적인 시스템을 개선해주기를 바라는 간절함으로 원전 때문에 파생된 갖가지 치부와 비화를 까발리려 한다.

경주는 원자력 허브 도시이자, 원자력산업의 집적지이다. 중수로원전 4기(영구정지된 1기 포함)에다 경수로원전 2기가 있고, 국내 유일의 사용후핵연료건식저장시설(케니스터, 맥스터)이 있고, 중·저준위방사성폐기물처분장, 한국원자력(주) 본사, 한국원자력환경공단, SMR을 연구개발할 문무대왕과학연구소, 중수로해체기술원 등이 산재해 있다. 이러함에도 경주는 '원자력산업의 희생양'이다. 40여 년이나 국가에너지 안보와 경제발전을 위해 원자력산업에 적극 협력해 왔음에도 정부는 급할 때, 필요할때 써먹고는 천덕꾸러기 취급하며 업신여긴다.

보채거나 징징대면 위정자들은 "아나! 여깄다. 이거나 먹고 떨어져라!"하며 마지못해 떡고물을 던져준다. 정작 알짜배기는 정권 유지나 선거를 의식해 힘센 지역에, 유권자가 많은 지역에 안배해 준다.

지역주민들은 정부와 한국원자력이 던져주는 그 알량한 떡고물을 주워 먹으려고 '아귀다툼'을 하며 쟁탈전을 벌인다. 승자는 대개 '말발 세고 힘깨나 쓰는 자생단체장, 마을 유지, 지역 인사'들이다. 주민 모두에게 골고루 돌아가야 할 혜택이 특정 세력들의 전유물이 되는 경우가 허다하다.

특정 세력들이 먼저 해 먹고 남겨서 던져주는 떡고물을 일반 주민들이 쪼끔씩 받아먹는 '악순환의 고리'가 수십 년간 지속돼왔다. 옳은 대접을 받지 못하는 이런 불공정하고 불합리한 관행부터 타파해야 주민들의 원전에 대한 거부감과 불안감을 누그러뜨릴 수 있다.

월성원전 인근 3개 읍면 주민은 아직 도시가스도 들어오지 않은 열악한 환경에서 살아가고 있다. 원전 주변 마을의 일부 특정 세력들의 행태는 말 그대로 가관(可觀)이다.

'요지경(瑤池景)'은 '아름다운 연못의 경치'라는 뜻으로, 구슬연못이란 의미의 '요지(瑤池)'라는 중국 전설 속 신선이 사는 곳의 풍광을 이른다. 이 요지에다 거울 경(鏡)자를 넣어 '요지경(瑤池鏡)'이란 말이 됐다. 확대경을 통해 여러 그림을 돌려가며 볼 수 있게 되어 있는 장치, 장난감을 가리킨다. 또 묘한 일이 많이 일어나는 세상에 대한 비유로도 쓰인다.

그래서 '천태만상의 세태'를 뜻하는 '요지경 속 세상'이라는 말이 탄생했다.

〈세상은 요지경 요지경 속이라/ 잘난 사람 잘난 대로 살고 못난 사람 못난 대로 산다/ 야이야이 야들아～ 내 말 좀 들어라～/ 여기도 짜가～ 저기도 짜가～ 짜가가 판친다～〉

이 가사는 탤런트 겸 영화배우인 신신애 씨의 노래 '세상은 요지경'에 나온다.

이 노래가 더욱 실감 나는 요즘이고, 이 노래 가사가 더욱 설득력 있게 느껴지는 원전 주변 마을의 모습이다. 이곳의 천태만상 중에 최근 가장 주목 받은 웃픈 에피소드, 결코 웃어넘길 수만은 없는 씁쓸한 이야기를 몇 가지 소개한다.

흡혈귀들

'원전보상금 262억 원 사용에 관한 주민공청회'의 분위기가 예사 롭지 않았다. 전체 인구수가 6천여 명 정도에 불과한 읍에서 열리는 공청회에 5백여 명이나 되는 주민이 참석한 것은 전대미문의 상황이 었다. 그만큼 읍민들의 공분이 크다는 반증이었다.

먼저 전 경주시수협조합장이 마이크를 잡았다.

"주민 목숨과 바꾼 원전보상금을 왜 발전협의회가 마음대로 사용 하느냐? 우리는 부동산 매입 결사반대와 원천무효를 주장한다."

이어서 달포읍주민자치위원회 위원장이 마이크를 물려받았다.

"달포읍민 여러분! 발전협의회는 주민을 대표할 수 없습니다. 원 룸 2동을 비롯해 노래방 건물과 펜션 부지 등 4건의 부동산 매입 대 금 60여억 원을 집행하는 데 있어서 사용처에 대한 정확한 정보를 공개하지도 않고 토지, 건물에 대한 감정평가서도 없이 계약을 체결 했으니 계약당사자 간 담합 여부에 대해 사정당국은 즉각 수사해야 합니다."

정현근 대표는 고향이랍시고 주민공청회의 결과가 궁금해 모처럼 달포에 들렀는데 선후배들 간의 헤게모니 쟁탈전에 어이가 없었다. 그는 발전협의회의 마구잡이 부동산 매입에 대해 규탄하는 인사들을 보며 격심한 허탈감을 느꼈다. 과거에 해먹은 놈들이 최근에 해먹은 놈들을, 적게 해먹은 놈들이 많이 해먹은 놈들을 성토하는 모양새였다.

"야, 임마! 우리는 돈 한 푼도 안 받아먹었다."

발전협의회 부회장이 반발하며 맞받아치자, 복지회관 대회의실은 이내 고성과 삿대질과 몸싸움이 난무하는 난장판이 됐다. 선후배도, 위아래도, 동네 어른 구분도 없이 모두가 돈 때문에 눈이 벌게졌다. 심지어 '월성1호기 수명연장'한 목숨값으로 받은 돈이니까 집집마다 8백만 원씩 현금으로 달라고 생떼를 쓰는 사람도 있었다. 모두가 흡혈귀 같았다.

그는 괜스레 민망하여 슬그머니 대회의실을 빠져나왔다. 달포읍농업경영인회 임완규 회장이 창문을 열어 놓은 채 복도에서 담배를 피우고 있었다.

"정 대표도 한번 생각해봐라. 시가 4, 5억짜리 땅인데 그걸 15억에 계약했으니 짬짜미가 없다고 누가 믿겠노? 지역 발전을 위해 고생하는 줄은 아니까 어느 정도껏 해먹으면 눈 감아 주겠지만, 이거는 이참에 몇 명이 짜고 몇억을 꿀꺽 삼키려고 작당한 거지. 한국원자력 돈은 눈먼 돈이라는 말이 정말 실감이 나네."

임 회장의 말에 정현근은 가볍게 고개를 끄덕이며 동감한다는 시늉을 했다.

"임 회장, 그렇게 말하면 안 되지……"

동기 한 명이 어느새 다가왔는지 끼어들었다.

"땅 계약 문제만큼은 발전협의회가 잘못했다고 나도 인정해. 하지만 우리만 다 해먹었나? 우리는 그래도 절차와 형식은 갖췄다, 아이가. 툭 까놓고 말해서 지금 저기서 핏대 올리는 사람들 예전에 다 해먹어 놓고 지금 못 해먹는다고 심통 부리는 거잖아. 우리한테 재갈 물려놓고 저거들이 다시 주도권을 잡고 설치려고 하는 거지."

정현근은 동기들끼리 승강이가 벌어질까 싶어 한마디 거들었다.

"친구야, 속내는 헤게모니 싸움이란 걸 나도 안다. 그만하자. 우리끼리 편싸움할 필요는 없잖아. 나는 이만 갈게."

두 사람의 항변이 각자 일리는 있지만, 결국 똥 묻은 돼지가 겨 묻은 돼지 나무라는 격이었다. 정현근은 천천히 계단을 내려가기 시작했다. "왜 돈을 돈이라고 하는 줄 아나? '돈 보면 누구라도 돈다'고 돈이라고 하고, '돌고 도는 게 돈'이니까 돈이라고 하는 거다."라던 누군가의 말이 정말 실감이 났다.

대략 10년 전, 달포테니스회 회장일 때 겪었던 촌극이 문득 떠올라 그는 가시오가피 잎을 삼킨 것처럼 씁쓰레했다. 후배 회원 몇 명이 술김에 은근슬쩍 불만을 털어놓았다.

"회장님은 뭐합니까? '월성원전 돈은 눈먼 돈'이고 '먼저 보는 놈이 임자'라는 말도 모릅니까? 먼저 먹는 놈이 장땡이라니까요. 테니스대회 개최한다고 돈 좀 타 오이소."

"회장님은 고지식해서 탈입니다. 너무 원칙대로 살지 마이소. 회장이 됐으면 회원들 회식도 좀 시켜주고 해야지요. 다른 단체는 다 그렇게 하는데……"

"우는 아이 젖 준다는 말도 모릅니까? 자꾸 앓는 소리를 해야 뭐라도 던져줍니다."

"원전 돈 받아먹으면 내가 큰소리칠 수가 없잖아? 그래도 내가 반핵운동하는데……"

그가 왠지 내키지 않아 말을 얼버무리자 한 명이 얼른 반박했다.

"그거는 그거고, 달포테니스회 이름으로 타내는 건데 뭔 상관입니까?"

결국 정현근은 후배뻘인 회원들의 성화에 못 이겨 께끄름한 기분으로 월성원자력본부를 방문했다.

"예전에 달포, 달북, 달남 3개 읍·면 테니스동호인들이 '동해지구테니스대회'를 개최했었는데 한 7년간 사정이 있어 행사를 못 했습니다. 올해부터 다시 개최하려고요. 지원 좀 부탁드립니다. 행사 계획 및 소요 예산 내역 등을 정리해서 이렇게 만들어왔습니다."

정현근은 어렵사리 말을 꺼냈는데 대외협력팀은 되레 그가 민망할 정도로 협조적이었다. 마지못해 찾아갔는데 믿기지 않은 환대였다. 아무튼 월성원자력본부의 지원 덕분에 대회도 성대하게 치렀고, 달포테니스회는 편법으로 적잖은 돈도 따로 챙겼다. 도둑질도 처음이 어렵다더니 그다음 해부터 그는 당당하게 지원 요청을 해 대회를 개최했다.

원전지역 주민들은 점점 '흡혈귀'가 돼가고 있는지도 모른다. 특히 끗발과 말발이 센 자생단체장이나 지역인사들은 기상천외한 구실과 명분으로 지원금을 잘도 타냈다. 그러다 보니 너도나도 '사업자지원 사업비'를 타내려고 기를 썼다.

이런 현상이 비일비재하게 된 것은 사업자 측의 자업자득이다. 원자력 사업을 쉽게 진행하려고 매사에 돈으로 해결하다 보니 부메랑이 된 것이다. 돈의 그 달콤한 맛에 시나브로 익숙해지고 길들여진 주민들이 이제 한국원자력의 피까지 뽑아 먹으려고 발버둥치는 형국이 됐다.

헤게모니 쟁탈전(爭奪戰)

20여 년 전만 해도 온갖 자생단체와 관변단체를 망라한 협의체인 '발전협의회' 회장은 그 읍·면의 지도자 중 가장 신망이 두터운 어른이 맡는 게 관례였다. 마을 이장도 마찬가지였다. 그러나 그 당시 이장 자리를 자발적으로 맡으려는 사람이 별로 없었다. 시에서 주는 수당과 동네에서 주는 수고비를 합쳐봐야 얼마 되지 않아 '마을 이장'이라는 감투 땜에 각종 경조사에 참석해 지출하는 돈이 더 많다 보니 이장 자리를 꺼렸다.

그러다가 슬그머니 상황이 반전됐다. 결정적 계기는 '경주중·저준위방폐장' 유치로 인한 특별지원금(3천억 원)과 '월성1호기 수명연장'

으로 인한 지역상생자금(1,310억 원)의 60%가 3개 읍면에 배정되면서 부터다.

방폐장 특별지원금이 동경주 3개 읍면에 176억 원씩 총 530억 원이 지원됐고, 월성1호기 계속운전에 따른 지역상생자금이 262억 원씩 총 786억 원이 배분됐다. 이 '목숨값'의 일부는 각 마을에도 분배가 됐다.

갑작스레 '핵폭탄'이 아닌 '돈폭탄'이 투하된 것이다. 그때부터 동경주 3개 읍면에서는 발전협의회 회장을 맡아 자금 사용의 주도권을 쥐려는 쟁탈전이 벌어졌고, 덩달아 마을 이장의 인기도 급상승했다.

한사코 마다하던 이장을 서로 하려고 볼썽사나운 싸움을 벌이는 동네도 생겼다. 어떤 동네는 그 지역에서 면장을 했던 사람이 귀향해서 이장 선거에 출마해 기어이 이장 자리를 꿰차 빈축을 사기도 했다. 그만큼 이장 자리는 알짜배기였다. 촌 동네에 거액의 자금이 생겨 어느 이장이든 '삐딱선'을 타면 한몫 챙길 수 있어서다.

금상첨화로 또 거액이 굴러들어왔다.

한국원자력이 사용후핵연료 건식저장시설인 일명 '맥스터' 7기 증설로 인한 직접 보상금 750억 원의 60%를 3개 읍면에 150억 원씩 배정했다.

이렇게 몇 년 간격으로 월성원전 인근 3개 읍면에, 그 읍면의 각 마을에 거금이 들어왔지만 따지고 보면, '속 빈 강정'이었다. 겉으로 보기엔 돈이 넘쳐나는 것 같지만, 제대로 쓴다면 돈이 모자란다. 자금의 용처에 대해 다투고, 자금 사용의 주도권을 차지하기 위해 계속 싸우다 보니 돈을 못 쓰고 있으니 돈이 넘쳐나는 걸로 보일 뿐이다.

　월성원자력본부로부터 사업자지원비를 매년 꼬박꼬박 타내고 특별지원금, 보상금 등의 가용 자금이 넘쳐나는데도 주민들은 '도시가스'조차 보급돼 있지 않는, 큰 병원조차도 없는 열악한 환경에서 생활하고 있다. 방사능 피폭의 위험을 무릅쓰며 살고 있는데도 말이다.

'묻지마 관광'

　원전 인근 마을에는 언젠가부터 '이장'이 권력자가 됐다. 이장단은 '갑'이고 원자력본부는 '을'이다. 속칭 '카드깡'으로 사업자지원금을 횡령했다가 들통이 나거나, 원자력본부나 협력업체 취직을 미끼로 선금을 받아 꿀꺽한 후 감당을 못해 자살하는 이장도 더러 있었다. 최근에는 제도 개선 등을 통해 편법과 탈법, 비리가 많이 줄었지만, 여전히 특정 세력들의 갑질이 만연해 있다.

　얼마 전 일어난 '묻지마 관광' 사건을 조명한다. 어찌 보면 이 사건이 원자력과 관련된 총체적 문제점을 상징적으로 알려준다.

　2023년 4월 10일, 영구 정지된 월성1호기가 여전히 떡하니 버티고 있는 월성원전 최인접 마을 거리에 뜬금없이 희한한 문구의 현수막이 걸렸다.

　'현 이장님, 묻지마 관광 즐거웠습니까?' '묻지마 관광만 계속 가면

되지. 이장은 왜 하노?'

'나하리부녀회'와 '나하리상가번영회' 등에서 내건 현수막이었다.

달남면 이장들이 선진지 견학이라는 평계로 일명 '묻지마 관광'을 다녀왔다는 소문이 퍼져 논란이 됐고, 이 의혹의 후유증으로 주민들은 극심한 몸살을 앓았다. 현수막에도 등장하는, 논란의 중심에 선 인물은 나하리의 현재 이장이다. 나하리 이장 선거는 주민들 간 갈등으로 인해 경찰에 고소·고발이 난무했고, 선거관리위원회의 조사에 이은 선거 무효 소송까지 거쳐 가까스로 새로운 이장이 선출됐는데 이런 사건이 벌어진 것이다.

소문이 일파만파로 퍼지자, 지역 언론이 앞다퉈 보도했다. 기사 내용을 요약하면 이렇다.

달남면 이장단협의회 회원 13명이 4월 7일 관광버스를 임대해 전남 순천에서 열리고 있는 정원박람회를 보고 배우겠다는 명목으로 '선진지 견학'을 떠났는데, 가는 도중에 울산과 부산에서 직업을 알 수 없는 여성 15명을 버스에 태우고 함께 갔다고 한다. 이장 몇 명이 갑자기 빠지면서 여성 수가 더 많아 난감한 상황이 됐다.

논란이 증폭된 것은, 목적지에 도착한 이장단이 꼬막식당에 들러 점심식사를 한 뒤, 당초 예정했던 정원박람회 견학은 하지 않고 다른 일정을 소화하고 돌아와서였다. 동행한 여성들은 탑승했던 곳에서 차례로 내려줬으나, 이장단은 교통체증으로 인해 늦은 밤이 돼서야 달남면에 도착했다고 한다.

나하리 이장에 대한 비난 현수막이 내걸리고 의혹이 확산하자, 여행에 참석했던 이장들이 해명했다.

"선진지 견학은 회원 간 친목을 도모하기 위한 행사로 부적절한 행동은 없었다. 여성들이 있었지만 여행 내내 잠만 잤다. 이들과는 아무런 일도 없었다."

이장단의 선진지 견학 경비를 월성원자력본부가 지원하기로 했다는 게 알려지면서 비난이 거세졌다. 월성원자력본부 관계자가 "예정된 선진지 견학 장소에서의 단체사진 등의 적정성을 판단해서 문제가 없을 경우 지원금 일부 금액을 지급할 예정"이라고 밝혔다.

며칠 후 달남면이장협의회가 버스와 식대 등 행사지원금 150만 원을 월성원자력본부에 요청했으나, 신청서에 부착한 행사 사진이 가짜로 밝혀져 반려됐다.

'묻지마 관광 의혹' 사건의 후폭풍은 엉뚱한 방향으로 향했다. 달남면 주민들은 '묻지마 관광'을 옹호하는 쪽과 비난하는 쪽으로 나뉘었다. 또 일부 주민들이 '월성원전과 한국원자력부터 각성해야 한다'고 하자 원전 문제에 대해 찬성과 반대하는 양측이 엇갈린 주장을 담은 현수막을 거리 곳곳에 백여 장이나 내걸어 비방과 갈등이 극심해졌다.

달남면의 마을주민회와 마을청년회 등이 벌이는 '현수막 전쟁'의 불똥이 월성원전과 한국원자력으로 튀자 원전 사업자 측은 이러지도 저러지도 못하는 난처한 상황에 빠졌다.

이 사건이 외부에 알려지고 기사화된 계기는 '이장 자리다툼'에서 비롯됐다. 제보자가 선진지 견학 버스에 동승했던 이장들 중 한 명이었는데 그는 나하리 전 이장과 한통속이었다.

암투(暗鬪)

　월성원전 인근 3개 읍면에서는 이른바 '목숨값'의 집행에 대한 주도권을 쥐기 위해 암투가 치열하다. 이장 자리를 놓고도 패가 나뉘고, 발전협의회 회장단 자리를 놓고 헤게모니를 쥐기 위한 마을 간, 선후배 간, 주민 간, 발전협의회 대의원 간의 이합집산과 합종연횡이 치열하다. 정치권의 행태와 판박이이다.

　'인간은 사회적 동물이자 정치적 동물'이라는 명제는 불변의 진리다.

　달북면은 기어코 발전협의회 임원선거에서 탈이 나 주민 간의 갈등과 반목이 심해졌다.

　2022년 2월 17일의 회장 선거는 팽팽한 2파전이었다. 연임하려는 김한용 회장과 하영태 후보가 맞붙었다. 공교롭게도 동기끼리 대결하는 선거였다. 개표 결과, 하영태 후보가 아슬아슬하게 3표 차로 이겼지만, 과반을 획득해야 한다는 선거 규정에 따라 당선을 확정하지 못했다. 아뿔싸 무효표가 4표나 나와 과반에 1표가 모자랐다.

　선거관리위원장이 마이크를 잡았다.

　"두 후보자 모두 과반을 획득하지 못해 회장 당선자가 없습니다. 다시 선거일을 잡아 재투표를 할 것인지 아니면 지금 바로 재투표를 할 것인지 대의원님들의 의견을 여쭙겠습니다."

상황이 묘했다. 120여 명의 대의원들이 웅성거렸다. 의견이 분분했다. 결국 후보 두 사람의 합의에 따르기로 했다.

두 후보가 대의원들의 불편을 고려해 지금 재투표하기로 합의했다. 문제는 개표 결과를 기다리지 않고 대의원 몇 명이 퇴정을 해버려 가뜩이나 팽팽한 판세에 변수가 된다는 것이다.

선거관리위원장이 다시 마이크를 잡고 무효표가 안 나오도록 기표 방법에 대해 거듭 설명했다. 현장에 없는 대의원에게 빨리 오라고 휴대폰으로 연락하는 사람도 있었다.

기표가 끝나고 개표를 시작해 다시 개표 결과가 나왔다. 극적인 반전이었다. 이번에는 김한용 후보가 한 표를 더 얻고 과반을 간신히 넘겨 당선이 확정됐다. 기사회생이었다. 결국 4~5명 정도가 재투표를 안 하는 바람에 그게 변수로 작용했다. 하영태 후보의 불운이었다.

그러나 연임에 성공한 김한용 회장의 기쁨은 오래가지 못했다. 회장단 및 감사 취임식을 마친 지 며칠도 안 돼 소송에 휘말렸다.

하영태 후보 측에서 대의원 자격을 상실한 주민 3명이 선거인명부에 등재돼 있었다며 회장 직위를 악용한 명백한 불법 선거였다면서 '당선 무효 청구' 소송과 함께 '회장 직무집행 정지 가처분신청'을 한 것이다.

대구지방법원 경주지원이 가처분신청을 받아들였다. 법원의 '회장 직무정지 결정문'이 날아왔다.

"2022년 6월 15일부로 김한용은 '가합2292사건'의 판결 선고 시까지 달북면발전협의회 회장의 직무를 집행하여서는 아니 된다."

결국 실무부회장이 회장 직무대행을 맡아 발전협의회를 이끌었고, 2022년 11월 11일 판결선고가 내려졌다.

"2022년 2월 17일에 실시한 제9대 회장 선거에서 피고 김한용의 당선은 무효임을 확인한다."

이 선고로 인해 반쪽 임기의 회장 선거를 또 해야 했다. 이번에는 회장 직무대행을 했던 김상기가 출사표를 던졌고, 재선거의 원인 제공자인 김한용 전 회장이 다시 출마했다. 그는 너무 뻔뻔하다, 욕심이 하늘을 찌른다는 일각의 비난에도 개의치 않고 출마를 강행했다. 선거규정의 허점으로 출마를 막을 수 없었다.

그러나 이번에는 반전도 아슬아슬함도 없었다. 중도 성향의 대의원 표심이 한쪽으로 몰렸다. 김상기 후보가 두 자릿수의 표 차로 회장에 무난하게 당선됐다.

에필로그

대선이 끝났으니 나는 소생하든지 명분 있는 죽음을 맞든지, 잊힌 존재가 돼야 함에도 나는 여전히 그러하지 못하다. 나로 인해 벌어진 사건들은 여전히 현재진행형이다. 나의 동생들인 월성 2, 3, 4호기의 설계수명 만료가 도래하자 수명 연장에 대한 찬반으로 시끄럽다.

윤 대통령이 취임한 지 2년째지만 나는 이제 그에게 시나브로 잊혀가는 존재로 전락했다. 찬(贊)원전이란 순수한 동기로 월성1호기 수사를 밀어붙였다면 감지덕지해야 하고, 나를 적절히 활용해 정치적 디딤돌로 삼으려 했어도 원망할 수 없지 않은가. 잠시나마 명예 회복에 대한 기대와 소생(蘇生)에 대한 가느다란 희망을 품었으니 행복했다.

나에 대한 신원[94]은 끝내 일어나지 않았고, 소생의 가능성은 아예 사라졌다. 대신 내 몸체의 해체 계획이 수립 중이다. 10년 뒤쯤 완전히 해체가 이뤄질까.

역시 나는 죽어도 죽은 게 아니었고, 정권이 바뀌어 이제 살았다 싶었는데 살아난 게 아니란 생각에 자꾸만 서글퍼진다. 조물주가 만든 피조물이면 조물주 소관이지만, 어차피 사람이 만든 소모품이니 이들의 처분에 순순히 따를 수밖에 없다.

윤성열 대선후보의 당선을 은근히 바랐건만 부질없는 짓이었음을 뒤

늦게야 알았다. 윤통은 이제 '월성1호기'에 대해서는 전혀 관심이 없고 총선 승리에만 골몰하는 듯하다. '토사구팽'당한 셈이다. 인심세태(人心世態)는 믿을 게 못 되고, '머리 검은 짐승은 믿으면 안 된다'는 속설을 미물인 내가 몰랐다.

인간을 만물의 영장(靈長) 어쩌고저쩌고하던데 '사람'이라고 대단한 건 아니다. 속된 말로 싸지른 정자에 의해 태어난, 그것도 수억 마리의 정자 중 한 마리가 천우신조로 난자와 만나 수정돼 태어난 게 사람 아닌가. 좋게 말하면 '사랑의 열매'지만, 달리 말하면 욕정을 이기지 못해 싸질렀는데 재수없게 태어난 부산물이다. 그래도 나는 '에너지 공급이나 핵무기 개발'이라는 대의를 위해 태어났으니 그나마 축복받은 괴물이다.

대선 결과를 두고 망령의 저주니, 복수니 하지만, 전혀 아니다. 나의 의지와는 상관없이 진행된 일이다. 나는 의지 자체가 없는 피조물 아닌가. 나의 한 가지 바람은 명예 회복이다. 그리고 '죽은 상태에서 영원히 죽고만' 그런 신세가 아닌 정상적인 죽음을 맞이하고 싶다. '고리1호기 영구정지 기념식'처럼 대대적인 행사는 아니어도 조촐하게나마 그간의 공로를 치하해주는 행사라도 치러주면 눈물겹게 감사하겠지만 그럴 가능성이 희박해 보인다. 세상인심이 이럴 줄 정말 몰랐다. 나를 애지중지하며 그렇게 혹사하더니 쓸모없으니 이제……

그래도 조금은 위로가 됐다. 나의 영욕의 삶에 대해 객관적·중립적 시각에서 평가해주고 "월성1호기, 고이 잠들라! 잘 가래이, 욕봤데이!"라

94 신원(伸寃): 원통한 일을 풂

며 정겹게, 애타게 작별 인사해준 경주녹색운동연합 정현근 대표가 고마워 눈물이 나올 뻔했다.

문제는 나에 대한 해체가 끝나도 내 몸체를 온전히 누일 곳이 없다는 것이다. 나의 육신은 가리가리 나누어진다. 고준위·중준위·저준위·극저준위로. 가는 곳도 저마다 다르다. 심층처분장, 동굴식처분장, 표층식처분장, 매립형처분장에 나뉘어 저장된다.

죽은 뒤에 넋이 돌아간다는, 땅속 깊은 밑바닥을 '구천(九泉)'이라 하던데 내 몸뚱아리의 핵심이랄 수 있는 '핵연료봉'은 구천에 해당하는 '심지층'(深地層)에 가야 함에도 영구처분장이 언제 건설될지 까마득하기만 하다. 빨라도 30년쯤 뒤라야 심층처분장에 내 몸을 뉠 것이고, 아니면 영원히 애물로 이승을 떠도는 천덕꾸러기 신세가 된다.

더구나 나는 편히 누워 잠들 처지도 아니다. 이래저래 잠들지 못한다. 동생들인 '월성 2·3·4호기'의 앞날이 안갯속이라.

윤성열 정부가 설계수명이 끝나는 원전의 계속운전을 승인한다는 정책 방향을 제시하고 있지만, 22대 총선 뒤 여야의 구도가 어떻게 바뀌느냐에 따라, 그 후 정국 전개가 어떻게 진행되느냐에 따라 동생들의 명운도 결정되고, 나의 해체 계획도 명확해진다.

사람에 의해 운명이 정해지는 원전은 한 치 앞도 모르는 신세다. 과연 '원자력 수레바퀴'는 어떻게 굴러갈까.

'핵무기 개발'이란 원죄로 태어난 나와 관련된 인간사와 세상사를 이야기하느라 정말 숨 가쁘게 달려왔다. 이제 나의 이야기를, 원자력으로 비롯된 다사다난했던 이야기를 마무리 지으려 한다.

윤성열 정부가 들어서자 친원전 쪽 지인들, 월성원전 인근 주민들이 가동정지가 된 월성1호기의 재가동에 관해 관심을 보였다. 기대가 잔뜩 담긴 표정으로 정현근 대표에게 조심스레 물어왔다.

"월성1호기는 어떻게 되는 겁니까?"

"이제 월성1호기 재가동할 수 있겠네요?"

"월성1호기 재가동이 가능합니까?"

명색이 탈핵을 표방하는 환경단체 대표이자, 월성원전과 경주방폐장 인근의 주민인 자신에게 이런 질문을 하니 처음에는 어떻게 대답해야 할지 난감했다. 자꾸 질문을 던지니 어쩔 수 없었다.

"월성1호기 재가동은 불가능합니다."

그는 고개를 가로저으며 단호하게 대답했다. 말귀를 잘 알아듣지 못하고 자신의 논리만 주장하는 어른이나 선배에게는 성가셨지만 구구절절 설명을 해야 했다.

"월성1호기는 현재 원자로에서 핵연료를 빼낸 상태입니다. 연료를 다시 장착하고 기본 정비만 하면 재가동에 들어갈 수 있습니다. 그런데 이론적으론 가능할 뿐이지 현실적으론 불가능합니다."

그렇다. 찬원전·반원전, 친원전·탈원전의 입장을 떠나 법적으로 사망 선고를 받은 '월성1호기'의 재가동은 '이론적으로, 기술적으로 가능할지 몰라도 실제로는 불가능'하다. 재가동할 수 없는 이유는 크게 네 가지다. 법적·정치적·경제적·시간적인 문제로 불가능하다.

먼저, 법적·정치적으로 선결해야 할 과제가 수두룩하다. 절차상 원전 사업자인 한국원자력이 월성1호기 재가동을 의결한 후, 원자력안전위원회에 운영변경허가를 신청해 승인을 받아야 한다. 이 과정에서 원자력안전연구원이 안전성 심사를 진행하고 진문위원회 검토까지 마치면 다시 원자력안전위원회 회의 등을 통해 최소 1년여의 안전성 심의를 받아야 한다.

대표적인 친원전 인사인 정범진 경희대 원자력공학과 교수도 비관적 전망을 한 바 있다.

"월성1호기는 핵심 부품을 교체한 상황으로 재가동에 기술적으로는 문제가 없지만, 지금 핵연료를 다 뺀 상태이기 때문에 핵연료를 다시 만들어서 장전하고 하는 데까지 한 20개월 정도 소모를 하고 나면 계속운전 허가 기간이 다 도래해버리기 때문에 사실상 계속운전을 하지 못하는 상황이다."

게다가 영구 정지한 원전의 재가동을 위한 법적 근거가 없다는 부분도 걸림돌이다. 현행 원자력안전법상 관련 조항이 전혀 없다. 윤성열 정부가 월성1호기 재가동을 하려면 국회에서 관련 법안 개정안이 신속히 통과돼야 한다. 집권당에서 처지가 뒤바뀌어 야당이 된 민주당이 법안 개정을 찬성할 리 만무하다.

월성1호기의 재가동을 두고 갑론을박하는 사이에 계속운전 허가 기간인 2022년이 지나갔다. 만약 윤 대통령이 긴급명령권을 발동해 추가 수명연장을 밀어붙이더라도 법적·경제적 논란에 부닥치게 된다. 야당의 반발에다 경제성 문제로 발목을 잡힌다. 월성1호기는 설비용량 679MW인 중수로여서 1,400MW급인 한국형 원전에 비해 경제성이 많이 떨어진다. 더구나 연료 재주입과 기본 정비에 1년 안팎의 기간이 소요돼 막대한 추가 비용이 들어간다. 배보다 배꼽이 더 큰 셈이다.

이래저래 월성1호기의 재가동은 현실적으로 불가능하다. 더 이상 이 문제로 왈가왈부하는 것은 무의미하다. 국제적으로도 영구정지한 원전의 재가동 사례는 없다.

덧붙이는 말

'월성1호기 최종해체 계획서' 초안이 공람에 부쳐졌다. 월성1호기 는 2027년부터 제염 작업을 거쳐 '해체'를 시작한다. 7~8년간 해체 작업을 해서 사용후핵연료 등의 고준위는 고준위방폐장이 건설될 때 까지 '사용후핵연료건식저장시설'에 임시저장되고, 폐압력관 등의 중준위는 경주방폐장의 동굴식처분시설에 영구처분되고 나머지 저 준위·극저준위는 경주방폐장의 천층식이나 매립형 처분시설에 처분 된다.

영욕의 월성1호기는 서서히 잊힐 것이고, 전 지구적 에너지 위기와 기후 위기로 한동안은 소형모듈원전을 비롯해 원자력발전의 중요성 은 더 커질 것이다.

지구에서 인류가 멸망할 때까지 인간의 삶은 희로애락과 새옹화복 을 반복할 것이다. 우주적 관점에서 보면 하찮은 인간끼리의 아귀다 툼이지만, 인간 개개인 처지에서 보면 처절한 생존 싸움이다. 누가 누 구를 탓할 수 있으랴. 신의 피조물에 불과한 인간인데, 그도 아니면 한낱 미생물에서 진화한 고등동물일 뿐인데.

그럼에도 도구를 만들어 사용할 줄 아는 인간은 두고두고 '만물의 영장'으로 군림하며 세상을 마구잡이로 휘두르며 살아갈 것이다. 온

갓 이기(利器)를 만들어 쓰다가 폐기하기를 서슴지 않을 것이다.

정치가 진보하고 진화할 것이란 믿음조차 없다면 인간은 살아갈 힘도 용기도 사그라들 게 분명하다. '역사는 계속 반복된다느니 또 다른 세계의 나가 존재할 수 있다느니 서로 다른 시대를 사는 두 사람의 운명이 같은 패턴으로 전개된다느니' 하는 평행우주나 평행이론은 그렇게 해석하고 그렇게 느낄 뿐이다.

멀리서 바라보면, 위에서 찬찬히 내려다보면 아마 정치도 사회도 조금씩 조금씩 발전하고 있지 않을까. 온갖 저항과 방해에도 도도하게 줄기차게 흐르는 강물처럼.